天下文化
BELIEVE IN READING

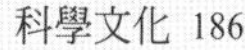

科學文化 186

與達爾文共進晚餐

演化如何造就美食，
食物又如何形塑人類的演化

DINNER WITH DARWIN

FOOD, DRINK, AND EVOLUTION

by Jonathan Silvertown

席佛頓／著　鄧子衿／譯

與達爾文共進晚餐

演化如何造就美食，食物又如何形塑人類的演化

目錄

配菜

甜點與飲品

晚餐之後

獻給我的兄弟

Adrian

1
共進一場有趣的晚餐

在餐桌上學演化

誠摯邀請

談論食物的書真的太多。再去讀一本關於食物的書，真是件自我矛盾、搞垮自己的事情，難道你不曾懷疑過，關於食物這個主題到底還有什麼可說的。

在某一天的下午，我就是這麼想的。

當時我人在加州大學戴維斯分校的圖書館中閒逛，並且小心注意，不要吵醒在窗邊打盹的學生，他們看來已經筋疲力盡了。圖書館的藏書完整，我瀏覽放置食物書籍的架子，各種食物、各種飲料，從朝鮮薊到金芬黛葡萄酒，食物相關的各個面向都已經研究得完整而且透徹，也都寫成書了。

光是掃視架子上的書名就是件充滿教育意義的事情，好比《完全白痴燻製食品指南》這本書，想必能夠避免許多腦殘讀者把烤肉誤認為菸草。

《食物中的泡泡》是一本厚厚的大書，但是誰會想到還有續集《食物中的泡泡之二》，而且比第一冊更厚。在烹調肉類和派餅的書籍當中，插了一本《內臟餚饌》，這本書的內容不是要教讀者怎樣靠著吃牛肚過日子，而是在諷刺那些飲食的時尚潮流，特別是針對素食風潮。走道對面的架子上有一本《別再吃牛！》，這本提倡素食的書是由一位走老派風格的牛仔所撰寫的。我想，如果這兩本書的作者碰面了，而《親手做派餅》的作者也在場，場面應該會更火爆。*

來看看比較正經的書（嗯，大概算吧），牛津大學的食物與烹飪研討會論文集中，有著滿滿的高大上標題：〈古代猶太香腸〉、〈外西凡尼亞地區之覆炭灰麵包〉、〈木板烤鯡魚〉、〈UFO：不明發酵物〉。如果想要知道如何以工業規模調理食物，還有像《超高壓雙軸擠壓機的食品加工》這樣的書。

現在關於飲食的書真的是汗牛充棟，我要你們假裝手上拿的這本書不是飲食書，而是晚餐邀請函，而且希望你們和我一樣，對晚餐邀約永遠不嫌多。不過這是一次與眾不同的晚餐，是一次心智的饗宴。當然，每份餐點都是由腦享用的，因為吃東西產生的感覺需要經由腦部的處理才能產生知覺，我的邀請會讓你用不同的角度思考人類的飲食。

舉例來說，雞蛋、牛奶和麵粉的共通之處是什麼？如果你喜歡烹調，馬上就會認出這是製作鬆餅的主要材料，不過還有另一個有趣的答案。雞蛋、牛奶和種子（麵粉是由麥子磨成的）都是演化出來滋養後代用的東西。仔細咀嚼這件事實，便能從這個概念發展出完整的故事。

本書就是要說明這個故事，獻上的不只是鬆餅的材料，而是包含十四章的大餐。

*譯注：歐美的鹹派餅通常以牛內臟當作內餡的主要材料。

演化造就美食

每種食物都有自己的演化歷史，每個超級市場的貨架都塞滿了演化的產物，雖然禽肉的標籤沒有文字提醒我們這是從侏羅紀恐龍流傳至今的後代，旁邊農產品的標籤也不會揭露玉米是哥倫布來到前的美洲原住民經過六千年人工選種所培育出來的。每份購物清單、食譜和菜單，以及所有的食物成分標示，都是無聲的邀請函，請你和演化學之父達爾文一起用餐。

達爾文的《物種原始》在一八五九年出版，在這之前，人們認為大自然中顯而易見的精巧設計（例如乳汁的成分完全符合嬰兒的營養需求），是有一位設計者存在的直接證據，這位設計者一定是神。

但是達爾文有不同的想法，他認為那是由天擇（natural selection）造成的。自然界中所有的生物都會產生變異，有一部分的變異會遺傳下去。例如成年人對於牛奶的耐受程度不同，這種特性主要是遺傳而來的。天擇便是對於這些遺傳變異的篩選過程，如果這些遺傳變異能夠讓生物更適應所處的狀況，這些生物繁衍出的後代數量壓過其他比較不適應的生物，於是生物的功能會一點一滴，一代又一代逐漸改進。這種逐漸演化的過程是盲目的，缺乏任何意圖、計畫或目標。

經由天擇而演化出的產物，不是哪個設計者所設計出來的。這聽起來矛盾，不過這個過程不只讓人類的食物出現，也讓人類出現。人類與食物的關係，彰顯了人類以及食物的演化過程。了解這種關係，能夠滋養心靈與肉體。如果你喜歡有學問的說法，便可以說是「演化造就美食」，或者可以說我們吃的食物是演化來的。

《物種原始》第一章的內容就是關於植物和動物的馴化，因為達爾文知道育種者人為選育新品種的過程，和天擇的過程是相近的。那些育種者在作物與牲畜上累積了巨大變化，天擇這樣漸進的過程一樣也辦得到。植物與動物可塑性很高，因此讓人類能夠扭轉它們的演化途徑，改變它們的外型，以滿足我們特別的需求，乍看之下，這種事情可能有點奇怪。但這卻是辦得到的，因為人擇（artificial selection）也是一種演化過程，所以人擇並非要與演化相抗，事實上是人類利用了演化。

人擇引導了植物和動物的演化方向，像是工程師利用運河、水壩和堤防改變地形，藉此引導河流，以重力讓水流往到想要的方向。育種者藉由選擇哪些個體能夠繁殖，用這種方式改變基因的流動，而遺傳過程會把其他的事情完成。這項工作需要兩個基本條件：首先，育種者想要影響的特性，在不同個體之間必須有差異存在；其次，這種差異有部分是要能遺傳下去的。

先有雞，還是先有蛋？

由天擇推動的演化，使得雞蛋、牛奶和種子具備能夠當成鬆餅材料的特性。為了一探究竟，我們從雞蛋開始。

蛋隱喻開始，而且可能是演化所造就出來的用途最多的食物，蒸煮炒炸都好吃，甚至可以醃漬。*不只如此，雞蛋這種食材彷彿具有神奇的力量，能讓舒芙蕾、蛋糕、法式鹹派和蛋白霜膨鬆起來，也能夠讓美奶茲和醬汁這類含有大量不相溶的油脂與水分的食品維持穩定。小雞發育所需要的成分全都包含在雞蛋中，所以雞蛋很營養。還有，雞蛋有蛋殼，在廚房中很容易存放。蛋殼也是演化設計出來的，這樣蛋才不會乾掉，同時能避免細菌與真菌入侵，造成雞蛋腐敗。這些好用的特性是怎麼演化出來的呢？

雞生蛋，蛋生雞，「先有雞，還是先有蛋」這句話常用來比喻沒有起點的循環狀況。但是從演化的角度來看，「先有雞，還是先有蛋」這個難題其實很容易就可以打破：蛋比雞先演化出來。鳥類是某一支爬行動物的後代，這一支動物的成員包括著名的掠食性恐龍霸王龍（*Tyrannosaurus rex*）。中國出土了保存極為良好的恐龍化石，我們驚訝的發現，許多恐龍身上長了羽毛。所以雞的羽毛是遺傳自爬行動物祖先，蛋也是。事實上，恐龍也有巢，看來雄性與雌性一樣都會孵蛋，就如同現在有些種類的鳥一樣。鳥其實就是恐龍。

最早受到科學家描述的恐龍蛋，是在一八五九年發現的，那一年剛好達爾文也出版了《物種原始》。這些恐龍蛋是天主教神父兼博物學家普艾許（Jean-Jacques Pouech）在法國普羅旺斯發現的，他理所當然認為那是巨鳥的蛋。這個國家發明了歐姆蛋和舒芙蕾，雞的爬行動物遠祖的蛋最先在這裡發現，似乎也滿恰當的。雖然現在世界各地都有恐龍蛋出土，法國南部依然特別多。

防止脫水的巧妙發明

生物演化的歷史中，爬行動物首先發明用含有礦物質的蛋殼來保護蛋，而在蛋殼之下是更古老的發明，這項發明使得陸地生物產生了重大的變化。最早從海洋到陸地上生活的動物是兩生類。一如現在還看得到的兩生類動物，好比蠑螈和青蛙，牠們的卵像是膠質，無法抵抗乾燥的空氣。所以兩生類的成體雖然能夠在乾燥的陸地上生存，但是必須把卵產到水中，以免卵乾燥萎縮而死。

這項古老的發明是羊膜。羊膜會形成羊膜囊，裡面充滿羊水並且包住胚胎。羊膜囊是

*譯注：皮蛋就是。

演化用最直截了當的方式解問題的範例。你幾乎可以聽見三億一千萬年前的商人，在上石炭紀的原始沼澤森林中大喊留下的回音：「胚胎都乾了？有個新方法，那就用袋子把胚胎連池水一起裝起來吧。」所以，鬆餅中包含了生命在陸地上的第二個重要的適應措施。

三億六千萬年前，植物演化出種子，這個故事和羊膜的起源非常類似，有了羊膜才有現在的雞蛋。動物演化出羊膜囊，解決了在乾燥陸地上繁殖的問題，植物演化出的種子也解決了相同的問題。最早的種子植物演化自陸生植物，但那些陸生植物需要在潮濕的環境中生長，這樣精子才能游泳與卵子相遇，現在的蕨類和苔蘚類植物依然維持這樣的方式。種子植物相較於蕨類植物，就像是羊膜動物相較於兩生類動物。在種子植物和羊膜動物中，都演化出裝滿了液體的袋子，裡面有胚胎和豐富的養分，同時外加了能夠防止脫水的包裝構造。的確是一項偉大的發明。

基因揭露乳汁的祕密

鬆餅的第三種材料是牛奶，我們來看看它的演化故事。能夠分泌乳汁餵食幼兒，是哺乳動物的定義，每一種哺乳動物都能夠以特化的乳腺泌乳。就如同哺乳動物這個名稱所指的那樣，哺乳動物具有乳房，而且能夠製造大量乳汁，真正是非常大量。在美國，一頭乳牛每年平均能夠產出將近九公噸的牛奶。最大的哺乳動物是藍鯨。根據估計，重達一百公噸的藍鯨在哺乳時期，每天能夠分泌將近二百二十公斤乳汁，餵養小鯨魚，其中的能量足夠四百人一天所需。

在達爾文的年代，人們對於哺乳動物、鳥類、植物和生命演化的歷史，只知道極為粗略的內容。不過到了現代，愈來愈多細節以驚人的速度在我們面前一一揭露出來，主要是因為現在能夠輕易的解讀與比較不同物種的基因組（也稱為基因體）。基因組基本上就像是一本食譜，裡面包含了讓細胞中機具運作的各種指令。舉例來說，這些指令能夠讓受精卵變成一隻雞，然後讓雞的細胞和器官運作，並且完成對於演化和烹調來說都是最為重要的事情：生蛋，然後變成更多雞！

基因組中的指令是以化學字母寫成，這些化學字母是核酸的組成元件，一共有四種，也就是有四種字母。這些字母排列組合而成的DNA序列，能夠轉換成一長串複雜的指令，讓細胞根據指令製造各式各樣的蛋白質。這些指令其實就是基因。

由基因指令製造出來的蛋白質，有的是當成營養分子，蛋黃中就是這種情形。有些基因製造出來的蛋白質稱為酵素（或者酶），酵素能夠加速（行話叫「催化」）生物化學反應，例如澱粉酶能夠使得澱粉分解成小分子醣類的速度加快。還有另一類酵素能夠開啟或是關閉基因。細胞像是小型的自動廚房，隨時都依據幾萬份食譜，進行烹調工作，並且根據狀況，持續調整烹調成品的數量。

在基因組中，除了活躍的基因以外，還包含了「偽基因」（pseudogene），這是過往基因化成的幽靈，就像是不再使用的食譜。不過每次生物產出下一代時，這些食譜還是放入了新版的食譜書中。

具有功能的基因會準確的複製，並且接受校正，如果有致命的錯誤發生，天擇會把這個錯誤移除：讓帶有錯誤基因的個體在能把這個遺傳錯誤傳給下一代之前，就會死亡。不過，當基因已經不再具備功能，複製時造成的錯誤對於個體的生存和繁殖來說也就無足輕重，這樣錯誤便會逐漸累積，使得基因序列變得愈來愈沒有意義。偽基因愈早失去了功能，上面的序列和能發揮正常功能的基因差異愈大。如果經過數百代都不具備功能，食譜中開頭的那句話原本是「打發一個蛋的蛋白」，可能會變成「打開一個蛋的蛋白」，過了數千代之後，可能變成沒人能懂的「打花伊哥但百」。

製造蛋黃與乳汁牽涉到多種不同的基因，從這些基因的序列可以看出原本產卵的祖先如何轉變為會懷孕並且分泌乳汁餵養後代的哺乳動物。人類屬於哺乳動物，在哺乳動物的譜系中，原本在雞身上具備的蛋黃基因，約在七千萬到三千萬年前變成了偽基因。製造乳汁蛋白質的基因在那之前早就出現了，所以必然有段期間，哺乳動物會生蛋，也分泌乳汁。科學家比較了雞和鴨嘴獸（一種會生蛋的哺乳動物）的基因組，發現有個在雞身上製造蛋黃蛋白質的基因，在鴨嘴獸身上依然處於能夠發揮功能的狀態。而且不出所料，鴨嘴獸的基因組中同時具有乳汁基因和蛋黃蛋白質基因，證明了這種動物的確位於產卵動物過度到懷孕動物之間的地位，是古老的遺物。

每個做父母的，都會面對一個基本問題：要如何保護和養育後代？雞蛋、種子和乳汁都是解決這個問題的方案。這樣說可能有點荒誕不經，但是這三種鬆餅材料演化出來的時刻，都是地球上生命演化的重大轉捩點。

獻上一頓豐盛的大餐

雖然鬆餅通常不會當成開胃菜，不過我希望藉由鬆餅引發出期待的心情。現在讓我帶你一覽整個套餐的其他部分。所有的材料保證新鮮，而且都是在地生產的，知識供應商一一列在本書最後那個詳盡的名單中。我私下和你說，你可以依照我準備好的順序閱讀，也可以照著菜單單點，用自己喜歡的方式安排章節和閱讀順序。不過，在菜單上你不會看到咖啡、水果和堅果，因為這些內容收錄在我之前的書《種子哪裡來？》，你不會喜歡重複吃同樣的食物吧！

烹調是人類營養的基礎，我們在第2章會談到，在人類演化的過程中，這種很古老的行為對於人類的演化至為關鍵。有一小群人類在七萬年前從非洲遷徙到其他地區時，以有殼海鮮類食物為主，這種行為也很關鍵（第3章）。植物與動物的馴化是農業的基礎，我們每天吃下的食物主要都是農業的產物。在第4章中，會同時介紹在農業萌發期的穀物馴化，以及麵包的歷史，兩者會像是辮子麵包的條紋那樣交纏在一起。

接下來的兩章，談的是人類味覺和嗅覺的演化。嗅覺和味覺讓我們能夠查知植物和其他食物的化學組成物，選擇能吃的食物，避開不能吃的，這樣才能保命。這個主題是和湯（第5章）以及魚類（第6章）一起上菜的。

作物的演化方向由人類設定，但是吃農作物的行為也影響了人類的演化。不過你要小心，雖然有滿架子提倡古代飲食方式的書籍，但演化並不是已經注定的命運。雖然人類在舊石器時代吃了大量長毛象的確是演化造成的，但是並不表示現在這樣做會對身體比較好（第7章）。人類是雜食動物，演化沒有指定人類的行為，也沒有規定人類要打破一些飲食上的明顯限制，把一些東西硬吃下去。我一直認為「不要吃比自己的頭還要大的生物」是個好建議。就如同飲食作家波倫（Michael Pollan）所指出的，對健康最有利的三個簡單飲食規則是：吃真正的食物、主要吃植物、不要吃太多。

從人類吃的蔬菜中，可以看出演化對人類飲食加諸的限制真的非常少（第8章）。人類發展出了巧妙的方式，把不能吃甚至有毒的植物，處理成可口的食物，現在人類吃的植物物種超過四千種。如果你想要讚頌有這麼豐富多樣的植物能夠當成食物，可以仿效蘇格蘭植物學會的會員，他們在二〇一三年舉辦了一項比賽，看誰能在耶誕蛋糕的材料中使用到最多種類的植物。得獎的蛋糕食譜含有一百二十七種植物，分屬於五十四個科。蛋糕上面的頂飾配料就包含糖霜美洲山核桃、胡桃、腰果、杏仁果、松子、芝麻、歐白芷、椰蓉、有巧克力包裹的咖啡豆，另外還用乾燥花與糖霜花朵當裝飾，用到的花朵包括了紫羅蘭、報春花、薰衣草、迷迭香、琉璃苣、迎春花、雛菊、金盞花。

植物在面對敵人時，無法如同動物那樣可以逃跑飛走，所以演化的力量讓它們具備了完全不同的防禦策略。植物就像是在學校中缺乏運動天分的書呆子，雖然動作緩慢、在運動場上容易受傷，但是擅長化學合成。正是因為這樣，植物對於烹調造成了深遠的影響。在第9章中我們會看到，這些化合物是香料中各種味道的來源，例如芥末和辣根的衝鼻感覺、薑和辣椒的辛辣刺激，更棒的是有些植物還因此具有醫療效果。

第10章介紹的是讓人沉溺又放縱的食物，以甜點的形式呈現，人類對於糖類和脂肪具有原始慾望，讓我們受到甜點的吸引。我在第11章中準備了起司，起司熟成時散發出的氣味引人注意，嘗起來的味道令人滿意。我們吃的其他食物在自然界中都可以找到直接相對應的東西，但起司沒有，它是混合了乳汁和微生物所製成，是演化而來的發酵品。在第12章會繼續談發酵。說到發酵，我們會想要來一瓶酒，就像是果蠅會飛向腐爛的水果。酒徒和果蠅都受到酒精的吸引，酵母菌和酒這種邪惡的飲品有著長遠的演化關係，也是這樣，我們才有美酒可飲。

倒數第二章（第13章）要討論一個非常基本的問題，基本到我們認為理所當然。這個問題是「人類為什麼會分享食物？」演化學提供的答案非常適合在餐桌上交流，結論是甚至餐廳本身都有演化起源。最後在第14章，我們將要一窺食物的未來與演進，同時也要討論基因改造技術在其中造成的爭議。

好了，現在就跟著我到餐桌上，開懷大吃吧！

2 會烹飪的動物

人類大家族的聚會

從吃素的動物逐漸演化出會烹飪的人類

「烹調形塑人類」這個概念相當古老。早在一七八五年，傳記作家與日記作家包斯威爾（James Boswell）便寫道：「我對人類的定義，是『能烹煮食物的動物』。野獸多少具備了記憶能力、判斷能力，以及所有人類心智的機能與情感。但是野獸不會烹煮食物。」包斯威爾這段話寫成於達爾文出現之前，所以並不是他對於演化的論點。

但「烹調是人類這個物種的基本能力」這概念對於其他許多人來說，應該很合胃口。雖然一般人的胃口不太容易消化科學證據，然而就這個主題來說，胃和口的確是重要的見證者，這點下面將會提到。就如同包斯威爾所說，沒有其他的動物具備烹煮食物的能力，只有人類能夠烹調，那麼顯然我們要提出的問題，便是人類在什麼時候演化出烹調能力？以及這種能力是怎麼演化出來的？

其他的猿類基本上吃素，主要的食物是葉片和果實。大猩猩只吃植物；黑猩猩會找尋與捕捉動物來吃，不過這要遇到好機會才行，牠們賴以維生的主要還是植物。黑猩猩不會烹飪，儘管有些人爭辯說牠們的智能足以勝任這項工作。人類與黑猩猩的共同祖先應該是吃素的，所以會吃肉、能烹煮的人類，是從吃素的動物（徹徹底底的素食主義者）一步步演化而來的。

如何建立演化譜系

人類和其他動物之間的巨大鴻溝有如天壤之遠，不只是人類的飲食內容與烹調能力方面，智能、語言、腦容量和身體結構的差異也很大。同時在人類演化的過程中，那些位於我們和其他動物中間的物種都在不知不覺中因為滅絕而消失無蹤。人類是人族（hominin）中唯一現存的物種。在人族中，以往有數種和人類親緣關係近到可以稱為姊妹的物種，還有幾十個身為人類祖先與表親的物種。

達爾文在還沒有化石證據出土之前，就只因為其他的大猿（黑猩猩與大猩猩）棲息在非洲，而論定人類起源於非洲。現在不只有大量化石證據指出人類起源於非洲，在DNA中留存的演化歷史也支持這個說法。

科學家能夠藉由DNA中的突變（遺傳密碼的細微變化），比對了各物種的DNA序列差異，重新建立演化譜系。這個過程有些類似人類可以經由從祖先繼承而來的「姓」，來確定親屬關係以及族譜。

就拿我的姓「席佛頓」（Silvertown）來說好了。我的祖父出生於波蘭，姓「席佛斯坦」（Silberstein）。他四歲時舉家遷居到英國，最後在英國建立了成衣事業。第一次世界大戰暴發時，席佛斯坦這個聽起來像是德國人的姓氏對事業有不良影響，所以大約在一九一四年，祖父便把他的姓英文化，成為「席佛頓」（Silvertown），這樣的改變是為了適應當地的環境。在演化中，這種事情隨時都在發生，不過遺傳突變是隨機出現的，而我祖父完全清楚自己做的事情。我有一張照片，照片中祖父得意的站在他的店門外，招牌上寫著「席佛頓」。他的事業愈來愈興旺，家族繁衍。就我所知，姓「席佛頓」的人都是我祖父的後代。

此外，也有其他姓「席佛斯坦」的人把自己的姓氏英文化，卻是改成「席佛史東」（Silverstone）。如果用演化學的專門詞彙來說明，從「席佛斯坦」演變出來的這兩種突變後代具備了各自的「共衍特徵」（shared derived character）：「席佛頓」，或者「席佛史東」。

共衍特徵能夠用來重建演化譜系，也就是族譜或是演化樹。如果你姓「席佛頓」，這個共衍特徵便指出你是我祖父母傑克和珍妮的後代。如果你姓「席佛史東」，便指明了你屬於族譜中的另一個分支，我和你更久之前才是一家。

別人經常把我的姓拼錯，寫成「席佛敦」（Silverton）。如果我或是我的家人決定隨波逐流，採用這個比較簡單的拼法，那麼這個突變就會成為新的共衍特徵，用來鑑別我或是我家人的後代。

邀請失聯的祖先一起吃飯

現在回頭繼續談那個包含了所有人類的那個大家族。達爾文在一八七一年出版《人類原始》時，家族相本中還空無一物，封面上只鑲著一面鏡子。那時科學家已經發現了第一顆尼安德塔人顱骨，但是沒有人知道尼安德塔人有多古老以及多重要，那時的「人族同學會」還只是僅有一人參加的孤單聚會。現在我們已經發現了數千件人族化石，甚至知道一些最晚出現的親族的基因組序列。由於我們感興趣的事情是人類祖先吃的東西，以及他們是否烹調食物。那麼，還有比邀請他們共享美妙晚餐更好的方法嗎？

墨西哥人在亡靈節的時候，會把墓園變成野餐場地，邀請祖先一起來吃飯。他們用花朵裝飾墳墓，並且用糖霜顱骨，以及上頭撒了糖粉、有交叉大腿骨和骷顱頭圖案的麵包，做為彼此交換的禮物。「人族同學會」就像是盛大的亡靈節，這一天死者為大，所有人族的古代祖先代表將會齊聚一堂。邀請函已經發出去了，內容傳遍了整個非洲大陸，也就是人類的故鄉，當然也抵達了東半球與西半球，大家都知道我們將會在祖先的埋骨之地舉辦盛宴。

亡靈節的日子是十一月一日，要盛大舉辦人族同學會的日子終於來臨了。任何牙齒還沒掉光的人族遺骸統統即將賞光，那些只留下零星遺骨的和因故無法出席的化石，也用電子郵件寄來了他們的基因組序列。

現在我們可以把菜單送到那些失聯已久的親人面前。為了確定每位來賓的飲食受到仔細的照料，我們將會詢問所有出席的人族：您是誰？您生活在哪個年代？您從哪裡來？當然，我們也會問您要吃什麼。

在這些客人中，只有極少數生前能夠了解或回答這些問題，大部分的完整顱骨只能咧嘴微笑。不過只要詳細檢查這些來賓，便能夠得知許多答案。檢查的方式包括計算腦部大小、探究身體內部結構、用顯微鏡檢查牙齒等非常「貼身」的工作，但是我不建議你在家嘗試。

露西：最早的人族物種

最先光臨的是我們怎樣序齒也算不清的高高高高……高祖母露西（Lucy）。露西和其他久遠的親戚一樣，當年都住在非洲東部。她出土的骨骸相當完整，是人類學家喬漢森（Donald Johanson）在衣索比亞哈達（Hadar）的沙漠中發掘出來的。

露西屬於阿法南猿（*Australopithecus afarensis*），會有這個名字，是因為發現她的時候，營地裡一直播放著披頭四的歌曲〈露西帶著鑽石在天上〉。露西活著的時候，體形如黑猩猩大小，她的腦子形狀如猿類，容量只比黑猩猩大一些，算是小的了。但是發現露西值得大肆慶祝，因為她能夠直立步行，是最早的人族物種。

雖然露西能夠直立步行，但是從遺骸的法醫分析中，我們知道她也能爬樹。她的手臂骨骼經過分析之後，顯示有從高處掉落下來造成的骨折，她可能就是因為這樣而去世的。能爬到高處，顯示她會爬樹，但是可能不如原本棲息在樹上的祖先那麼熟練。她的腳是生來步行的。

露西和同類的食物主要是植物，但是吃的種類可能要比黑猩猩多。南猿屬中有多個物種，生活環境通常比黑猩猩更加廣闊。與黑猩猩相比，南猿的臼齒比較大、犬齒比較小、下顎更有力，種種跡象顯示這群祖先經常咀嚼粗韌的食物。科學研究指出，人屬（*Homo*）源自於南猿屬中的某一個物種，可能是露西所屬的阿法南猿，活動的年代在三百八十萬到二百九十五萬年前。

我們親愛的露西身材矮小，所以椅子上要加增高的坐墊，她吃飯的舉止有如黑猩猩，這點毫無疑問，所以用不上銀製刀叉，但絕對喜歡吃蔬菜沙拉和水果切盤。她還可能從隔壁偷一些烹煮過的食物來吃，因為有實驗指出，如果有得選，比起生的食物，大猿更喜歡已經烹調過的。

心理學家派特森（Penny Patterson）進行了一項傑出的實驗。她養了一頭名叫「可可」（Koko）的大猩猩，並且訓練可可和她溝通。她告訴靈長類學家藍翰（Richard Wrangham）自己問可可喜歡吃哪種食物的過程：「我打開錄影機，然後問可可，如果喜歡吃熟的蔬菜，就指我的左手，如果喜歡吃生鮮的蔬菜，就指我的右手。可可碰了我的左手。然後我問牠為什麼喜歡吃煮熟的蔬菜，我的一隻手代表『比較美味』，另一隻手代表『容易下嚥』，牠指出是『比較美味』。」

如何知道人族祖先吃了什麼？

素食的人族祖先究竟吃哪些食物，留下的史前考古學證據微乎其微，或應該說他們留下的證據非常細微。植物矽石（phytolith）是植物葉片中含有矽的微小顆粒，如果植物被當成食物，葉片中的植物矽石便會嵌入牙齒中，植物矽石的形狀可以用來鑑別植物種類，讓我們多少知道露西吃了哪些植物。

吃肉的人族物種留下的紀錄就多了，他們好心留下的東西不但有吃剩的動物骨骸，骨骸上的各式切痕還能讓我們知道他們是用哪種石器切肉的，有的時候連切肉的石器都遺留了下來。最早有明顯屠宰痕跡的動物骨骸，出土於露西的家鄉衣索比亞，具有三百三十九萬年以上的歷史。骨骸上有肉被拉下所遺留的痕跡，同時也被敲破好取出骨髓。看來阿法南猿並不是徹底的素食者，他們會吃肉，而且不只是啃骨頭而已。

在不久之前，人們還認為製造石器是人類（也就是人屬物種）專屬的技能，以為人屬之前的人族物種只會用一些順手的石頭敲打骨頭，刮下屍體上的肉。但是在二〇一五年，位於肯亞西圖爾卡納（West Turkana）的史前考古遺跡出土了有三百三十萬年歷史的石器，比第一個人屬物種至少早出現了五十萬年。二百五十萬年前在東非的衣索比亞，有人族物種會把動物開膛剖肚、剔骨切肉，甚至能夠肢解大型動物，並且剝除外皮。

總的來說，這些古代屠宰活動物留下來的種種遺物，把人族吃肉的歷史從智人（*Homo sapiens*）剛出現的二十萬年前大幅提前，甚至在南猿屬演化出人屬的時間點（大約是二百八十萬年前）之前。所以人類自古以來就是會吃肉的雜食動物，早期人屬的祖先還會津津有味的切割動物，宛如主要就是吃動物為生的。但他們是誰呢？

阿法南猿之後的人屬物種

如果在人族聚會中要依照長幼順序安排座位，那麼給第一個人屬物種的座位，將會安排在代表阿法南猿的露西旁邊，但這個座位會是空著的，另一邊的座位則是已經確認出來的直立人（*Homo erectus*）。如果第一個人類位於這兩個已知物種之間，比較之下，我們可以說他的體形和腦都要比南猿大，但是還有另一個問題：在阿法南猿和直立人之間應該還要留有多少個座位給那些不同的物種呢？

還有數個物種在大廳中閒逛，沒有入席，因為古人類學家正在釐清他們之間的順序。其中一位是巧人（*Homo habilis*），這裡的「巧」指的是手巧。巧人在一九六〇年代發現並且命名的，當時科學家找到了兩個顱骨碎片和一些手部的骨骼，旁邊還有一些石器。這或許是第一起有紀錄可查的廚房意外死亡事件？

最初的巧人化石是在一百八十萬年前留下來的，但是最近找到了年代更久遠的化石，把巧人的歷史回推到二百三十萬年前。根據推論，人屬是在二百八十萬年前從南猿屬演化而來的。這樣看來，巧人的時間接近了不少。我們可以從巧人的化石中知道，他們的下顎類似阿法南猿，腦容量接近直立人，所以坐在阿法南猿和直立人兩者中間，應該能夠感到優游自在。從巧人的牙齒判斷，他們咬合的力量應該和露西一樣強大，不過在巧人和阿法南猿之間，可能還會有另一個物種擠進來。

二〇一三年，衣索比亞的人類學家塞尤姆（Chalachew Seyoum）發現了一個沒見過的下顎化石，樣貌介於阿法南猿和巧人之間。經過仔細的定年後，確認這個化石的年代是二百八十萬年前，前後誤差只有五千年。這個下顎化石上的牙齒具備了一些人類牙齒的特徵，但下顎形狀像是南猿的下顎。這個化石的名稱訂為 LD 350-1，你可能會覺得這個毫不起眼的名字比較像是車牌號碼，而非人族中的某位成員。不過到目前為止，這個不屬於阿法南猿也不算巧人的物種，沒有其他的名字。這個最近找到的化石可能是最早的人屬物種，是在距離露西出土的哈達三十公里外發現的，距離最古老石器的出土地點也只有四十公里。

所以我們只要拿著指南針，走幾天的路，就可以在非洲找到人族中人屬出現並且開始切肉來吃的那些地點。這比去第一家麥當勞的歷史巡禮有趣一些吧。不過在這場人族重聚的餐會中，目前介紹到的來賓都只吃生的食物。可憐的 LD 350-1 一副被遺棄的模樣，無聊的玩弄寫著他名字的吊牌，並且花好幾個小時咀嚼血淋淋的肉排。在鄰座一起用餐的巧人，則使用費了好幾天功夫才打造成形的石刀切肉。

直立人來了

直立人光臨了，一如預期。我們可以看到他走進來的身軀只有一百三十公分高，不過身體姿勢已經很近似現代人類了。他手裡拿著一柄石斧，帶這種東西來宴會，看起來像是在找麻煩。如果我們奉上其他已經抵達的賓客所吃的那種生肉，他會覺得受到冒犯嗎？或是他會把桌椅拆了生火烤肉？

偷偷摸摸看一下他的牙齒，或許能夠找到一點線索。最早的直立人臼齒很大，類似於巧人和阿法南猿等祖先，但是後來的直立人化石卻顯示，他們的牙齒愈來愈小，比較適合只需要一半力氣來咀嚼的軟質食物。這個現象指出直立人後來變得善於處理食物，可能包括把食物煮熟。

肯亞北部的圖爾卡納盆地（Turkana Basin）出土了一百九十五萬年前的人族骨骸，應該是屬於直立人的，這時他們屠宰的動物包括了不易獵殺的河馬、犀牛和鱷魚，他們也吃魚類和龜類。不過我們可以確定，直立人和其他吃肉的祖先並不會只吃肉而已。

任何能夠養活動物的飲食，除了可以提供能量之外，也會提供蛋白質，其中瘦肉含有的蛋白質特多。瘦肉其實不是優良的熱量來源，因為身體需要先消化蛋白質，再把一些胺基酸轉換成葡萄糖，這個過程就要花費能量，所以得到的淨能量比較少。如果有人獲得的熱量有三分之一以上來自於瘦肉，很快會陷入「兔肉飢餓症」（rabbit starvation）的狀況。當年的美國探險者找到的食物只有小型動物，然而只吃瘦肉無法提供足夠的熱量。如果人們能夠取得的食物只有瘦肉，但是吃瘦肉對於填滿飢餓感來說卻只是徒勞無功，於是他們只得吃下更多瘦肉，最後造成肉類中毒。

肉類吃太多會造成中毒，原因在於消化肉類後產生的胺基酸太多，超過身體的排除能力。肝臟會把過量的胺基酸轉換成尿素，尿素經由血液流到腎臟，最後排出體外，但是尿素太多會超過腎臟的負荷量。如果飲食中有足夠的脂肪，脂肪能夠填補不足的熱量，代替葡萄糖，消除飢餓感，這樣就不會吃太多肉類了。成年的因紐特人（Inuit）可以光靠吃動物過日子，因為北極的哺乳動物體內脂肪的比例很高，不過兒童依然需要一些植物類的食物。但是人屬在非洲莽原上演化，當地的野生動物瘦肉多、肥肉少。於是，從以植物為主食的祖先演化出來的早期人屬物種，無法只靠吃肉類吃到飽，不像貓之類的真正肉食動物那般，已經適應了只有肉類的飲食。

植物地下部是熱量的來源

早期人屬物種主要的能量來源，可能和祖先一樣，是植物中的碳水化合物。就算時至今日，我們飲食中大部分的碳水化合物依然來自植物，不過這些植物是小麥、玉米、稻米、甘薯、馬鈴薯等農作物。在非洲僅存的狩獵採集部族，過的日子可能和人類遠祖很類似，他們每天有三分之一的能量來自於地下莖、球莖、種子、堅果、果實，和其他野生植物。三百萬到二百萬年前，非洲應該也有這些資源。

早期人族吃的植物有哪些？並沒有直接證據遺留下來，但是有間接證據指出他們可能經由植物埋藏在地下的儲存部位得到碳水化合物，例如分析羚羊河南猿（*Australopithecus bahrelghazali*）的牙齒琺瑯質。這種南猿居住在中非的查德湖畔，阿法南猿這個時候住在東非。分析得到化學證據指出，這種人族動物攝取的熱量，有百分之八十五來自於熱帶的禾本科或莎草科植物。由於這類植物的葉片堅硬而且沒有營養，所以羚羊河南猿吃的應該是膨大的莖和含有澱粉的地下部。

現在還有人類和狒狒吃莎草的塊莖，例如油莎草（*Cyperus esculentus*）的塊莖味道好而且營養豐富，富含澱粉和油脂，可以生吃或煮熟後再吃，因此古代埃及人曾經大規模栽種。如今西班牙依然把油莎草當成作物栽培，不過在其他地方，由於油莎草繁殖速度快而且難以剷除，所以躋身全世界最惡劣雜草名單中的前幾名。有一項實驗在美國明尼蘇達州進行：從一個油莎草的塊莖開始，僅僅十二個月之後，就繁殖成一千九百多棵植株，產生了將近七千個塊莖。

油莎草塊莖有堅韌的外皮，遠古人族沒有適合啃咬這種東西的牙齒。那些早期人族遺址中大量的石片工具，能夠用來削去塊莖的皮嗎？這些擁有二百萬年歷史的石英岩片在尖銳的邊緣，有當年使用時留下的刮痕和缺口。科學家為了證明這些石器的用途，在肯亞南方蒐集了相同的石英岩片，重新打造相同的石器。這些實驗用的現代石器拿來處理各種動物和植物食材，模擬當時的狀況，在處理不同食材時，石器尖銳邊緣上產生的刮痕和切口也不同。

植物在地底下的營養儲藏器官挖出來時，表面沾附著有砂粒，實驗中用新製成的石器去削，石器上面出現的損傷和一些原始石器相同，因此那些古老的石器應該就是拿來這樣用的。如果這個故事是古典偵探推理小說，那麼我們可以提出結論：這些二百萬年前的人族動物有動機、手段與機會，把植物的地下儲藏器官當成主要食物，納入日常飲食之中。動機是因為他們需要碳水化合物，手段是使用石器（因為他們的牙齒不行），機會則是他們居住的環境中有大量這類的植物生長。

擅長遠行，常吃大象

在我們持續探究要端上怎樣的食物好招待直立人賓客時，會發現他們是人族中最擅長遠行的物種之一。直立人就像智人一樣，也從非洲遷徙出去，但是時間要早了一百七十萬年。非洲以外發現的最早人屬物種，是在亞洲西部高加索山區的德馬尼西（Dmanisi）出土的。德馬尼西化石看起來很類似非洲早期的直立人，包含了已知保存最完整的早期人類顱骨。這些化石有一百八十萬年的歷史，顯示直立人在非洲演化出來之後不久便進入了歐亞大陸。直立人拓展的速度很快，散播的範圍西起地中海周圍區域，東到中國。

我們可以確定直立人是雜食動物，吃動物也吃植物，除此之外，大象化石也常和直立人化石一起出土，直立人可能特別常吃大象吧！直立人獵捕大象來吃，象的身軀巨大，脂肪和瘦肉都可能是重要的營養來源。象牙和象骨能夠當作製造工具的原料。在直立人棲息的區域中，總是有一兩種大型的草食動物可以做為穩定的獵物來源。四十萬年前，地中海沿岸地區的大象從東岸開始逐漸消失，直立人也跟著消失了。事實上，最近一百萬年來，只要人屬物種出現的地區，那裡的大象不久之後便會絕跡。

所以，如果就席的直立人臼齒比較小，而且腦容量比較大，那麼我們可以安心端上象肉排，佐去皮的油莎草塊莖當配菜。但是，他會要求把這道菜端回廚房裡煮熟嗎？很有可能，雖然直立人烹煮食物的直接證據極為罕見。

火堆、屠宰場所、石器，以及人類化石，都是能當作烹煮的間接證據。你可能會在洞穴中發現古代火堆的灰燼，不過要怎麼才能夠確定這是刻意生起的火，而不是由野火引燃的呢？火堆中可能有動物骨骸，又要怎麼才能知道原來連附在骨骸之外的肉有煮熟而且被吃下肚？

如果你沒有那麼多疑慮，那麼在非洲的確有一些火堆遺址中有燒焦的骨骸，而且有些骨骸上面還有切割留下的痕跡。種種證據指出，最早在一百五十萬年前，就有生火烤肉這回事了。

早期人族、出現地點以及食肉行為的演化

地圖一

人類從什麼時候開始烹煮食物？

而且好運的是，飲食習慣對於人類演化極為重要，所以除了有史前考古證據之外，也有生物學方面的證據。美國哈佛大學的靈長類學家藍翰把相關的證據集結起來，寫成了《生火：烹飪造就人類》這本充滿說服力的書，說明了烹煮食物驅使了直立人演化出比較大的腦，他相信直立人在一百五十萬年前，成為第一種具有烹調技術的人類。

藍翰指出，人屬物種（包括直立人和智人）與黑猩猩相比之下，口部和牙齒比較小、下顎咬合力量比較弱、胃部容量比較少、結腸比較短，所有內臟都比較小。這些頭部與腹腔特徵，是因為烹煮過的食物能量密度比較高且又柔軟，所帶來的適應結果。

當然啦，我們沒有直接的證據，能夠了解直立人腹腔裡面的狀況，但是從直立人肋骨骨架的形狀和大小可以知道，生吃植物的草食動物消化道塞不進直立人的腹腔中。南猿露西的食物是生的植物，和一般靈長類相同，但是人類腸胃道的構造無法處理那麼大量不容易消化、富含纖維、熱量卻很低的食物。如果在演化的過程中，人類的飲食沒有變化，那麼身體和人類一樣大小的靈長類，結腸應該還要再長個百分之四十，才足以消化沒有煮過的植物。人類現在如果要吃這樣的飲食，而且不加以烹煮，體重將會下降到無法維持生命的程度。人類是不可能像其他靈長類動物那樣長期只吃生的植物。

調查目前已經出席人族宴會的賓客，我們一方面可以看到會烹煮的人類有哪些不煮食物的祖先，另一方面也看到了演化的地點，卻依然不清楚烹調帶來飲食巨大改變的確切發生時間，也不知道為什麼會發生。從身體構造來看，最早會煮食物的很可能是直立人，但是在人類漫長的歷史中，烹調食物的技術是多早出現的呢？

有一項遺傳學的證據指出，非人類的靈長類動物擁有 *MHY16* 這個基因可以加強下顎肌肉的力量，在人類這支演化譜系中，這個基因大約在二百萬年前遺失了，當時最早的直立人可能就在烹調食物了，強大的下顎肌肉變得無用武之地，可能還會讓變小的牙齒容易斷裂。真正開始烹煮食物的確切時間，可能要等到更多的化石與史前考古證據出現之後，才會更清楚。

為什麼要烹煮食物？

比起「烹煮何時開始」這個謎團，「為何要烹煮食物」這個問題就比較簡單了。食物烹煮之後更容易消化，讓我們能夠從同樣分量的食物中取得更多能量，同時也能夠讓食物中的許多毒素失去作用，人族的演化自此有更多新的可能性。

馬鈴薯或是油莎草的塊莖就像是防備精良的地下儲藏室，存放著未來生長與繁殖所需的能量補給。你可以想到，這些寶貴的能量儲存部位有著整套的防禦措施。首先，塊莖埋在地底下，先得被找到並且挖出來。此外，有些塊莖像是油莎草那樣具備堅韌的外皮，不然就是像木薯那樣含有毒素，沒經過處理是不能吃的。塊莖中的澱粉非常緻密，腸胃道的酵素難以完全消化這些澱粉，兒童特別是這樣，馬鈴薯沒有完全煮熟的話，能夠完整通過兒童的消化道。最後，澱粉分子排列得像是結晶塊，包裹在小顆粒中，這些顆粒非常小，用牙齒咬或是用石頭磨都無法破壞。

烹煮可以讓塊莖的保護措施失效，摧毀毒素和酵素抑制物，讓植物組織軟化，破壞澱粉顆粒，其中乾燥結晶狀的澱粉才能吸水變成膠狀，這樣一來，消化酵素便可接觸到澱粉，加以分解。肉類和脂肪也具有營養、能量和味道，但是要經過烹煮後才能大量攝取，只有獅子這類的肉食動物才能好好消化生肉。

烹飪造就了人類

藍翰認為烹飪造就了我們這種人類，因為煮熟的食物提供比較多的能量，讓人類可以發展出更大的腦。人類演化的二百萬年歷史中，有一項很重要的趨勢就是：腦容量穩定的增加。人類的腦比其他靈長類至少大了三倍。雖然腦部的大小並不代表一切，例如牛的腦就滿大的，但是牛沒有這麼聰明。不過比較大而且聰明的腦，可能讓人類發展出了特有的能力，例如使用複雜的語言、抽象思考，以及隨著這兩種能力發展出來的其他能力。人類的腦只占了身體重量的百分之二，但是腦在休息的時候，消耗了身體百分之二十的能量。這些能量絕大部分用在突觸上，突觸是神經細胞彼此相連的部位，讓電訊號由此傳遞交流，是大腦運作的基礎。

同樣的，消化道也和腦一樣需要大量能量，但是就靈長類的體形大小常規來說，人類的腦大得多，消化道卻又小得多。演化讓消化道變小，好把能量轉移給比較大的腦運用。藍翰的理論是烹調讓食物的能量價值提高了，因此就算腸胃道變得比較小，依然足以提供能量給快速演化增大的腦。如果你把腸胃道想成油箱，烹煮便是讓油的辛烷值增加。除此之外，人類的「引擎」運轉速度也比較快。在一項最近的研究中，科學家比較了人類的代謝速度和猿類的代謝速度，意外發現到人類的新陳代謝率高出黑猩猩百分之二十七。所以人類不但使用了辛烷值比較高的燃料，消耗燃料的速度也比較快。在相同的重量之下，人類用到的能量比黑猩猩多。這多出來的能量消耗到哪裡去了？動腦思考就知道了。

證明人類是「烹調動物」最具說服力的證據，可能是腦的增大和烹飪之間無法切斷的關連。在人類的演化過程中，腸胃縮小的狀況緊跟著腦部增大的過程，亦步亦趨。如果藍翰的理論正確，直立人本身便是這種趨勢的證據。現在我們這位客人會敲打桌子，發出吼叫，要我們把煮熟的餐點端上來。從來沒有聽過死人會發出那麼大的吵鬧聲。

我們該給直立人上什麼餐點的困境已經解除，這位飢腸轆轆的祖先正安靜的把煮熟的食物塞滿口中。

獵馬高手：海德堡人

現在我們可以把注意力放到下一位來賓身上了。這位身材高大健壯的人族祖先自信滿滿，大步走進餐廳中，手裡帶著一根兩公尺多的長矛，矛上有打磨好的矛頭。他是海德堡人（*Homo heidelbergensis*），非洲直立人的後代。

海德堡人的相貌更接近現代人，腦容量也比直立人增加了三成，他的前額比較高，臉部也比較扁平，不過眉骨依然突出，而且下巴內縮。海德堡人大約在七十萬年前出現，所以他所屬的譜系在一百多萬年期間，腦容量持續增大。海德堡人這個名字的由來，是因為最早的化石在德國海德堡出土，後來在希臘、衣索比亞和辛巴威都發現了海德堡人的化石，在印度與中國也發現了可能是屬於海德堡人的化石。

我們有理由相信，在人類的祖先中，海德堡人是最早能夠想要用火就能生火的物種。他帶著的長矛是由雲杉木材製成，科學家在德國舒寧根（Schöningen）的泥層中，找到了幾根這樣的長矛，有三十萬年的歷史。過去這個地區是湖岸，有許多動物棲息，包括大象，但是數量很少。當時這裡的人族獵捕屠殺的動物主要是馬，遺跡中散落著馬支解後的遺骸。殺死一匹馬所得到的肉，夠讓二十到三十人的群體吃兩個星期。他們的馬肉餐旁可能還加入了當地的野生植物，例如榛子、橡實和懸鉤子。對於這位特別的親戚，我們應該端上五分熟馬肉排佐烤橡實，甜點是壓碎的榛子，淋上含有野生蜂蜜的懸鉤子果醬。這樣看起來不錯吧。

現在海德堡人高興的在餐桌邊坐下，那嚇人的長矛放到其他安全的地方，我們這會兒可以去照料最後的人族賓客了。人族的這兩支後代打破了家族傳統，他們不是在非洲演化出來的，而是演化自從非洲遷徙出去的海德堡人，其中最著名的是尼安德塔人（*Homo neanderthalensis*），他的化石在最早在十九世紀發現，如果當時就了解到這個化石有多古老，那麼在將近二百多年前，他們就可以納入人類家族中了。

最近發現的親戚：丹尼索瓦人

我們在二〇一〇年才發現有另一個已經滅絕的表親，當時科學家分析了一塊來自西伯利亞手指骨頭的DNA，發現這塊由某個小女孩遺留下來的骨頭，並不是尼安德塔人的，也不是智人的。對人類學家來說，DNA序列的差異已經大到可以把這個人族成員獨立分成一個物種，稱為丹尼索瓦人（Denisovan），因為這塊骨頭是在丹尼索瓦出土的。丹尼索瓦人遺留的實體證據很少，因此我們把這場聚會中「最阿飄獎」頒給她，不過這的確是一場死人的聚會沒錯。

基因組定序研究發現，有些現代人類體內具有少許丹尼索瓦人的基因，很明顯，約在五萬多年前，智人在往美拉尼西亞和澳洲遷徙的路上，和丹尼索瓦人接觸過，這兩個地方的原住民因此遺傳到了少許丹尼索瓦人的DNA。

我們會在桌子上留個空位給丹尼索瓦人，空位會放上用狐狸、野牛和鹿的牙齒製成的裝飾品。考古學家在丹尼索瓦的洞穴中發現了這樣的裝飾，可能是屬於那位死去的小女孩的。不就之後可能有更多的丹尼索瓦人化石出土。

與我們相似的近親：尼安德塔人

在此同時，我聽到大型人族動物的腳踩在樓梯上發出的沉重聲音。快點讓路給我們最後的客人：尼安德塔人。

走進來的是一名男性與一名手上抱著嬰兒的女性。他們的長相看起來像是現代人，如果他們去一躺理髮院和成衣店打理服裝儀容，你在街上和他們擦身而過，最多只會因為他們有強壯的肌肉、不尋常的大鼻子和內縮的下巴，側頭瞥他們一眼。我們智人原生於非洲，尼安德塔人不同，他們原生於北半球，適應當地的寒冷氣候與漫長暗冬。早期的尼安德塔人基因組定序之後，顯示他們的頭髮是紅色的。

尼安德塔人是歐亞大陸海德堡人的後裔，智人是非洲海德堡人的後裔，比較兩者的基因組序列，顯示智人和尼安德塔人最晚的共同祖先生活於五十萬年前，直到四萬年前，尼安德塔人都還在歐洲生活，但是後來滅絕無蹤了。在非洲以外所有智人的族群中，都帶有尼安德塔人的基因。我們也很清楚尼安德塔人飲食的內容。

尼安德塔人飲食內容資料，主要有三大來源：從他們的牙結石可以得知他們吃了什麼，從他們的糞便化石可以知道他們拉了什麼，還有從他們留在餐盤上（這只是比喻）的骨頭和殘渣。尼安德塔人居住的洞穴裡遺留下的動物殘骸之多，讓人輕易可以推論出他們主要是靠獵捕大型動物為生。不過除非這些動物含有大量脂肪，否則高蛋白質飲食難以滿足他們的熱量需求，而且他們的肌肉量比智人多、腦也比智人大一些。用化學方法分析五萬年前的尼安德塔人化石糞便，顯示他們除了吃很多肉之外，也吃植物。其他的證據也支持這個看法。

牙齒結石的構造，就像是活生生的化石紀錄，幾乎將一生中進入口中的食物樣本層層保存起來。最底層是由牙菌斑組成的沉積物，這些沉積物後來會礦化，變成磷酸鈣沉積物。唾液中含有磷酸鈣，磷酸鈣濃度是過飽和狀態的，是為了修補牙齒的琺瑯質，但是副作用是讓牙菌斑礦化，陷在礦化牙菌斑結晶中的食物顆粒，便長久保留了下來。

科學家在尼安德塔人牙結石中，發現了包括椰棗等各物種的植物矽石、植物的地下儲存器官、禾本科植物的種子、烹煮過的澱粉顆粒，甚至還有煙灰。我們手邊沒有石器時代的食譜，不過這確切指出了尼安德塔人會烹煮食物，而且吃植物。植物殘骸很容易腐壞，但是如果在火堆中燒成了碳，便能夠保留下來，並且提供一些證據。在以色列迦密山的洞穴中，有尼安德塔人遺留的燒焦殘渣，指出了他們會蒐集杏仁果、開心果、橡實、野生小扁豆、野生禾本科植物的種子，以及許多豆科植物。不過，雞湯和炸鷹嘴豆泥餅這類東西還沒有發明出來。

最新一項證據指出，尼安德塔人飲食的多樣性和當時的智人差不多。大型動物當然是尼安德塔人的主要食物，但是他們也把蝦蟹貝等帶殼海鮮煮來吃，偶爾會吃比較小的獵物，例如兔子、龜和鳥類。

直布羅陀是伊比利半島南端的岩石海岬，位於地中海的入口。戈翰岩洞（Gorham's Cave）就位在這個海岬上，那是尼安德塔人最後的遺址之一，可能也是他們最後的堡壘。自古至今，野鴿會在岩穴附近的懸崖上築巢，尼安德塔人從六萬七千年前居住在岩洞時，就常捕捉這些野鴿並且煮熟來吃，直到他們消失了，但是野鴿留存至今。後來智人占據了這個洞穴成千上萬年，還是把當地的野鴿捉來吃。

智人即將上場

這場人族同學會的每一位賓客現下正吃著量身打造的餐點，至少這是就我們所知適合他們的餐點。每顆顱骨都露出滿足的微笑，餐廳中飄著鬼魅的打嗝聲。

五百萬年前，我們祖先的主要食物是植物，到了三百三十萬年前，他們打造了石器，並且吃肉。到了一百萬年（可能更早），他們烹煮食物。從這段歷史中我們發現到，演化上的改變是逐漸發生的。製造工具、烹煮食物等日常習慣，我們通常認為是專屬於智人的新奇特性，但是這些其實根植於人類的譜系之中。這個譜系非常古老，智人是非常晚近才出現的。

現在，智人這個新興的物種要加入餐會了。智人起源於非洲大陸，尼安德塔人在戈翰岩洞吃了鴿子，當成最後的晚餐，如果從那裡出發，只要跨過十多公里寬的直布羅陀海峽，便可抵達非洲。但是，智人離開非洲的路線並不是跨過這道海峽，一路上吃的也不是野鴿。智人從非洲散布開來時，走的路線七彎八拐，吃的食物也大不相同。

3
貝類

海濱拾貝

風行百萬年的美食

一四四〇年，在一本作者不詳的中世紀食譜《烹飪之書》（*Boke of Kokery*）中，記錄了淡菜的食譜。這個食譜以中世紀的英文寫成，雖然現在我們不熟悉當時的拼字方式，但這些字的聲音和意義在歷經了六百年的時光後，依然能夠讓我們了然於心。記錄食譜的修士寫道：「取一些上好淡菜，放入熱鍋中，」之後加入「切碎的洋蔥、適量的胡椒與酒，還有一點醋。」煮好了也很容易看出來：「貝殼打開了，要馬上離火，把淡菜放在盤子上，淋上煮出的湯汁，趁熱吃。」這道菜的主要材料至今都沒有改變：洗好的淡菜、切碎的洋蔥、胡椒、酒、一點醋。

貝類做為食物的歷史，幾乎像是母乳一般久遠。至少在十六萬五千年前起，人類便開始吃貝類了，吃生的也吃熟的。我們的近親尼安德塔人也吃淡菜，因此兩者的共同祖先可能在五十萬年以前就開始吃了。人族吃帶殼海鮮的歷史可能有一百萬年，甚至更久。這種說法其實已經很保守了，因為科學家觀察到，現在許多猴類和猿類如果拿得到魚類和帶殼海鮮，牠們是會當成食物吃下去的。

我們這個物種沿著海岸線散播到整個地球，路徑上點綴著拋棄成堆的貝殼，他們會蒐集棲息在潮間帶的貝類來吃。北從北極，南到非洲南部的海邊，以及南美洲的最尾端，都有人類遺留下來的貝殼，這是人類代代食用貝類的證明。海鮮中富含ω3脂肪酸，這種營養成分對於腦部發育至關重要，在人類演化的道路上，海鮮可能提供了不可或缺的營養。這些必需營養成分是指對身體絕對重要的化合物，例如某些胺基酸，人類細胞無法製造這些胺基酸，必須經由食物才能得到。

最早的貝塚

最早的貝塚位於非洲，屬於中石器時期，有十六萬五千年的歷史。

這堆貝塚位於一個面向印度洋的洞穴中，是當時居住在洞中的早期現代人類所丟棄的貝殼。這些人是狩獵採集者，他們當時吃的帶殼海洋動物，至今在該地都還找得到，包括了數種貽貝、多種笠螺，還有一種大海螺。這種螺類捲曲的部位像是伊斯蘭教男性的纏頭巾，在南非荷蘭語中稱為Alikreukel（*Turbo sarmaticus*，南非蠑螺），只要數個就足以當成一頓晚餐的好料。

這個特別的洞穴位於南非底端的尖峰角（Pinnacle Point），是由美國亞利桑那州立大學的人類學家馬里恩（Curtis Marean）發現的。他在文章中寫道，自己發現這個洞穴並不是巧合，而是是靠著知識，才在這個地區中尋找的。他知道大約在十九萬五千年前，我們這個物種在非洲誕生了，數萬年後，冰河期來臨，非洲大部分地區變得乾冷，不適合人類居住。

冰河期使得人類數量大幅減少，這種狀況對遺傳造成的衝擊，依然刻畫在現今人類的基因組中。當時人類數量可能下降到一萬人，甚至只有數百人。馬里恩認為，這些存活下來的人是現在所有人類的祖先，他們在南非底端的海角找到躲避嚴寒的場所，因為周遭的海洋讓當地氣候比較溫和。在其他地方，狩獵採集者賴以維生的獵物因為氣候乾冷而減少了，但是在海角這裡有兩種食物來源沒有受到影響：海鮮，以及當地特有的植物球莖。對於中石器時代的人而言，這些球莖就像是我們現在和淡菜一起料理的洋蔥。

現在的海平面要比十六萬五千年前高，當年有許多水分變成冰，凍結在陸地上，海岸邊有人居住的洞穴如今已經位於海面之下，海浪捲走了所有的考古遺物。尖峰角距離海岸比較遠，又位在懸崖之上，人類居住的證據這才保留了下來。洞中發掘出的考古遺物顯露這個洞穴斷斷續續有人居住，可能是因為隨著海平面的漲落，當海岸線夠接近洞穴，容易取得食物時，洞中才有人住。

馬里恩認為，人類棲息所留下的考古證據，大部分都埋藏在離岸邊有一段距離的沉積物中。稍微晚一點的證據是在北方厄利垂亞的紅海淺灘之中發現的。科學家在那裡的珊瑚礁中發現了數百件石器，海平面上漲時，珊瑚生長，便把這些石器包裹了起來。這些石器有十二萬五千年的歷史，和這些石器一起被包起來的，還有三十一種可以食用的貝類，包括牡蠣和大片貽貝。其他還有兩種食用螃蟹和石器一起被發掘出來，這些石器可能是用來挖美味蟹肉的。

離開非洲，向全世界出發

紅海海岸可能是人類從非洲出發時的候機室，我們不知道有多少次出行以失敗告終，可能非常多次吧。但是我們知道其中有群人遠行後的子孫，最終抵達了中國，因為解剖學上的現代人（晚期智人）的牙齒在中國出土了，這些牙齒有十萬年的歷史。不過這些先驅者最後還是死絕了，因為從非洲以外的現代人的遺傳研究顯示，我們所有人全都是後來出發的某一群人的後代子孫。

從尖峰角最早的人類居民開始吃有殼海鮮的時間開始算起，之後的五萬到六萬年之間，智人的活動範圍都局限在非洲大陸。不過，當智人還在尖峰角野餐時，比較能夠適應寒冷氣候的尼安德塔人已經遍布歐洲，有些居住在西班牙南岸。考古學家在尼安德塔人居住過的洞穴中發現了許多貝殼，表面有燒焦的痕跡，顯示這些貝類在火中烤過。

尼安德塔人和我們智人，誰烹煮海鮮的能力比較先進？如果石器時代有兩個物種的烹飪比賽，應該要到十萬年前才會發生，那時在北非的智人沿著地中海南岸往東移動，抵達現在的以色列。西南亞雖然後來成為農業的搖籃，當時有尼安德塔人居住。不論智人是否在競爭食物方面比不過他們，或是被他們的烹飪技術打敗，結果都沒有生存下來。

要再過了三萬年之後（七萬二千年前），智人才算首度成功的離開非洲。這次也是沿著海岸走，好一路取海鮮當食物，但是走南邊的路徑，跨過紅海口，然後從阿拉伯半島的海岸，進入印度（地圖二）。岸邊的這些人有來自紅海的豐富食物，為什麼要離開非洲？雖然我們不知道確切的答案，但有可能是人口增加，海岸的食物資源不足，這種壓力讓部分的人出走。不過我們的確知道，就是這一次遷徙，成為智人這個物種散播到整個地球的唯一起點。

這個「唯一」的意思，就是獨一，而且無二。現今在非洲之外的六十億人口，都是那一小群遷徙出來的人的後代。他們在七萬二千年前某個晴朗的日子，從非洲之角（Horn of Africa）出發，進入了阿拉伯半島。我們的基因中記錄了這個事件。非洲人族群中遺傳多樣性很高，人與人之間的差異很大。相較之下，世界上其他地區的人在遺傳上的一致性較高，所有的遺傳多樣性也只和一小部分非洲人的多樣性相當而已，那一小部分多樣性可能來自幾百人，他們當年從非洲出發，展開驚人的旅程。離非洲愈遠的人類，具備的遺傳多樣性便愈低。這意味著在遷徙的過程中，是由一小群人離開原來的群體，走過一段路途之

地圖二

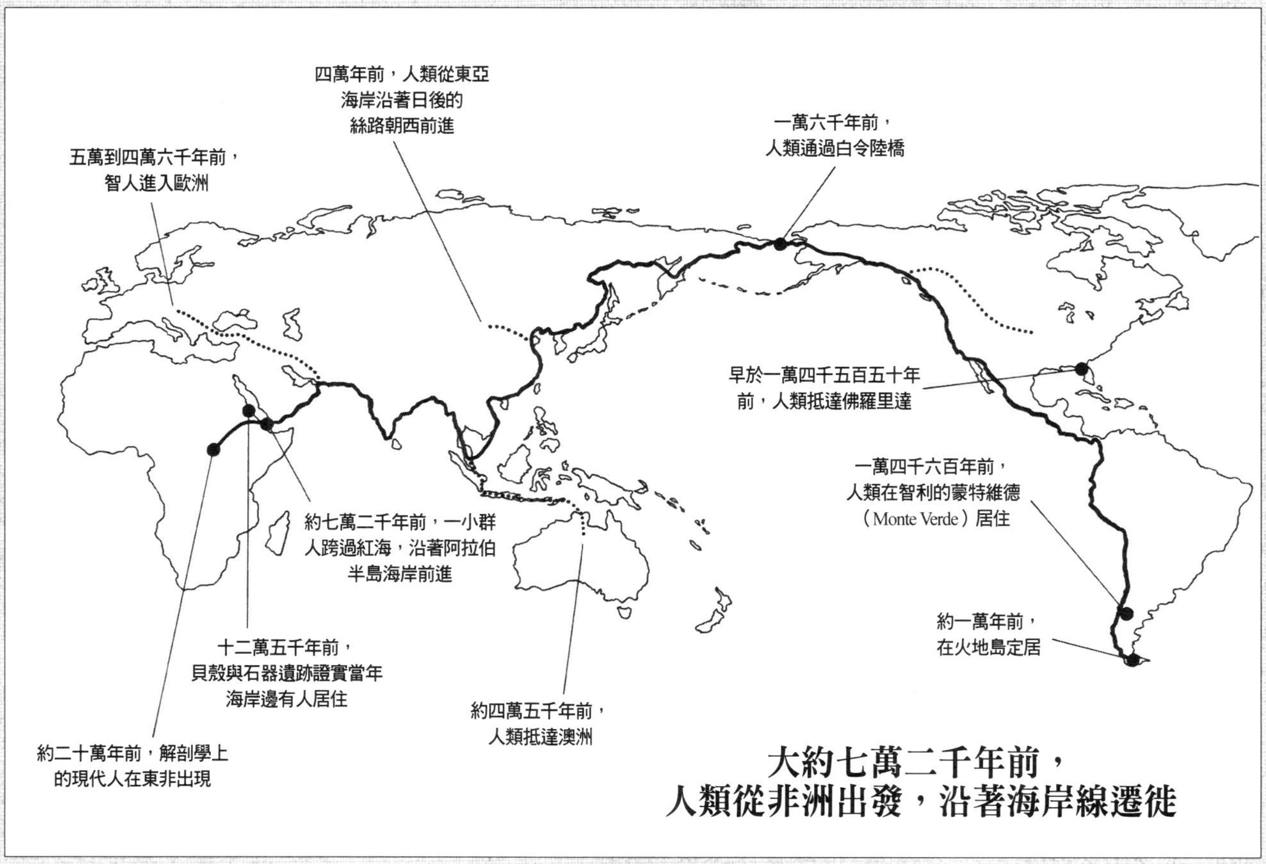

大約七萬二千年前，
人類從非洲出發，沿著海岸線遷徙
五萬到四萬六千年前，
智人進入歐洲
四萬年前，人類從東亞
海岸沿著日後的
絲路朝西前進
一萬六千年前，
人類通過白令陸橋
早於一萬四千五百五十年
前，人類抵達佛羅里達
一萬四千六百年前，
人類在智利的蒙特維德
（Monte Verde）居住
約一萬年前，
在火地島定居
約七萬二千年前，一小群
人跨過紅海，沿著阿拉伯
半島海岸前進
十二萬五千年前，
貝殼與石器遺跡證實當年
海岸邊有人居住
約四萬五千年前，
人類抵達澳洲
約二十萬年前，解剖學上
的現代人在東非出現

後紮營，然後建立自己的根據地。當這群人的數量增加之後，又分出一小群人遷徙出去。

七萬二千年前離開非洲後的旅程，主要是沿著海岸線前進，一路上有豐富的海鮮供應，就如之前在非洲大陸沿岸一樣。人類沿著印度洋海岸線前進，大約在四萬五千年前抵達澳洲大陸。他們抵達時堆積了外觀相似的貝塚，所以我們可以知道抵達的日期。

我們還可以從遺傳證據中知道，人類沿著海岸線前進的時候，中途時不時有人脫隊，往內陸前進。其中有一群人在五萬年到四萬五千年前之間，進入了歐洲。人類在亞洲內陸定居的時間比較晚，約在四萬年前，當時有人從東亞海岸朝西進入內陸之後，前進到西方。日後著名的絲路連接著中國與歐洲，他們可說是這條路上的第一批旅客。

人類沿著環太平洋海岸遷徙，到了一萬六千年前，終於往北抵達西伯利亞。當時大陸上雖有冰層覆蓋，海岸線上卻沒有冰，人類能夠經由這個通道進入北美洲的西北部。這些亞洲移民首度在美洲殖民，北從阿拉斯加，南到智利，所有美洲原住民都是他們的後代。

人類從進入美洲的北方區域開始，分成數支散播到北美洲。我們知道在一萬四千五百五十年前，佛羅里達有許多人居住，因為他們宰殺乳齒象，留了許多骨頭下來。另一群人沿著太平洋，大約在一萬四千六百年前抵達南美洲的智利。智利的海岸線長達六千四百公里，至今仍然盛產帶殼海鮮，是美食天堂，那裡所產的鮑魚肥美碩大，需要烤牛肉一樣切片來吃。

最後到達火地島

人類沿著太平洋的遷徙，最後抵達南美洲南端的火地島，時間約為一萬年前。不過第一批火地島人的遺跡，因為海水以及距今七千七百五十年前的火山爆發，全都給抹滅殆盡了。後來我們有第一手的觀察資料，活生生描述了人們離開非洲後在旅途最終點的生活狀況。達爾文在搭乘小獵犬號軍艦進行的旅途中，曾在火地島停留，他在一八三二年耶誕節的日記上記載著：

當地居民主要以吃帶殼海鮮為生，而且被迫要一直變換居住的地方，但是每隔一段時間就會回到某個地點，這些地點有成堆的舊貝殼，通常有數噸之重。這些貝塚上總是有某幾種植物生長著，因此綠油油的，老遠便能認出來。

達爾文悲憫火地島民，他們在寒冷的氣溫中，穿著無法蔽體的少許海豹皮，或是根本沒有衣著，受風吹雨淋，睡在潮濕土地上。「只要是退潮的時候，不論是白天還是黑夜，冬季或是夏天，都要起身蒐集岩石上的貝類。」

最近科學家在小獵犬海峽（以達爾文搭乘過的那艘船命名）調查，發現那裡到處都有貝塚，就算是只有獨木舟才能駛進的小地方也有。主要的貝類是各種貽貝，最大的貝塚有三公尺高，五十公尺寬，顯示人類長期以來大量採集了貽貝。考古採掘的結果顯示，有人人在這個地區靠著這些帶殼海鮮為生，居住了六千多年。

讓人類散布全球的動力

我們現在能夠選擇食物的內容與分量，以及進食的時間，到海邊採集貝類反倒成為娛樂活動。不過在暴風雨來襲時，火地島人無法採集貝類，也不能乘著獨木舟獵捕海豹。在人類的歷史中，那些居住在海岸邊的採集者應該經常面臨這樣的困境，貝類一直是他們充飢的食物，直到最近才搖身一變，成為售價高昂的美食。

貝類等這些帶殼的海洋生物一直支撐我們人類度過在非洲的艱困時期，長達六萬年之久，也促使我們沿著海岸遍布世界，直到農業發明為止。農業帶來馴化植物與動物的新技術，也帶來了飲食革命，這項結果就如當年人類祖先從素食者轉變成雜食者，或發明烹煮食物技術那般，造成了重大的影響。

4
麵包

把植物馴化成作物

飲食史中的里程碑

麵包第一次製造出來的時候，代表著飲食歷史中新的里程碑：加工食物誕生了。比起貽貝、球莖、果實或野生動物，一片長著野草的土地，看起來不像能提供什麼餐點。草的種子在採收了之後，還要經過打穀、去糠、簸穀之後磨成粉，然後和水混合之後製成麵團，發酵、烤熟後才能吃。但是麵包的香味和營養，值得這些辛苦的過程。麵包成了食物的同義詞。

到了古羅馬時代，小麥和大麥已經成為歐洲和亞洲西南部地區的主食有好幾千年了。古代羅馬和希臘的城市，以及埃及的金字塔，是由石頭建築起來的，也是靠麵包建築起來的。經由考古學研究，我們知道當時麵包的模樣，也知道製造方式。

乾燥能夠妥善保存食物和其他生物原料，因為造成腐爛衰敗的微生物在沒有水的狀況下無法存活。埃及沙漠乾燥的氣候，讓三、四千年前墓中的數百條麵包保留了下來。這些麵包是要讓埋葬在墓中的王室死後享用的。當時麵包的主要原料是二粒小麥（emmer），有時會添加水果。

二粒小麥雖然是馴化的物種，但目前已經沒有當成作物來栽培，而是兩種主要小麥的祖先：其中之一是杜蘭小麥（durum wheat），特別適合用來製作義大利麵；另一種是麵包小麥（bread wheat，也稱為普通小麥），是由已馴化的二粒小麥和山羊草屬的野生種雜交而演化出來的。

金字塔中的烘焙坊

考古發掘的工作者找到了一座當年建造金字塔工人居住的村落，研究顯示，當年工人和王室貴族一樣都吃小麥麵包。擁擠的村落中，每間小房屋裡配有能夠研磨二粒小麥，以及自己烤麵包的設備。古埃及的經濟建立在以物易物上，物品的價格通常以穀物的分量來計價，或是用穀物製造出來的麵包或啤酒計價。工人得到的穀物薪水僅能餬口，但是高官的薪水就是大量的穀物，遠超過自己吞得下的分量。

國王不論在生前還是死後，完全不需要親自動手烤麵包。為了讓國王墓中存放的麵包吃完之後，麵包的供應仍不會斷絕，打造埃及國王曼圖霍特普二世（Nebhepetre Mentuhotep II）墳墓的祭司，在墓中為國王安置了一座量產麵包烘焙坊的迷你模型。這座模型目前放置在英國倫敦的大英博物館中，裡面有十三個人偶跪在馬鞍形狀的石磨前面，雙手握住石頭碾磨麥子。石磨用花崗岩製成，表面粗糙，在把麥子磨成粉的過程中，細微的岩石顆粒會混入麵粉中，做出有砂礫的麵包，造成古埃及人牙齒嚴重磨損，在木乃伊上都看得到。活在永生之中的人一直吃古代埃及的麵包，得需要源源不絕的假牙才行。

和十三個磨麥工人面對面的是一排揉麵人偶，揉麵工人背後有三個筒狀的烤箱，各有一個烘焙師傅照料。經由古埃及中王國時期的其他墓穴壁畫，我們可以探聽到在烘焙坊中可能會出現的對話。

這幅壁畫位於賽內特（Senet）的墳墓中，她是當時最高法官的親屬，這位法官所服侍的國王就是那位墳中有麵包工坊模型國王的後繼者。當時女性很少有自己的墓，但是賽內特位於路克索的墓穴中，裝飾著描繪尼羅河岸生活的壁畫，包括捕魚、用狗狩獵、烤麵包、屠宰動物、準備肉類，以及製造麵包和啤酒。烘焙師傅的談話用象形文字記錄下來，經過解讀之後，很像是漫畫中的對話。

石磨旁一位磨麥子的女子虔誠的說：「願境內諸神保佑大權在握的主人健康。」而她同伴所說的話讓時間給磨滅了，只有留下最後幾個字：「……製成食物。」或許她要表明這一批麵粉不是用來製造啤酒，當時啤酒的原料是小麥和大麥。

在烘焙坊工作的男子抱怨「我的工作很辛苦」、「你們都不讓我休息」以及「柴火還是濕的……」，他的手遮著臉，好擋住煙塵和熱氣。

一萬多年前，農業始於肥沃月彎附近

這些古代埃及的生活畫面，到了現在依然栩栩如生，好像麵包和農業自古一直支撐著人類，事實上並非如此。

農業是一萬二千年前到一萬年前在亞洲西南部開始的。這個地區最早的農業證據位於土耳其東南方的安納托力亞，不久之後，在亞洲西南部稱為「肥沃月彎」的地區，農業紛紛出現（地圖三）。這片沃土從安納托力亞起，往南延伸到現在的黎巴嫩、以色列、約旦與埃及的尼羅河谷，也包含從安納托力亞往東延伸到敘利亞北部，進入伊拉克，轉向南到古代的美索不達米亞，那裡有底格里斯河和幼發拉底河做為灌溉水源。一塊有四千年歷史的黏土板上，記錄了當時美索不達米亞地區有二百多種麵包，這些麵包差異在於做為原料的麵粉、添加的其他材料、製作麵團的方式、烘烤手續的不同，以及最後上桌的形式。

二粒小麥可能是最早受到馴化的農作物，但是很快就有其他物種也受到馴化，最後有八、九種成為最基礎的農作物。肥沃月彎的第一批農人除了馴化二粒小麥，也馴化了單粒小麥（einkorn wheat）、大麥、小扁豆、豌豆、鷹嘴豆、野豌豆（bitter vetch）、亞麻和蠶豆。現在除了蠶豆之外，在肥沃月彎地區還能找得到這些基本穀物的野生種。許多植物學家雖然仔細搜索，依然沒有發現野生蠶豆的蹤跡，它們可能已經滅絕了。

亞洲西南部的肥沃月彎

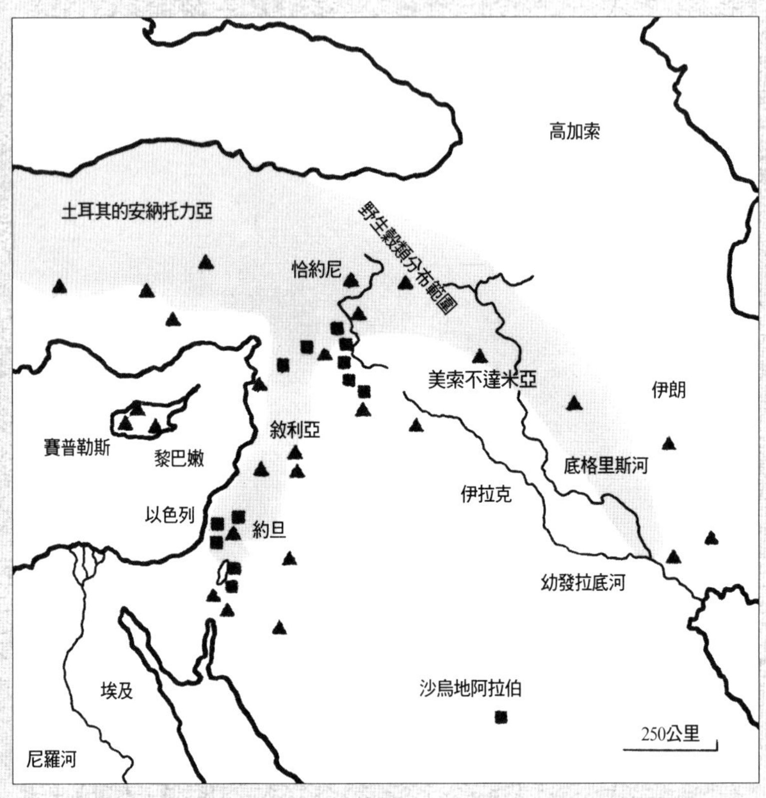

■ 具有馴化前耕種證據的考古遺址

▲ 新石器時代的馴化作物遺址

地圖三

為什麼是這裡？

在一個地區中有那麼多適合栽培的植物物種，似乎是奇特的巧合，然而我們可以用演化學來好好說明。

氣候是其中的原因。肥沃月彎的降雨是季節性的，而且雨量大小並不固定。氣候乾燥加上不確定的雨量，使得當地的野生植物容易演化出三種特性，讓這些植物特別適合當作馴化作物的原始材料。第一個特性是生活週期短。短命的一年生植物生長速度快，一下子就開花結果，植物在死於夏天乾熱之前便產生了大量種子。

一年生的植物不但容易種植與收成，產量也非常高，多產是第二個有用的特徵。一年生植物的繁殖機會只有一次，會把更多的能量用在產生種子上。多年生的植物就不會這樣，它們有好幾年的時間可以產生種子。人類所栽培的顆粒作物（穀物、豆類等）全是一年生的，包括其他地方馴化出來的作物，如在美洲馴化的玉米和向日葵，在非洲馴化出來的高粱與珍珠粟，以及在亞洲馴化的水稻。種植一年生植物得到的收穫更多，然後再經由人工篩選的方式激發潛能，把產量提到最高。

讓肥沃月彎的一年生野生植物適合馴化的第三個特徵，是這些植物的種子往往比較大。乾燥的氣候下容易演化出較大的種子，因為種子萌發後需要長出根，新苗才容易存活，根是植物吸收水分的器官。在乾燥的環境中，根部需要往下生長好尋覓水分，新苗若儲備足夠養分，根才能夠長得長，也就是說種子就得比較大。

現今在澳洲、北美洲、北歐、南非、印度和烏克蘭，都可以看到金黃色的麥田，當時肥沃月彎的原始野生穀類農田就是這般景象。如今在土耳其、以色列和約旦，還找得到這樣長滿野生二粒小麥、大麥、燕麥的田地。

美國作物演化學大家哈蘭（Jack Harlan）一九六〇年代造訪位於土耳其東南部的安納托力亞，在卡拉加山（Karaca Dağ）的山坡上發現了一整片野生的單粒小麥。他進行實驗，用具備燧石刀片的仿古鐮刀採收野生穀物，看一小時的收穫量會有多少。雖然有些麥穗破裂、麥子掉落了，但哈蘭每個小時仍然能夠收成將近兩公斤半的小麥，打穀之後得到的麥粒重量是原先的一半。不過這種野生小麥的蛋白質含量高達百分之二十三，比目前的一些馴化品種高出了一半。

哈蘭計算出來，一個家庭從斜坡下方比較早熟的小麥開始，花三個星期，逐步蒐集到山上高處比較晚熟的小麥，這段期間得到的野生單粒小麥穀粒，足以供他們一年食用。這種作物的產量如此豐富，讓哈蘭不得不問：「既然野生的麥子生長密集程度就和耕地一樣，那麼為什麼還要特地去種呢？如果野生穀物可以無限採收，那麼幹嘛要費力耕地播種呢？」答案可能是很久之前，野生穀物的蒐集量已經不足所需，這也可以解釋為什麼考古證據顯示，穀物的馴化花費了數千乃至數萬年的時間。不論如何，後來人類的數量增加了，馴化和農耕便成為必要之事。

如何判斷植物受到馴化？

考古遺址中有大量的證據能夠指出，當初人類是怎樣開始蒐集野生植物的種子當成食物，然後開始種植作物，並且經由人工篩選的方式改變這些植物。

二萬三千年前，居住在以色列加利利海（Sea of Galilee）岸邊的人就蒐集了野生二粒小麥和野生大麥。當時的野生禾草，包括了小麥、大麥和燕麥，所結的麥穗在成熟之後會迸裂，好讓上面的種子散播出去。物種的後代如果有方法散播出去，就能受到天擇的褒獎，因為這有利於物種的生存與複製有利。當植物被人類栽培與馴化之後，種子這樣的散播方式便改變了。在後面的狀況下，植物的種子如果能夠方便人類蒐集並且再次播種，那麼這種植物就有機會大量繁殖。經過持續採收與反覆播種，就能選出成熟之後種子不會從穗上面掉落的品種。

在人類馴化植物的初期階段，來自於野生植物的穀粒和考古紀錄中栽培植物的穀物，彼此之間是無法區分的。到了穀物馴化的過程中，人為篩選會使得避免麥穗迸裂的基因在植物族群中出現的頻率增加。這樣一來，麥穗上的麥子不會掉落，所以人類需要打穀，以外力取下麥粒。野生麥子在自然狀況下，麥粒會脫落得乾乾淨淨，斷口整齊。而麥子不會自然掉落的麥穗則需要農家打穀，打下的麥粒斷裂部位參差不齊。因此用放大鏡檢查，麥粒從麥穗斷裂處參差不齊的比例較高，這就表示這種穀物受到馴化了。在考古紀錄中，二粒小麥最先出現這種明顯的馴化標誌。

這樣的麥粒出土的最古老遺址，是肥沃月彎中安納托力亞的恰約尼（Cayonu），位於土耳其東南部。當地大約在一萬年前開始栽種二粒小麥，但是那時的麥粒還很小，非常類似野生小麥。恰約尼村中還栽種了豌豆、小扁豆和亞麻。截至寫作本書的時候，從穀粒上馴化的特徵來看，恰約尼是最早有穀類栽種證據的地點，其他考古學證據則指出，這個區域應該農耕很普遍。作物馴化可能早在明顯的馴化特徵出現前的數百年或數千年就開始了。在那段期間中，各種基本農作物在馴化過程中持續演化，和野生種雜交，肥沃月彎內相隔數百公里的農民也會彼此交換種子。

麥粒不會掉落的麥穗，是穀物馴化的第一項明確考古證據，但是馴化過程也會篩選出其他野生種祖先沒有的特徵，特別是更大的穀粒，以及省略休眠過程。農業一旦開始散播，到了新區域的馴化作物必須能夠適應新的環境。達爾文在探討動物與植物馴化的書中，提到了第一批歐洲移民抵達加拿大的情形：

他們帶了法國的冬小麥種子，但是發現加拿大的冬天嚴寒，不適合這種小麥，但是夏天短，也不適合法國的夏小麥。後來他們得到了來自北歐的夏小麥種子，這種子在加拿大的生長狀況良好，所以加拿大人認為不需要種植玉米。

現在加拿大栽培的小麥品種非常適應當地氣候，生長良好。二〇一三年的收成豐碩，產量高達三千七百萬公噸，還使得運送小麥的鐵路車廂不敷使用。這是適應造成的豐收。

麵包小麥的演化

現在小麥的品種有數十萬種，大部分屬於麵包小麥這個物種，這樣的多樣性根基於兩個重大的演化事件。第一個事件發生在八十萬到五十萬年前，有一種山羊草和一種野生小麥雜交，演化出了野生的二粒小麥。第二個事件發生的時間比較晚，這次是二粒小麥和另一種野生山羊草雜交，成為新的小麥，這種小麥是所有麵包小麥的祖先。

在寫這本書的時候，第二個事件發生的時間還沒有完全確定。有一項研究指出，這個事件是在八千年前才發生的，當時二粒小麥已經馴化了，雜交的地點是肥沃月彎的某片農田中。但是另一項研究則指出，事件發生的時間至少是在二十三萬年前，那時現代人類還沒有出現。在麵包小麥的演化史中，這兩次雜交事件不論在什麼時候發生，每次都使得小麥多得到了一整個基因組，因此現在的麵包小麥有三套完整的基因組。

麵包小麥的基因組很大，是人類的五倍，使得麵包小麥的遺傳潛能強大，好進行演化。這是因為不論自然篩選（天擇）或人為篩選（人擇），都需要有產生遺傳變異的材料，才能有新的形貌出現。遺傳變異到頭來是由突變造成的，突變是大多發生於DNA複製時隨機發生的錯誤。就和你想得一樣，隨機突變通常會造成傷害，如果某種生物只有一組染色體，突變造成的傷害會使得演化改變的速率減緩。但是如果有三組，那麼就有實驗變化的空間了。打個比喻，小麥的遺傳褲子有皮帶、吊戴和鬆緊帶，所以可以繫得很牢。麵包小麥擁有三倍大的基因組，具備了龐大的演化可能性，能夠產生許多品種，適應不同的環境。

遺傳變異是演化的材料，不同區域的植物族群所具備的遺傳變異，是育種者用來改良作物的原料。適應當地環境的作物品種，就像是同一種語言在各地區的版本，含有新發明出來的詞彙（新的基因），能夠用在發源地以外的區域。英文中便有很多這類的詞彙，特別是食物和飲品的詞彙。例如whisky（威士忌）來自蓋爾語，chocolate（巧克力）來自於納瓦特爾語，chutney（印度酸辣醬）來自北印度語，bagel（貝果）來自於意第緒語，

hominy（脫殼玉米粗粉）和persimmon（柿子）來自於波瓦坦語（Powhatan）。作物在各地區不同的變異品種，稱為地方品種（landrace），就像是各自不同的方言，除了栽培者會根據當地偏好的口味進行人擇之外，這些品種也歷經數千年的天擇實驗，適應了當地的氣候，並且能夠對抗當地的病蟲害。對農作物而言，這樣的適應攸關生死，對人類來說也是。

人類愈來愈依賴作物

穀類馴化使得人類能夠得到的食物量大幅增加，但是也使得人類的存活更加依靠作物的健康生長。古代埃及人非常依賴麵包，這時候他們便知道什麼叫做饑荒。《舊約》〈創世紀〉中記載了法老做了一個夢：

他又睡著，第二回做夢，夢見一棵麥子長了七個穗子，又肥大又佳美，
隨後又長了七個穗子，又細弱又被東風吹焦了。
這細弱的穗子吞了那七個又肥大又飽滿的穗子。
法老醒了，不料是個夢。

根據《聖經》的記載，法老問占卜師這個夢的意思，但是他們無法提供解答（這怎麼可能！），所以他派人找來以解夢出名的希伯來奴隸約瑟。約瑟說：

> 埃及遍地必來七個大豐年，
> 隨後又要來七個荒年，甚至在埃及地都忘了先前的豐收，
> 全地必被饑荒所滅。*

明智的約瑟建議法老要把豐年時的穀物儲存起來，留待荒年時使用。說得好。

作物育種的重要性

穀物和其他種子當然能夠好好的保存，因為在植物的生活史中，種子的功用便是保存，這是天擇的結果。種子是新苗的養分來源，人類只是竊取來給自己用而已。從這個角度來看，人類寄生在農作物之上，但是很不幸，農作物還有其他寄生物和人類競爭，包括病毒、細菌、真菌、齧齒動物和昆蟲。在〈出埃及記〉的十項災難中，就有蝗災這一項。

對於穀物來說，銹菌引起的疾病可能是最重大的威脅。這種真菌的生活史短，演化快速，隨著空氣飄散的孢子可以輕易散播。一九八八年，有一株稱為 Ug99 的柄銹菌在烏干達出現，很快就散播到非洲種植小麥的地區，使得全世界三分之一的小麥收成受到威脅。有九成的小麥品種無法對抗 Ug99，但幸好高產量的品種可以和罕見的抗病品種雜交，得到抵抗 Ug99 的基因。

造成疾病的病原也會持續演化，為了確保糧食安全，農作物必須能夠持續對抗疾病。在這場抗戰中，我們的武器是具有抗病基因的作物變種和地方品種。對於全球糧倉貢獻最大的植物育種專家，無疑是俄羅斯的科學家瓦維洛夫（Nikolai Ivanovich Vavilov），然而他的科學生涯是一場悲劇。他的研究餵飽了數千萬人，現在俄羅斯把他視為國家英雄，但是他當年卻餓死在蘇聯的監獄中。

瓦維洛夫從農業學院畢業之後，開始研究農作物病害，目標是要減緩定期會肆虐俄羅斯的饑荒。他了解到，各作物品種的病害抵抗力不同，利用新興的遺傳學，應該可以了解其中的原理。一九一三年，他把握機會，前往英國劍橋大學，在遺傳學奠基者之一貝特森（William Bateson）的門下學習。

*譯注：這兩段《聖經》的記載，引用和合本的經文。

走遍五大洲的種子採集之旅

劍橋大學有達爾文個人藏書的圖書館，瓦維洛夫在劍橋求學時，讀了藏書，找到了自己未來研究的靈感。達爾文顯然對於作物的遺傳變異深感興趣，也注重地理變種在新種演化中扮演的角色。瓦維洛夫在第一次世界大戰暴發時回到俄羅斯，之後三十年便孜孜不倦的蒐集品種加以研究，並且四處旅行。

為了蒐集品種，瓦維洛夫前往歐洲、北非、北美洲、南美洲、加勒比群島、阿富汗、中國、日本、亞洲西南部，去到哪兒都在採集作物種子（地圖四）。只要條件允許，他常把數百公斤的種子寄回到位於列寧格勒的研究所，並且注明這些種子樣本能夠抵抗何種疾病，以及種植的海拔與地區。到了一九三〇年代初期，他已經蒐集到二十萬份樣本，其中包括了三萬個小麥品種，這些小麥種植在位於列寧格勒的研究所附近。

那麼，要去哪些地方採集農作物種子？他自己有個理論：任何農作物，在最初馴化的地區中，遺傳多樣性最高。這個理論沒有通過時間的考驗，但是他的確因為這樣發現到在有些多山的地區，作物的遺傳多樣性最高。也因為如此，他前往了一些難以抵達和危險萬分的地方。

一九三〇年代晚期，瓦維洛夫開始撰寫一本名為《五大洲》（*Five Continents*）的書，說明他採集植物的冒險故事，但是史達林信徒展開肅清異己的行動，於是這本書沒有辦法出版，許多和瓦維洛夫一起工作的科學家賠上了性命，最後瓦維洛夫也死了。之後二十多年間，人們一直認為手稿已經消失了。不過到了一九六〇年代初期，瓦維洛夫的名譽在身後得到恢復，他的祕書米西納（A. S. Mishina）才說出來，自己當年勇敢藏起了這本書的大部分稿子，不讓祕密警察發現。

瓦維洛夫最想去的地方有阿比西尼亞（現今的衣索比亞），以及東非厄利垂亞附近的山地。瓦維洛夫在《五大洲》中，描述了他與衣索比亞塔法里首領（Ras Tafari）會面的過程，塔法里後來受加冕為海爾．塞拉西皇帝（Emperor Haile Selassie），也成為拉斯塔法里教徒尊崇的對象*。瓦維洛夫與塔法里見面，是為了取得在阿比西尼亞旅行的許可。

衣索比亞高原上的植物多樣性，沒有讓瓦維洛夫失望，他寫道：「野地上品種的數量多到不可思議，我需要採集幾百根穗子當作樣本，才足以代表一塊地上面的植物多樣性。」在藍尼羅河畔阿克森（Aksum）附近的一片田野中，瓦維洛夫興奮的記錄下自己發現了某一型的杜蘭小麥。育種學家幾十年來都想養育成這種類型的杜蘭小麥，卻徒勞無功，而大自然其實已經有了。

*譯注：拉斯塔法里教，是把塔法里視為「彌賽亞」的黑人宗教。

瓦維洛夫的種子採集之旅
（灰色部分表示為山區）
北美洲
華盛頓
費城
紐約
波士頓
克里夫蘭
渥太華
溫尼伯
艾伯特親王城
里奇蒙
查爾斯敦
傑克孫維
紐奧良
聖安東尼奧
邁阿密
艾爾帕索
土桑
鳳凰城
鹽湖城
墨西卡力
聖地牙哥
洛杉磯
奧克蘭
契科
奧克拉荷馬市
聖保羅
麥迪孫
芝加哥
聖路易
中美洲以及
加勒比群島
巴拿馬
科爾提斯港
巴尼亞
瓜地馬拉
托雷昂
瓜達拉哈拉
圭馬斯
哈瓦那
南美洲
布宜諾斯艾利斯
蒙特維多
阿列格雷港
聖保羅
里約熱內盧
貝倫
亞馬遜河
巴拉馬利波
千里達島
蒙特港
聖地亞哥
拉巴斯
利馬
基多
波哥大
歐洲
赫爾辛基
列寧格勒
倫敦
維也納
巴黎
馬德里
里斯本
馬賽
羅馬
巴勒摩
雅典
莫斯科
基輔
車諾夫契
華沙
貝爾格勒
索菲亞
柏林
阿姆斯特丹
哥本哈根
奧斯陸
斯德哥爾摩
非洲
阿爾及爾
拉巴特
馬拉喀什
卡薩布蘭加
突尼斯
阿迪斯阿貝巴
米奇瓦
吉布地
亞洲
喀什
莎車
大馬士革
頓河畔羅斯托夫
邁科普
提弗利司
德黑蘭
馬什哈德
巴庫
希瓦
布哈拉
赫拉特
喀布爾
霍羅格
撒馬爾罕
塔什干
札幌
東京
京都
鹿兒島
臺北
嘉義
首爾
海參崴
伯力
海蘭泡
伊爾庫次克
烏蘭巴托
新西伯利亞
阿拉木圖
伏龍芝

地圖四

機智擺脫土匪

往厄利垂亞的路上，瓦維洛夫和同伴因為害怕當地土匪而變得焦慮不已。「我得走在隊伍最前方，這樣才能讓他們勇敢些。我們渡河之後，超前幾個小時的路程，這時遇到一群拿槍的人，他們躲在濃密灌木叢後，顯然要等機會攻擊篷車。」這群土匪看到篷車前面是一個歐洲人帶頭，並且知道這批的歐洲旅客武裝齊全，便有禮貌的彎腰致意，邀請探險隊到村子裡面過夜。「已經晚了，我們得找地方過夜，但是眼前的狀況要怎麼應付才好？」這群俄羅斯人決定把最好的左輪手槍都裝滿子彈，喝飽提神的咖啡，好讓自己在夜裡不會打瞌睡。同時把最後兩瓶上好的白蘭地送給土匪頭子當禮物。「嚮導完成任務回來時醉醺醺的，還帶著烤雞、一罐蜂蜜，還有一堆衣索比亞畫眉草種子做成的烤餅。」

衣索比亞畫眉草的種子很小，比小麥、黑麥和大麥的種子小得多，這也是馴化過的作物，經過人為篩選，穀粒不會從穗上面掉下來。這種畫眉草雖是衣索比亞原生的作物，卻是由廣布於熱帶與溫帶地區的一種野草親戚馴化而來。衣索比亞畫眉草種子磨成的麵粉，味道特殊，只有在衣索比亞的人才喜歡吃，他們才把野草馴化成作物。

衣索比亞畫眉草的種子沒有麩質，因此畫眉草麵粉做成的麵團缺乏彈性，不能像麵包小麥粉製成的麵團在發酵之後能夠膨脹起來。畫眉草麵粉和水及香料混合，發酵之後變得黏稠，成為麵糊。這種麵糊倒入燒熱的平底鍋，可以煎成餅，稱為因傑拉餅（injera）。因傑拉餅濕軟有彈性，含有許多小洞，那是烹煮時麵團冒出的氣體所造成的。這種餅有些微酸味，食用方式和世界其他地方的麵餅一樣，撕一口的分量，用來抓取或包裹其他食物，送到口中。

雖然因傑拉餅是特別的植物學禮物，而且搭配嚮導從土匪那邊帶回來的其他食物也十分美味，但是這位俄羅斯人很明智，他決定不能相信土匪的殷勤招待。酒精讓盜賊沉睡，咖啡則讓盜賊預期的獵物保持清醒，所以瓦維洛夫等人能夠趁機逃跑。凌晨三點鐘，探險隊收拾行李，匆匆離去，留下那群還在呼呼大睡的土匪。

種子傳奇

瓦維洛夫的研究生涯如此英勇，然而既殘忍又諷刺的是，他的一生卻提早結束。這位科學家在世界上最遠的角落，熬過了艱困的旅程，只為了終結祖國的饑荒，但是史達林的祕密警察卻認定他背叛國家、從事破壞活動。他在一九四〇年入獄並且飽受折磨，他們故意讓他挨餓而慢慢死去。他最終死於自己開始研究生涯的那個城市：列寧格勒。

瓦維洛夫一生的最終樂章甜蜜與苦澀參半。一九四一年六月，德國軍隊快速越過了蘇聯的國界，九月便抵達列寧格勒。在這裡，德軍遭遇頑強的抵抗。雖然瓦維洛夫和他的研究人員遭受迫害，但是蘇維埃政府知道在這座城市中，研究所蒐藏的種子必須得到保護，並定好撤離計畫。德國人也計畫要取得這些種子蒐藏，建立專責的特別行動小組「俄羅斯蒐藏指揮部」。俄羅斯人成功撤離一小部分種子，但是大部分重要的種子都還留在受到包圍的城市，有一群奮不顧身的中堅工作人員留下來保護這些蒐藏。許多科學家在守護這些珍貴種子時餓死，雖然這些種子是可以吃的。

德軍展開狂轟猛炸，想要夷平列寧格勒，但是希特勒的傲慢，卻意外保護了研究所和所內蒐藏的種子免於遭受大肆破壞。原來這個納粹頭子自信滿滿，認為德軍一定能夠拿下這座城市，便預先印好慶功宴的邀請函。他計畫在列寧格勒的阿斯托利亞酒店（Astoria Hotel）舉行，瓦維洛夫的研究所剛好就在這座旅館以及德國領事館附近，因此沒有受到猛烈的砲彈攻擊。

到了一九七九年，瓦維洛夫傳奇事績的真正價值才終於受到彰顯。為他作傳的戈盧別夫（G. A. Golubev）估計了他的種子蒐藏以及蘇維埃農業育種計畫所產生的影響，計算出在蘇聯有八成農地所栽培的作物品種，衍生自瓦維洛夫研究所蒐藏的種子，約有一千項作物新品種冠上瓦維洛夫的名字，這些品種使得每年的收成增加了五百萬噸，以當時官方的匯率計算，超過十五億美元。

黑麥的馴化是一場意外

像瓦維洛夫所建立的這類種子蒐藏，其中包含的遺傳多樣性能夠讓農作物適應的氣候變化範圍更廣，在更多不同的地理區域中生長，遠超過原來的野生種。麵包小麥具備了那樣的基因組以及數十萬個品種，就是很好的例子。不過，就算是小麥也有其極限。目前全世界農作物的產量已經受到了全球暖化的負面影響。現有的農作物品種適應氣候的潛力已經到達極限，現在更好的策略可能是改種植更能適應現代氣候的其他種農作物。瓦維洛夫在他第一次的採集探險之旅中，就目睹了這種改變。

一九一六年，俄羅斯革命的前一年，瓦維洛夫正在波斯（現在的伊朗）進行採集，蒐集了大麥、黑麥和小麥的當地品種，包括一種能夠對抗白粉病的小麥品種。他在蒐集的時候，注意到冬小麥農田中有許多黑麥，長得像野草一樣茂密。到了海拔高的山區，黑麥數量更多，在小麥生長不良的地區，成為主要作物。他從這項發現出發，想到一個現今廣為接受的理論：最初黑麥是小麥田中的雜草，跟著小麥一起被採收，而意外受到了馴化，後來在小麥生長不好的地區，便改種黑麥。

黑麥比小麥更耐得住艱困的環境，在貧瘠的土壤和寒冷的氣候中，依然生長良好，北到北極圈都可以生長。黑麥含有大量蛋白質，以及一種少見的碳水化合物：阿拉伯木聚糖

（arabinoxylan），這種糖也稱為聚戊醣（pentosan）。阿拉伯木聚糖能夠吸收大量水分，黑麥種子萌芽時，這種特性大有幫助；烹煮的時候，黑麥粉吸水的分量是小麥粉的四倍。小麥粉製成的麵包，在烘焙後轉涼的過程中，其中的澱粉會結晶，使得麵包的質地變得堅硬。這個過程可以逆轉，所以重新加熱的麵包比較鬆軟。然而，阿拉伯木聚糖在冷的時候依然保持柔軟，使得黑麥麵包能夠久放。

以往在歐洲北部和東部，黑麥麵包是窮人的麵包，現今在那些地方黑麥麵包依然受到歡迎。十九世紀，從那些地方遷居到美國的移民還是需要黑麥，在一九六〇年代之前，美國就有許多區域開始種植黑麥。後來黑麥的需求逐漸縮減，於是種植得愈來愈少。很奇怪的事情接著發生了：黑麥開始變成其他農田中的雜草。到了二十一世紀初，野生黑麥已經入侵的美國西部約四千多萬公畝的農田，每年造成的損失高達二千六百萬美元。

許多人提出解釋這個現象的理論：可能是新的雜交種？或是這種以往需要刻意播種的作物，現在變得能夠在野外自行生長？科學家研究了野生黑麥的各種特徵以及遺傳組成之後，發現上面兩個理論都是錯誤的。

真相是這樣的。黑麥是在舊世界意外馴化出來，並且以農作物的身分被帶到新世界，但是在北美洲，黑麥又演化回野草了。只有一個基因產生改變，就使得麥穗能夠分散，而野生植物需要這樣，才能讓種子大量散播，同時種子也變得比較小，更接近野生黑麥。演化會持續作用，這是絕佳的例子。不過還有更好的例子，那就是農業如何改變人類最近的演化。

農業影響人類和狗的演化

農作物馴化的過程不只對於植物造成重大的演化改變，也直接和間接的改變了人類。這些改變如此巨大，使得澳洲的歷史學家柴爾德（V. Gordon Childe）在一九三〇年代的著作中，把發生在一萬二千年到一萬年前新石器時代的這個事件稱為「革命」。這場發生在新石器時代的革命當然重要無比。要種田，就必須定居下來。農業產生的額外食物，使得人口增加。以前人類需要採集食物，滿足基本需求，現在有多餘的人力可以從事其他工作。如果沒有新石器革命，再一萬年後，人類歷史上另一個轉捩點的工業革命也不會發生。

雖然農業生產了大量的食物，但是富含澱粉的穀物成為飲食中的主要成分，對於當年在肥沃月彎的第一批農人來說，這並不是什麼對身體特別有益的改變。對於這種全新的變化，人類得加以適應，而證據就在唾液中。想到食物就流口水，當然稱不上禮貌，然而用「令人垂涎欲滴」來描述食物的美味的確再恰當也不過，因為食物的香氣能夠刺激唾腺分泌唾液，為眼前的大餐做好準備。唾液中，水占絕大部分，但是也含有酵素，有一些酵素能夠在口中進行消化作用，而不是到胃裡才進行。唾液中的蛋白質，有一半是稱為α澱粉酶的酵素，能夠把澱粉分解為糖，但不是每個人唾液裡的α澱粉酶含量都一樣。

有很多因素能夠影響唾液中α澱粉酶的含量，壓力是其中一項，然而人與人之間α澱粉酶含量不同的主要原因，是因為遺傳到的α澱粉酶基因數量不同，有人可能遺傳到一個，有的人遺傳多到十五個。這個基因的數量為什麼會有變化？確切的原因還不清楚，但是新石器革命可能使得吃很多澱粉的人類族群擁有這種基因的平均數量會增加。

在一項研究中，科學家調查飲食中澱粉含量高的三個族群，以及飲食中澱粉含量低的四個族群，比較他們α澱粉酶基因數量的多寡。高澱粉的族群是日本人、祖先來自歐洲的美國人（他們的傳統飲食中多穀物，如米、小麥和玉米），還有非洲的狩獵採集部族哈扎人。哈扎人並不從事農耕，但是會採集植物富含澱粉的根與塊莖。低澱粉飲食的族群有三個非洲部落，以及一個西伯利亞部落。研究結果是，與低澱粉飲食人群相比較，高澱粉飲食群的α澱粉酶基因數量平均多了兩個。這意味著額外的α澱粉酶基因數量，可能是高澱粉飲食造成的演化適應。

我們可以輕易想到，天擇作用在基因數量的變化上，這些變化一定是之前就存在於尚未採行農耕的人群中。當這群人開始吃麵包、米飯或是植物根莖時，天擇會偏好消化澱粉能力比較強的人。不過，這個理論美中不足之處，在於絕大部分的澱粉其實並不是在口中消化的，而是在吞到肚子之後，那裡有胰臟分泌的另一種澱粉酶。但是，這種胰臟澱粉酶的基因數量在不同人之間是一樣的。唾液澱粉酶在口中和食物混合之後，進入了胃部仍會持續作用，所以α澱粉酶基因多的人，消化食物中澱粉的能力可能比這種基因少的人更強。這種消化效能的理論，可以用簡單的測試來檢驗是否正確。

澱粉完全分解之後的產物是葡萄糖，所有的活細胞都把葡萄糖當作燃料。如果效能理論是正確的，α澱粉酶基因多的人在吃了澱粉之後，血液中的葡萄糖濃度應比該基因數量少的人來得高。但是實驗的結果讓人大吃一驚：情況剛好相反，唾液中含有大量澱粉酶的人，血糖濃度反而比較低。這到底是怎麼回事？

胰島素這種激素能夠仔細調控血液中的葡萄糖濃度。血液中的葡萄糖濃度如果太高，就像是過多的汽油衝到汽車引擎中，對身體健康有不良的影響。飲食中澱粉含量高的人，如果α澱粉酶的基因數量多，看來的確有好處，這個好處卻不是因為消化澱粉的效率更高，而是在吃了富含澱粉的一餐之後，血液中不會馬上充滿葡萄糖而對身體造成危害。血液中葡萄糖濃度太高會導致第二型糖尿病，如果能夠減少這種狀況，天擇當然會注意到。如果這個理論是正確的，那麼唾液中α澱粉酶的功用不只是要開始消化澱粉，還要讓澱粉在口中的時候就出現葡萄糖了，然後經由味覺受體提早向身體發出警告：有很多澱粉將會進入胃中。這樣胰島素能預先釋放出來，以避免高血糖造成危害。

穀物的馴化，不只篩選出有利於人類高澱粉飲食的遺傳變異，也影響了人類最好的朋友。狗大約是在一萬年或更早之前，從狼馴化而來的。農業出現之後，牠們不是和人類一起進食，就是吃剩菜。

狗和人類不同，唾液中不含澱粉酶。但科學家比較狗和牠們野生祖先狼的基因組，發現狗在馴化的過程中，和消化道中分解澱粉相關的三個基因改變了。其中一項改變，是狗的消化道中負責產生澱粉酶的基因數量大幅增加了。人類餐桌上有了富含澱粉的麵包塊之後，演化讓狗也適應了這種狀況。

麵包的啟示

我們日常吃麵包，認為理所當然，其實這種司空見慣的食物隱藏了一萬二千年的歷史，並且深深的改變人類。

人類學到了配合自己的目的，而控制植物和動物的演化方向，這成為新石器革命的基石。農業填飽了人類的肚子，並且讓人類族群變大，增加的人力可以用來建造人們居住的城市，以及死人居住的巨大墳墓。農業也讓我們有餘裕思考自然，最後發現自然運作的定律。達爾文研究動物和植物的馴化過程，發現到人擇改變了這些生物，讓生物符合人類的胃口，這種過程和天擇塑造人類和其他生物的過程很類似。麵包馴化了人類，現在人類正在馴化整個星球。

藉由一小塊麵包，我們回溯到農業起源的時代，然後說到馴化的作物對人類這個物種的演化也產生了影響。新鮮的麵包散發出來的香氣，讓人食指大動；吃到嘴裡，那些澱粉會讓我們的身體預先做好準備。

應該端湯上來了，對吧！

5
湯

鹹甜酸苦鮮

充滿驚奇的湯

「湯」提醒我們，所有對生命而言重要的成分，是那些濃縮在水中的分子，這些分子有些溶解了，有些懸浮著。生命一開始很可能是這樣在海洋出現的：深海的海底熱泉噴出高溫的水，加熱了海床，讓有意思的化學反應開始發生。達爾文在白紙黑字的著作中避開對於生命起源的猜測，不過在一八七一年，一封給植物學家朋友虎克（Joseph Hooker）的信中，他想像生命可能起始於「含有各種胺基酸和磷酸鹽的溫暖小池塘中，再加上光、電、溫度等作用。」

後來，博學的英國演化生物學家霍登（J. B. S. Haldane）把這樣的池水稱為「原湯」（primordial soup），大家便沿用這個稱呼了。但是其他與之競爭的生命起源理論，並不認同「原湯」，而認為生命起源於「原薄餅」（primordial crêpe），甚至是「原油醋醬」（primordial vinaigrette）之類的狀況。

不過，提到生命起源的種種理論，原湯還是大家的最愛，受歡迎的程度到了有一位瑞士的食品科學家認為，從無生命的原湯中出現生命的過程，利用廚房中便能進行的化學反應就足以重現，一開始只要使用澱粉之類的多醣類即可。我個人認為馬鈴薯濃湯的確可以滋養生命，但是我討厭利用海底熱泉烹煮馬鈴薯濃湯。

鼎鼎大名的法國作家布里亞—薩瓦蘭（Jean Anthelme Brillat-Savarin）在《滋味的生理學學》這本書中宣稱，全世界沒有任何地方的湯比得上法國的湯。他寫道，這是因為「湯是我們國家飲食的基礎，數百年的實驗讓我們的湯趨於完美。」

在卡羅（Lewis Carroll）所寫的《愛麗絲夢遊仙境》中，假海龜也愛湯愛得不得了：

美味湯，美味湯，
綠油油的熱湯蓋盤裡裝，
誰不想來嘗一嘗，
香濃好湯買一盤。*

馬基（Harold McGee）在他的經典巨作《食物與廚藝》提到，希望讀者能夠注視一碗熱騰騰的味噌湯，看著湯裡面成團顆粒隨著對流像是雲朵般湧動，想像自己如同神明那樣從天空俯瞰著世界。

*譯注：引用張華先生譯本《挖開兔子洞：深入解讀愛麗絲漫遊奇境》（遠流出版）。

湯這種料理的確充滿驚奇，充滿各種味道。當我們的口中含著汁液時，可以經由味覺知道這些汁液中的成分是有營養還是有毒的。舌頭上有五種味覺細胞，分別感知鹹味、甜味、酸味、苦味和鮮味。愈來愈多科學家相信有第六種味覺，針對的是脂肪，這種味覺細胞也位於舌頭上。亞里斯多德也認為有脂肪味覺。

昆布高湯的鮮美味道

味噌湯嘗起來鹹鹹的，十分美味，讓我們口中充滿可口的味道，這種味道叫做「鮮味」。數千年前人們就有知道有鹹味、甜味、酸味和苦味，但是鮮味到了一九〇九年才確認出來。

當年日本東京帝國大學的化學教授池田菊苗發表了一篇用日文寫成的論文，指出除了那四種眾人熟悉的味覺之外，至少還有另一種味覺，「我們認為這種特殊的味覺是鮮味，來自魚類和肉類等。用柴魚片和昆布〔*Saccharina japonica*〕製成的高湯中，最主要的味道便是鮮味。從主觀感覺來說，當許多人被問到時，通常馬上或是經過片刻思索之後，會同意日式高湯〔出汁〕和鮮味之間的關連……我建議把這種味道稱為鮮味。」umami來自日文，是結合umai（美味）和mi（味道）而來的，意思便是「鮮美的味道」。

池田菊苗深信，鮮味是之前一直沒被認出來的獨特味道，因此他還得找到能夠產生鮮味的化合物，好證明這種味道的存在。他知道這種化合物一定存在於昆布裡面，並且能夠溶在水中，所以他開始分析昆布的水溶性萃取液，廚師會把這種溶液稱為昆布高湯。池田菊苗讓這種溶液經過蒸發、蒸餾、結晶、沉澱等各式各樣想得到的作用，總共三十八個步驟，最後從昆布高湯中提煉出了一些砂粒狀的結晶。他用到一些當時最新的化學技術，分析出這種純化結晶是麩胺酸（glutamic acid）。麩胺酸的鈉鹽是麩胺酸鈉，後來證明是最佳的鮮味來源。

池田菊苗謙虛說道：「這個研究發現了兩件事。第一件事：昆布高湯中含有麩胺酸鹽。第二件事：麩胺酸鹽會引發鮮味這種味覺。」他的成果其實非常重要：他找到了第五種味道。除此之外，池田菊苗還有另外兩項重要的貢獻，一項是理論貢獻，另一項是實務貢獻。

先說理論貢獻，他提出了人類具備鮮味味覺的原因。肉類等含有豐富蛋白質的食物中具有麩胺酸。麩胺酸只要微量，我們便能夠嘗得出來，因此可以證明吃到的食物夠營養。人類乳汁中的麩胺酸含量是牛乳的十倍。鮮味帶來的愉快感覺看來是由天擇造成的，讓我們知道吃到的是好東西。

在實務方面，池田菊苗申請了一種製造麩胺酸鈉（也就是味精）程序的專利，現在麩胺酸鈉成為重要的食物風味增強劑。在乾燥的昆布中，麩胺酸鈉占的重量比高達百分之三，中國每年就採收了數百萬公噸的昆布。

海藻為什麼含有那麼多麩胺酸鈉？

海藻中含有大量麩胺酸鈉，是有生物學上的理由。

細胞最外層是細胞膜，這層膜能夠把細胞的成分包裹起來，並且提供保護。細胞膜是半透膜，能夠讓水分子之類的小分子進出。當兩種濃度不同的水溶液之間隔著半透膜，會發生滲透作用，水分子會從低濃度的液體移動到高濃度的液體中，當半透膜兩邊的水溶液濃度相同，水分子的移動達到平衡，滲透作用才會停止。

活海藻中有百分之九十以上是水，所以想想看，細胞浸在海水中，滲透作用發揮的時候，會有什麼後果？

海水中含有高濃度鹽分，使得細胞快速失去水分，萎縮死亡。解決方案便是用溶液對抗溶液，海藻細胞中的麩胺酸鈉能夠讓海藻與海水的鹽濃度達成平衡，這樣細胞就不會萎水萎縮了。你可以預期到，愈鹹的海水中，海藻中的麩胺酸鈉濃度愈高。

如果你喜歡多用海藻萃取出的白色結晶，少用工業製成的麩胺酸，還可以找到其他天然的鮮味來源，例如烹煮過的番茄，以及各種發酵食物，好比豆醬和味噌。上好帕馬森起司中的顆粒便是麩胺酸鈉，那是在熟成過程中自然產生的。撒一點這種起司粉在義大利蔬菜湯上，便讓味道好得不得了！

鮮味大爆炸

池田菊苗發現從海藻中取得的麩胺酸嘗起來有鮮味之後不久，他的一位學生從柴魚片中萃取到肌苷酸（inosinate），這種分子是日式高湯中的另一種主要成分，嘗起來也有鮮味。肌苷酸是一種核糖核苷酸（ribonucleotide；和DNA中N代表的核酸是同一類化合物），也是重要的營養成分。日式高湯中有兩種具備鮮味的成分。

過了數十年，到了一九五〇年代，有一位日本的食品科學家研究酵母菌，發現酵母菌破裂後會釋放出鳥苷酸（guanylate），這是另一種核苷酸，嘗起來也有鮮味。他後來還發現，肌苷酸或鳥苷酸如果和麩胺酸混合在一起，能夠讓鮮味大幅提升，遠超過這些分子單獨存在的狀況。這解釋了為什麼日式高湯是很好的湯底，說穿了就是簡單的化學：其中含有來自昆布的麩胺酸和來自柴魚片的肌苷酸，兩個在一起，引發鮮味大爆炸。

傳統的液態材料中，日式高湯可能是最純粹的鮮味來源，不過，任何一種上好高湯都能夠成為湯品的基本材料。所有能夠煮出充滿鮮味湯汁的食譜，幾乎都包含用小火燉煮含有蛋白質食材的過程，這個食材可能是骨頭或魚塊。雞高湯中含有大量麩胺酸，有些料理甚至只用雞湯當作湯底。高湯中的動物材料是麩胺酸的主要來源；核酸也有鮮味，可能來自高湯中同樣食材的肌苷酸；鳥苷酸則來自於加入湯鍋中的植物或是蕈菇。

素食者用的日式高湯會以香菇取代柴魚片，香菇和其他食用真菌在乾燥之後泡溫水，便成為鳥苷酸和麩胺酸的重要來源。泡乾香菇的時候不能用熱水，因為香菇中有酵素，能夠幫助香味分子的釋放，而熱水會破壞這些酵素。許多醬汁和湯品中會放入番茄熬煮，番茄的眾多特點之一是含有麩胺酸，能夠提升鮮味。現在有蘑菇番茄披薩，想來一塊嗎？

鹹味鮮味分不清

雖然鮮味早就不是新鮮事，但是過了幾十年之後，日本以外的民眾才接受第五種味道的存在。拖那麼久的原因之一，在於麩胺酸鈉嘗起來的味道和食鹽（氯化鈉）有點接近，所以有人認為麩胺酸鈉和食鹽的味道是相同的。

不過如果看了池田菊苗的當年論文，會發現他早就為這個問題提供了解答方案。池田菊苗指出，如果食鹽的濃度低於百分之〇．二五，那麼就很難嘗出來。然而麩胺酸鈉的濃度就算稀釋到百分之〇．〇三三，依然能夠嚐得出來。他還進一步建議測試醬油品質的方式。醬油飽含鮮味，同時又有大量食鹽，完全可以應用上面所說的原理。好的醬油稀釋之後，鹹味會降低，但是嚐起來依然鮮美。池田菊苗的論文在一九〇九年發表之後，幾乎過了百年，才有生物學上的證據出現，證明他的發現的確無誤。

我們對於外在世界的感覺，包括對於食物的味道，始於感覺器官中的特殊細胞，然後經由一連串的程序，把訊息經由神經傳遞到腦部之後形成的。負責味覺的構造是味蕾，它們位於舌頭上方以及上顎的表面。池田菊苗發現，「嚐到了麩胺酸」這件事會對腦部發出「鮮味」的訊號，但感覺是主觀的，其他人嚐到麩胺酸可能會認為這個味道是「鹹味」。就算是稀釋測驗顯示，麩胺酸的濃度比鹽低時依然嚐得出來，也沒能讓懷疑的人相信這兩種味覺是不同的。

感覺受體是鎖，味道分子是鑰匙

科學家在二十一世紀初，發現了能確認鮮味的確是一種味覺的證據。味蕾上有一類細胞，這些細胞的表面上有只對麩胺酸和鳥苷酸產生反應的蛋白質，而不會對食鹽有反應。這群蛋白質分子是受體這類分子，像是味覺通路上的一道小小門鎖。只有形狀和化學性質正確的分子，才能打開受體分子這個鎖，引發出讓腦部產生「鮮味」感覺的訊息。當然我們腦中不會出現「鮮味」，而是覺得「嗯，真好吃」。

科學家發現，鮮味受體由兩個蛋白質組成，而不是只有一個蛋白質，這可以解釋為什麼兩把鑰匙引發的反應要遠遠超過只有一把鑰匙的情形。第一把鑰匙是麩胺酸；第二把鑰匙是兩種核酸之一：大多出現於烹煮過的植物與真菌中的鳥苷酸，以及動物成分中的肌苷酸。食材在烹煮、分解或是發酵過程中，細胞破裂，這些核苷酸便釋放了出來。麩胺酸再加上核酸，代表這種食物中的營養成分要高過只有麩胺酸的食物。

鮮味受體中的兩個蛋白質是由 *T1R1* 和 *T1R3* 這兩個基因所產生的（基因的名稱要用斜體字表示，基因產生的蛋白質用正體字）。演化非常節儉，用以感受糖之類甜味分子的受體，也用到了 T1R1，另一個蛋白質則是 T1R2。這三種類似的味覺受體，負責了兩類重要的營養成分，演化上可能來自於同一個古老的基因，不過在寫這本書的時候，這個假說還沒有受到驗證。

人們容易認為演化是有方向的程序，像是沒有倒退檔的汽車，但事實上並不是這樣。有用的表徵和沒有用的表徵會混在一起，天擇能夠加以篩選，如果有用的表徵無用武之地了，那麼天擇就會放手。在演化過程中，如果一個基因不再發揮功用，那麼上面的突變逐漸累積，最後成為鬼魅般的「偽基因」，成為曾經有用基因所遺留下的蒼白身影。

貓科動物和其他只吃肉的動物，嘗出糖的能力已經退化，牠們的 T1R2 蛋白質不具備功能了。就算你拿一隻甜美的糖漬老鼠給你的貓，牠也嘗不出有甜味。熊是食肉目的動物，但也吃漿果，所以 *T1R2* 基因依然完備，能嘗出漿果的甜味。大貓熊和熊是近親，不過只吃竹子，所以你可以料想到牠們能嘗出甜味，但嘗不出鮮味，牠們的 *T1R3* 基因並沒有功用。海獅吃東西時是把食物整條吞下去，嚼都不嚼，所以牠們這樣吃魚的動物既沒鮮味受體，也沒有甜味受體，整個 *T1R* 基因家族中的三個基因都變成了偽基因。在演化中失去這些基因功能的現象，也分別出現在海豚和吸血蝙蝠身上，牠們也都不嚼食物。因此，在基因組時代，我們要讓孩子心生警惕的故事可能是：要細嚼慢嚥，不然就會失去味覺。

鹹味有兩種？

在我岔題談到貓、熊和海獅的時候，湯已經滾得差不多了，現在來嘗嘗看吧。湯汁洋溢著鮮味，讓人心滿意足，同時候有一點酸味，因為之前加了酒醋，但是還少了些什麼。是什麼呢？當然就是鹽了，還得加一撮鹽。

鹹味和其他四種基本的味道一樣，有專門感覺鹽的受體。食鹽在水中溶解時會分解成為帶正電的鈉離子與帶負電的氯離子，我們嘗到的是鈉離子，身體需要的也是鈉離子。鈉離子可以經由細胞膜上的通道，進入具有鹽受體的特殊細胞。

動物需要鈉，鈉是身體體液的重要成分，體液中的鈉濃度受到精細的調整。食物中的鹽含量低，嘗起來可口，也能夠引出其他味道。但是如果鹽太多了，便會引起反感，沒有人想要喝海水。有些夜店會在盥洗室水龍頭的水裡面加鹽，讓口渴的客人非得買貴貴的瓶裝水補充水分。

科學家研究小鼠之後發現，感覺鹽的味覺受體細胞其實有兩種。一種負責感覺低濃度的鹽（只感覺鈉），刺激產生可口的鹹味。另一種只能偵測高濃度的氯化鈉及其他鹽類。第二種鹽受體細胞受到刺激之後，產生的是讓人避之唯恐不及的鹹味。

至於人類是否有兩種鹹味受體細胞，還不清楚，但很有可能也是如此。若真是這樣，那麼就會有「好的鹹味」和「糟的鹹味」兩種不同的味覺，使得基本味覺變成至少有六種。我曾懷疑，只有我一個人曾被端上來的湯鹹到過。

苦味來自植物的防禦武器

甜味、鹹味和鮮味都算是好味道，然而苦味和酸味就沒有那麼美妙了。嘗到苦味往往會讓人變臉，如果你仔細回想那些有苦味的食物，會發現都是從植物來的。十字花科的綠色蔬菜，不論是抱子甘藍、甘藍菜、羽衣甘藍、綠色花椰菜等，天生就是帶苦味的，就算是馴化過了的仍然有點苦。水田芥和芝麻菜的苦味從來都沒少過；人類在馴化芥菜、山葵和辣根這類植物的過程中，甚至可能刻意篩選苦味更重的，看來我們也滿能苦中作樂的。

芥菜之類植物的苦味來自於其中所含的硫化葡萄糖苷（glucosinolate），這類化合物具有防禦功能，可以阻嚇來咬食的昆蟲。不過還是有些專門的毛蟲能夠吃這些菜，如果你自己種菜便了解這種狀況。芝麻菜的屬名是*Eruca*，這個字是拉丁文中的「毛蟲」。硫化葡萄糖苷雖然無法讓芥菜等對抗所有的毛毛蟲，但是能夠抵禦造成白粉病的真菌。

在天擇的持續作用之下，每種毒素最後總是會被某些動物破解，不過通常那些動物付出的代價是變成極度的偏食。黃瓜、南瓜和苦瓜含有具苦味的葫蘆素（cucurbitacin），這種化合物對雜食的二點葉蟎是有毒的，但是對某些金花蟲（cucumber beetle）卻無效，葫蘆素的味道反而像是晚餐的鐘聲，能夠吸引這類甲蟲。

你可能會認為有苦味的綠色蔬菜不適合煮湯，但是烹調有如魔法，而且人類對於味道的反應也很複雜，所以在奶油濃湯或馬鈴薯濃湯中，水田芥的味道特別突出，中國料理中有芥菜排骨湯。芥末也能增加濃湯的味道，適合搭配有洋蔥奶油、煙燻火腿、格呂耶爾起司、史提爾頓起司、杏仁的濃湯。水田芥除了作湯之外，通常和切片的帕馬森起司一起吃，讓苦味、鹹味、脂肪味和鮮味同時暴發，是經典的沙拉搭配植物中另一大類有苦味的化合物是類黃酮（flavonoid），湯裡面不太有，但是茶裡面很多，這種苦澀味可以用檸檬或牛奶緩解。植物中的另一群苦味分子是生物鹼（alkaloid），是植物用來防禦的分子。有些生物鹼具有強烈的毒性，例如番木鼈鹼；有些則屬於精神作用藥物，例如嗎啡、古柯鹼、咖啡因。想想咖啡有多苦就可以知道了。奎寧也是另一個惡名昭彰的苦味劑，不過人們卻喜歡在印度通寧水中加少量奎寧帶出甜味。沒有加糖的巧克力很苦，不是每個人都喜歡，然而巧克力中的可可鹼是迷人香味的主要來源之一。

苦味千百種

苦味有趣的地方，在於有很多種不同的分子能夠引發苦味這種味覺。只有幾十種分子嘗起來是甜的，只有幾種分子能夠帶來鮮味，但是有數千種分子嘗起來是苦的。這是由於大部分植物具備了某些毒素好保護自己，因此吃植物的動物便演化出能夠偵測這些毒素的方式。

人類的味蕾中只有一種苦味細胞，但是細胞表面最多卻可以有二十五種受體蛋白質，每一種蛋白質都有各自的 *TAS2R* 基因。這二十五種蛋白質能夠激發苦味，作用的方式和之前提到的「鑰匙與鎖」類比方式相同，只要其中一種蛋白質受到活化，就能夠讓腦察覺苦味，產生警覺。能夠引發苦味反應的分子（鑰匙）愈多，警報系統的效能愈高，保護的能力愈強。有些受體經過演化細微的調整，專門檢測某一種苦味分子，但大部分受體能夠偵測到許多種苦味分子，發出反應訊息，甚至不同受體可以偵測的分子有些是重複的，例如有三種不同的受體能夠偵測到啤酒中啤酒花的苦味。

小鼠和其他哺乳動物也有和人類一樣應對各種苦味分子的基因。人類的祖先和小鼠的祖先是在九千三百萬年前分開的，人類與小鼠共有的味覺基因很早就根植於人類的演化歷史中。比起那些不吃植物的動物，把植物當成日常食物的動物，苦味分子受體基因的種類比多。貓只有六種，小鼠有三十五種，人類則有二十五種，這意味著人類祖先能吃的植物種類很多，就像是人類現在的近親猿類那樣。人類的基因組中還有十一個苦味受體的偽基因，這些受體在很久之前便只留下鬼魅般的身影了。

巧妙的實驗能夠指出，哪些鎖（受體蛋白質）能夠偵測到食物中的苦味分子或是甜味分子，但是我們覺得這個成分是噁心或美味，則取決於味覺細胞連接到腦部的方式。研究人員利用遺傳工程技術，把小鼠甜味感覺細胞上的正常受體改成苦味受體，經過這樣改造過的小鼠嘗到苦味成分時，不會如同正常狀況時那樣避開，而會像是遇到甜食一般上前舔舐。一道門（味覺細胞）可以裝上各種不同的鎖（受體），演化便是用這種方式，只要稍許改變受體，調整苦味的敏感程度，以便嘗出很多種苦味分子。

令人又愛又怕的酸味

苦味受體多樣，引發複雜的感覺，而且往往令人不悅，身為苦味的難兄難弟的酸味，就單純多了，感覺比較好些，在烹調中的地位也更重要。酸味是由弱酸引發的味覺，例如檸檬中的檸檬酸，以及醋裡面的醋酸。果實尚未成熟時飽含酸味，很明顯的是要排拒動物，因為果實中的種子尚未成熟，還不能傳播出去見世面。醋也是生物抑制劑，來源和果實不同。

當果實從樹上掉落、乳汁從乳房流出，如果沒有被吃完喝光，那麼酵母菌和細菌就會大吃這些殘餘物，進行發酵作用。發酵作用是在不需要空氣的狀況下進行的，微生物會吃下糖，如果是酵母菌，產生出來的廢物是酒精，乳酸菌產生的則是乳酸。

不過，酒精和乳酸不僅僅是廢物，也是武器，能夠抑制其他酵母菌和細菌生長，這樣就不會有別的微生物來競爭食物了。人類醃漬食物，便是利用發酵作用保存食物。如果你在家裡自己釀啤酒或葡萄酒，就會知道發酵成功的重點之一，在於是否隔絕空氣。如果在酒精發酵當中有空氣跑進去，那麼發酵環境會變得適合醋酸菌生長，這類細菌能夠把酒精轉換成醋酸（也就是讓酒變成醋）。

酸分子有不同的形狀和大小，但共有的特徵是溶於溶液中時，會使溶液裡面的氫離子增加。甜味、鮮味或苦味分子需要和受體進行「鑰匙與鎖」反應，才能夠引發味覺，但是氫離子並不需要那麼複雜的過程，只要能透過細胞膜上的氫離子通道，進入特殊的味覺細胞，就能夠引起酸味。

濃酸會破壞細胞，可能就是因為如此，食物太酸引發的感覺並不愉快。但是稍微帶點酸味，特別是和其他味道（例如鹹味或甜味）混合時，便能帶來愉快的感覺。例如，西班牙安達魯西亞地區的番茄冷湯就加了紅酒醋，還有我最喜歡的中國四川菜酸辣湯也加了用米發酵製成的醋。水果如果只是死甜，會讓人倒胃口，有了點檸檬酸帶來的酸味，才具備清新的口感。

小孩愛吃酸的食物？

五歲到九歲的兒童，對於酸的感覺和幼兒與成人都不一樣，這點很有趣，達爾文觀察自己的孩子時，便發現了這個現象。他注意到，他們喜歡大黃或是醋栗這類對於成年人來說酸到無法接受的食物。糖果製造商也注意到了，所以專門為這個年齡層的兒童設計非常酸的產品。

對於這種偏好，有一種解釋是，這樣能夠讓兒童吃到富含維生素C的果實，但是這個假說無法說明為何更年長的兒童沒有這種偏好。另一個假說是，偏好吃酸的食物，這行為本身並沒有什麼好處，但是這個年紀的兒童正在建立對於食物的習慣，所以喜歡吃酸的食物，只是他們想要嘗試新食物而已。

有一項研究指出，喜歡吃酸的兒童，大部分比較不挑食，也更願意嘗試新的食物。這結果支持後一個假說。但是這樣的偏好是否有演化利益，目前還很難說。

奇特的苯硫脲味覺

一個人是否喜歡醃鯷魚、粉紅色或自由爵士，我們會說這是「口味問題」，意思是說每個人喜歡的事物不同。不過對於味覺來說，這個說法就絕不只是比喻而已了，因為人與人之間的遺傳差異，經常會影響味覺能力。人類的兩個鮮味受體基因的遺傳變異很少；但從感受甜味的 *T1R2* 基因所具有的遺傳變化，能看出在不同的族群之間，各自產生了適應結果，能夠偵測不同的甜味成分。但是比起偵測苦味成分的基因在不同人之間的差異，*T1R* 基因的變化算是小的。

最著名的例子是對於苯硫脲（phenylthiocarbamide）的味覺。有些人覺得這種化合物嘗起來非常苦，有些人覺得幾乎沒有味道。這樣的差異是在一九三一年發現的，後來科學家了解到，有的人能夠嘗出苯硫脲，有的人不能，是來自父母的遺傳。最近的研究找出了其中的遺傳基礎：在 *TAS2R* 這一群基因中的 *TAS2R38* 出現差異，這個基因有兩個不同版本，同一個基因的各種版本，稱為「對偶基因」（allele）。

這引起了一個有趣的演化問題：為什麼有這兩種不同的 *TAS2R38* 基因存在？苯硫脲的多型性包含兩件重要的事實，可以說明演化是為了某些原因保留 *TAS2R38* 基因上的變異。第一個事實是，全世界有百分之四十五的人嘗不出苯硫脲，如果嘗得出來的人有什麼演化優勢，那麼嘗不出來的人所占的比例高到不可思議。換成嘗不出來的人有演化優勢時，也是一樣。

所以，有什麼因素讓這兩種對偶基因的頻率維持平衡嗎？一項有趣的發現支持這個論點，那是現代演化生物學的三位奠基者一九三九年參加在愛丁堡舉辦的國際遺傳學大會時，得到這個發現的。這三位科學家是費雪（Ronald Fisher）、福特（E. B. Ford）、赫胥黎（Julian Huxley）。

大會期間，費雪、福特和赫胥黎參觀了愛丁堡動物園，目的是想知道園中的黑猩猩是否對於苯硫脲的味道也具備多型性（遺傳變異）。他們發現黑猩猩的確也有。這個現象可以有兩種解釋。

如果黑猩猩和人類的共同祖先具備了 *TAS2R38* 基因的多型性，那麼這兩個物種有可能從那個古代群體遺傳到這種多型性，也就是說這種多型性出現持續超過六百萬年。另一種說法是，在人類與黑猩猩，這種多型性是各自獨立產生的，意味著是趨同演化的結果，有可能是由類似的天擇壓力所造成。在寫這本書的時候，哪個才是確實的原因還不明朗。但是不論哪個原因才是真的，都難以避免一項結論：因為某些原因，天擇的確在意這個基因的變異。到底是什麼原因呢？

從遺傳密碼尋找線索

線索藏於這兩種對偶基因的遺傳密碼差異上。我們之前提到不同物種的味覺基因時，看到突變會讓遺傳密碼改變，如果這個基因無法為具備該基因的個體帶來好處，突變會使得基因改變而且不再具備活性，貓就是這樣失去了嘗出糖的能力，吸血蝙蝠失去嘗出鮮味的能力，而相關的基因如同鬼魅遺留了下來。但是對於嘗不出苯硫脲的人而言，情況並非如此，他們的 *TAS2R38* 基因依然具有功能，讓基因化為鬼魂的那種突變沒有發生，這個對偶基因依然能夠產生苦味受體，不過這個受體無法用苯硫脲打開。演化改變了這個鎖。

人類有二十五個負責苦味的 *TAS2R* 基因，在那麼多苦味分子中，哪些分子會和哪些基因製造出來的受體配對，我們大多不知道。所以 *TAS2R38* 基因的例子不應該讓人覺得驚訝，因為我們只知道整個故事的一半而已。這二十五個 *TAS2R* 基因全是多型性的，也就是說每個基因都具備數個對偶基因，但是沒有一種的多型性像是 *TAS2R38* 基因那樣遍布全世界，而且兩種對偶基因的比例如此相近。

許多嘗起來有苦味的植物化合物具有醫療價值，例如奎寧能夠治療瘧疾。黃瓜和夏南瓜（又稱節瓜）這些瓜類中含有苦味化合物，雖然在馴化的過程中，苦味化合物大部分都移除了，但是在有些品種中，如果遇到了乾旱造成的壓力，還是會產生出來。後來證明這些苦味化合物有對抗癌症的效果。所以 *TAS2R38* 基因中讓人不會嘗出苯硫脲苦味的對偶基因，可能讓有這種基因的人吃下更多植物的綠色部位，得到維持健康的好處。至於是哪些植物？這問題目前沒有答案。對味道有不同感受的兩種對偶基因頻率維持平衡，又有什麼好處？

演化的賞賜

我承認在本章中我端上桌的湯裡面，口感扎實的麵條比較多，調和風味的烈酒比較少，但就是要兩者混合才會有好味道。味覺和其他在生物中進行的過程一樣，需要以水做為媒介，因此沒有「固態生物學」這種玩意兒。

演化讓人類這個譜系很早就具備了味覺受體，用以分辨可口和噁心的食物，並且讓我們天生能對不同食物做出不同反應。比較了其他動物和人類感受鮮味、甜味和苦味的味覺受體，可以發現人類的受體可以和人類的飲食互相配合。脂肪可能也是一種基本味道，脂肪當然很美味。當必要的營養成分進入口中，味覺受體便會發出訊息到腦中，讓我們知道是蛋白質（鮮味）、碳水化合物（甜味）和脂質（脂肪味）。

演化賜予人類眾多感覺工具，味覺受體當然只是其中之一。該嗅覺上場了，嗅覺會讓你知道下一道菜是什麼。

6
魚

不止是氣味

魚的滋味豐富多變

魚的滋味可以纖細微妙，也可以刺鼻噁心。魚肉能夠引發食慾，或是打消食慾，端看新鮮程度。最新鮮的魚幾乎沒有特別的氣味，只帶有一絲淡淡的青草味，這個味道來自於魚肉的多元不飽和脂肪酸被細胞的酵素分解之後所產生的。

即使在能夠好好保存獸肉和禽肉的低溫下（還沒低到冷凍的溫度），魚肉依然會開始腐敗，這是因為深海魚類生長在寒冷的溫度中，所以魚體內的酵素在低溫下也能發揮作用。這些酵素作用的時間長一些，便能讓魚肉釋放出胺基酸和核酸，例如鮮味好朋友：的麩胺酸與肌苷酸。日本有一種料理方式，是用昆布把白肉魚肉塊包裹起來，放在冰箱中幾天，魚肉會吸收來自海帶的麩胺酸，魚肉本身有肌苷酸，兩者加起來使得魚肉的鮮味大增，能夠當成生魚片來吃。

魚肉如果沒有冷凍保存以避免腐敗，那麼細菌便會來享用魚肉大餐。細菌的活動會產生更多有味道的分子，使得魚肉的滋味每況愈下，一路從新鮮到平淡、甜味到走味，最後發出惡臭。就如同富蘭克林（Benjamin Franklin）所說的：「魚肉和賓客來了三天便發臭。」魚肉的味道來自於三甲胺（trimethylamine）這種化合物，是由沒有味道的氧化三甲胺分解而來的。三甲胺分解之後會釋放出氨，這是刺鼻腥臭味道的來源之一。魚身上的氧化三甲胺，功用和昆布的麩胺酸鈉是相同的，能夠讓魚的細胞和海水保持滲透平衡，以免細胞脫水萎縮。

嗅覺，經常遭到忽視的感官

魚肉的滋味變化無常，光憑甜味、苦味、酸味、鹹味和鮮味這五種基本味道，難以完全掌握魚肉在各階段的變化。因為滋味是由多種感官集合而成的，結合了五種基本味道，還有嗅覺、觸覺（口感）、視覺、聽覺，以及記憶，交織成無限可能的體驗。甚至連口中的痛覺受體都來參了一腳，透過痛覺受體，讓我們體驗到咬下辣椒的感覺。

十八世紀的法國修士化學家彭賽雷（Père Polycarpe Poncelet）最早了解到味覺與嗅覺彼此互補，相互依賴。他把各種味覺的互補方式，比喻成五線譜上各種音符組成的和聲。嗅覺對於味道來說也是必需的，我們每天體驗到各種嗅覺帶來的經驗，當感冒鼻塞或捏著鼻子時，這個世界的味道消失了，變得平板單調。

不過，人類的各種感官中，嗅覺就像是灰姑娘，一直受到忽視。從亞里斯多德開始，便有許多人誹謗中傷嗅覺。二千多年前，亞里斯多德寫道：「人類的嗅覺比不上其他動物的嗅覺，也比不上人類的其他感官。」

獵犬的確能夠追蹤主人完全無法察覺到的氣味，但是人類的嗅覺真的不如所有其他動物嗎？亞里斯多德在提出這個論點時，可能用了誇張的語法，不過他的主張算得上正確嗎？如果氣味對於滋味來說那麼重要，能夠引發多采多姿的感覺，那麼人類的嗅覺為何如此貧弱？狗、鼠和人類的共同祖先生活在九千五百萬年前，演化後來剝奪了我們從這個共同祖先遺傳到的能力嗎？負責嗅覺的基因發生了什麼變化？

嗅覺味覺大不同

味覺是一種化學偵測系統，能夠偵測到苦味、甜味和鮮味分子。嗅覺也是類似的系統，且和其他感覺一樣，是由腦產生的，鼻腔內部有許多嗅覺受體細胞和腦連結。如同舌頭上的苦味受體細胞，每個嗅覺受體細胞的表面上也有蛋白質，稱為嗅覺受體，只有少部分的分子能夠激發這些受體，產生反應。不同的受體蛋白由不同的基因產生。除此之外，嗅覺和味覺作用的方式有重大的差異。

人類有三十五種不同的蛋白質（以及基因）負責偵測有苦味的成分，嗅覺受體的種類是苦味受體的十倍以上，人類大約有四百種嗅覺基因，每種基因都製造出不同的嗅覺受體蛋白質。但是苦味和嗅覺受體之間的差異遠不只於此。

雖然有三十五種苦味受體，但是我們會把林林總總激發苦味的成分，當成一種味道，也就是苦味。因為所有的苦味受體細胞都由同一條線路連接到腦部，只傳遞一種訊息，那就是「好苦」。四百多種嗅覺受體細胞和腦部的連結不是這樣，每一種都有自己的線路連接到腦部。這種差異好比是，有三十五條電話線連接到消防隊，傳過來的訊息都是「失火了！來救我！」苦味是這樣的；嗅覺則像是從四百個朋友打來的電話，每一通都來自不同的個體，有不同的訊息。從演化的角度來看，這是很合理的。警報系統連到一條線路就好，但是嗅覺需要善於處理情報的系統，因為嗅覺牽涉到食物與性，其中的資訊量不但大，而且內容複雜又微妙。

人類的嗅覺不如其他動物嗎？

亞里斯多德宣稱人類的嗅覺系統比不上其他感覺系統，而且人類的嗅覺真的比不上其他動物嗎？這個問題的答案很有趣，而且一開始也不是那麼直截了當。如果把人類嗅覺受體基因的數量和其他動物加以比較，亞里斯多德似乎是對的。例如非洲象的嗅覺受體基因超過二千個，是地球上嗅覺最強的生物。如果你有以品酒能力為傲的朋友，你對他說他們的嗅覺像大象一樣敏銳，對方應該會很高興，這算得上是恭維。

人類大約有二萬五千個基因，其他的哺乳類動物的基因數量也差不多，而大象具有二千個嗅覺受體基因，大鼠和小鼠嗅覺受體基因的數量約是一半，想到這裡，你就可以知道演化依然認為嗅覺很重要（雖然人類只有四百個嗅覺受體基因）。但是為什麼比起其他哺乳動物，人類的嗅覺受體基因那麼少呢？是那些嗅覺天分高的動物後來在演化過程中得到比較多嗅覺受體基因嗎？或是我們從共同祖先那裡遺傳到的嗅覺受體基因，後來有些失去了功能呢？答案是在演化過程中，這兩種事情都發生了。人類的嗅覺受體基因減少了，大象的增加了。

不只是人類，其他靈長類動物的嗅覺受體基因也比較少，黑猩猩的數量和人類相近，紅毛猩猩比人類更少，不到三百個。如果你那個以嗅覺為傲的朋友不喜歡「聞」起來像大象，知道了自己「聞」得比紅毛猩猩更強，或許會覺得高興些。我們可以確定靈長類動物的嗅覺受體基因數量少，是由於在演化過程中失去了很多，因為在靈長動物的基因組中，嗅覺受體的偽基因和真正有功能的基因一樣多。換句話說，人類很久遠以前的祖先，嗅覺受體基因是比較多的。

偽基因是之前有功能的基因殘留的遺骸，像是公路旁生滿鏽斑的廢棄車輛，完全遭到淘汰，而且沒有地方可去。讓人好奇的是，隨著時間經過，靈長類動物的嗅覺受體基因雖然愈來愈少，但是日子過得還不錯，而天擇則偏好讓非洲象的這類基因數量愈來愈多。

那些在人類身上已經失去功能的嗅覺受體基因，在其他動物上發揮什麼功能？大部分都還不明，不過應該是讓動物擁有人類所欠缺的嗅覺能力。舉例來說，小鼠能夠聞到二氧化碳的味道，所以對於小鼠來說，冒著泡泡的礦泉水的確是帶有氣味的，只是人類聞不到。為何物種之間會有這樣的差距，依然是個科學之謎，但是可能和不同的物種之間食性不同有關。我們可以大膽猜想，靈長類動物在演化的道路上可能發生什麼事情。

功能正常的基因通常能夠直接或間接幫助帶有這個基因的個體留下後代，如果這個基因發生突變，受到破壞，天擇就會把突變基因拔除。如果我們研究嗅覺受體基因的運作方式，便可能找到它們怎麼會失去功能的線索。或者可以反過來想，我們實際上需要多少嗅覺受體基因？喜愛美食的人，絕對會對這個問題感興趣。

我們的嗅覺如何作用？

嗅覺受體細胞位於鼻腔內的一小片薄膜上，接觸到的氣味來自兩個方向：一個是從外界經由鼻孔進入的，另一個是從口腔通往鼻腔的通道來的，這個通道位於喉嚨後方。第一個方向稱為鼻前通路，你吸氣或嗅聞氣味時會用到。第二個稱為鼻後通路，呼氣時會用到。食物在口腔中受到咀嚼時，其中的揮發性化合物會經由鼻後通路飄散到鼻子，與嗅覺受體細胞接觸。嗅覺系統便是這樣聞出味道的。

鼻前嗅覺和鼻後嗅覺的功能不同。鼻前嗅覺偵測外在世界的氣味，讓我們知道外界有什麼東西。鼻後嗅覺偵測口腔中的環境，以及我們吃喝的東西。雖然鼻後嗅覺是由鼻子感覺的，但是我們心理上會以為這是從口腔體驗到的感覺。我們會低估自己的嗅覺能力，主要是因為我們把鼻後嗅覺測得的味道，不自覺的歸屬成味覺，而不是嗅覺。

科學家認為，當人類的祖先開始直立步行，比較倚重視覺偵察危險時，靈長類便開始失去一些嗅覺受體基因，鼻前嗅覺變得沒有那麼重要，但是鼻後通路則更重要。那麼，接下來的問題是，那四百個嗅覺受體基因區分味道的能力夠強嗎？足以讓我們知道食物是否是有營養還是有害嗎？

我們很確定答案是「的確如此」，因為腦部對於從四百種嗅覺受體細胞那裡傳來的訊息，進行了細緻的分析。最簡單的做法是，腦利用來自四百條不同的線路，區分出四百種味道。但事實上，腦比這厲害太多太多了。實際的狀況是，許多分子能夠刺激一種以上的嗅覺受體細胞，而大部分的嗅覺受體細胞能夠偵測一種以上的分子，於是在任何時刻，腦部不只從四百條線路中的一條得到簡單的資訊，而是同時從多條線路收到，這種特殊的資訊組合能夠讓腦知道鼻腔中有什麼分子。

對於同樣的分子，有些嗅覺受體細胞在分子濃度低時有反應，有些則是濃度高時才有反應，結果是會有不同的嗅覺受體細胞組合受到刺激，引發不同的反應，取決於分子的濃度。舉例來說，由茉莉花和橙花製成的精油中含有糞臭素這種分子，哺乳動物的糞便中也有這種分子。花朵產生的低濃度糞臭素聞起來甜美芬芳，但由糞便產生的高濃度糞臭素聞起來就像屎。

我們對於顏色的知覺是絕佳範例，可以用來說明腦部如何結合幾種簡單的輸入訊息後展現的能力。眼睛的視網膜上，只有三種負責感知顏色的受體細胞，一種對紅色有反應，一種對藍色，最後一種對綠色。腦把這三種細胞傳來的訊息結合起來，便能夠看見數百萬種顏色，其中有些顏色完全是心智建構出來的，根本不在彩虹的光譜之中，例如洋紅。

所以亞里斯多德對於嗅覺的看法，有正確的地方，也有錯誤之處。正確的地方是，大部分哺乳類動物可以聞出環境中危險和機會的能力要比人類強，除此之外的見解是錯的。雖然人類的嗅覺受體細胞只剩下四百種，但是人類的腦很大，足以處理這四百種細胞傳來的訊息組合，區分出一兆多種味道，使得嗅覺比視覺還要敏銳。

對於食物的感覺，有嗅覺受體細胞傳送許多訊息到腦部，加上五種（或六種）基本味覺受體，以及其他感覺，例如蘋果或玉米片的爽脆感與聲音，林林總總以各種方式組合起來，成為種類無盡的「滋味」。

嗅覺不像是亞里斯多德所說，是人類感覺中最弱的，反而是最強的。矛盾的是，我們依然無法察覺到自己的嗅覺能力是如此卓越，因為常用到的是鼻後嗅覺通路，讓我們產生錯覺，以為食物的滋味來自口腔。

演化的遊戲

演化似乎喜歡玩弄嗅覺受體基因。我們認為這些基因與隨之產生的味道，在不同物種之間，不論是種類和數量上的差異都很大。不過在同一物種的不同個體之間，也有很大的變異。為人類基因組定序的計畫在西元二〇〇〇年完成，這是一座科學里程碑，我們可以藉此更了解人類這個物種。當時有兩組科學團隊在競爭，比賽誰先完成人類基因組序列的草稿，一個是由許多國政府經費資助的公家團隊，另一個是創業投資基金資助的私人團隊，領導者是凡特（Craig Venter）。數年之後，凡特公布說，他的團隊定序的不是「人類」基因組，而是「個人」基因組，換句話說，是他自己的基因組序列。我們常提到「人類」基因組計畫，其實那也是某個人的基因，其實每個人都有自己的一套基因，每一種基因在人與人之間有細微的差異，而嗅覺受體基因的差異就比較大了。

科學家把一千個人的基因組當中的四百個嗅覺受體基因拿來比較，發現在這群人中，每個嗅覺受體基因平均有十種變化版本（也就是十種對偶基因）。每個人的每個基因都帶有兩個，一個遺傳自母親，另一個遺傳自父親，平均下來，每個人的嗅覺受體基因中，有一半具備兩個不同的對偶基因，這意味著雖然每個人只有四百多個嗅覺受體基因，但是遺傳多樣性卻比這個數量還多出一半，也就是說每個人總共有六百多個對偶基因。這些對偶基因都有用到，一種嗅覺受體細胞上有一種對偶基因的產物，所以每個人的鼻子中有六百多種嗅覺受體蛋白。

對於氣息和滋味的偏好是非常個人化的事情，主要受到個人經驗和食物文化的影響，不過嗅覺受體基因在不同人之間的差異也有影響。在中東、亞洲和其他地方料理中，經常使用到芫荽（香菜），對有些人而言，芫荽具有難聞的肥皂味。英國植物學家傑拉德（John Gerard）曾撰寫一本相當受到歡迎的早期植物誌，寫到芫荽「是很臭的香草」，葉片「簡直有毒」。有一項研究調查了約一萬二千人是否喜歡芫荽，結果發現厭惡芫荽和某個特別的嗅覺受體基因突變有微弱關連。

魚肉的顏色和口感有關係

在沒有發出強烈氣味的狀況下，魚的風味主要受到其他特質所影響，特別是魚肉的質地和含有的油脂。魚肉中主要的成分是肌肉，質地和油脂成分會因為物種不同而有差異，魚有不同的生活方式，肌肉也演化成適應生活方式的結構。影響魚類生活方式的最大因素是水，這並不意外，因為魚生活在水中。

如果你從上方觀察魚類的典型游泳姿勢，會看到牠像是波一樣的擺動身體，在水中前進。這樣的動作是身體左右側的肌肉輪流收縮而產生的。魚的身體是流線型的，所以只要很少的能量，便能夠在水中以穩定的速度慢慢前進。這種定速巡游主要是由含有肌紅素的肌肉所執行的，肌紅素有點類似紅血球中的血紅素。持續游動所需的氧儲存於肌紅素，所需的能量則是以油脂的形式儲存。鯡魚、鯖魚和沙丁魚都屬於這種肌肉顏色深、富含油脂的魚類。一條肥美的鯡魚，肌肉裡面有百分之二十是脂肪。

魚在水中慢慢巡游，幾乎毫不費力，但是如果突然加速，水就會施加很大的阻力。你可以在浴缸或是游泳池中試試看，手掌在水中慢慢移動很輕鬆，和突然快速移動時要出的力量比比看。突然移動會讓你的手前面出現一面水牆，壓迫你的手。對魚來說，面對掠食者的利牙時，能夠突然加速可是攸關生死之事；對於掠食魚類來說，便是能夠飽餐一頓或是餓肚子的差別。因此，魚類為了能夠具備快速加速所需的力量，得有很多能夠馬上出力的肌肉。許多大型掠食魚類中有很多白色肌肉，就是為了這個目的，例如鱈魚和其他白肉魚。鱈魚的肌肉中，油脂只占了百分之〇．五，而且沒有肌紅素。鮪魚是會遷徙數千公里的掠食魚，魚肉便呈現粉紅色，肌肉的性質介於紅肉和白肉之間。

魚類肌肉的結構影響了魚類的烹調方式與口感。陸生動物的肌肉和魚類肌肉的運作方式不同。陸生動物的肌肉得支撐身體、對抗重力，因此肌肉會束緊成一塊塊的，如同拉槓桿那樣拉動骨頭。在海水中的硬骨魚，身體裡具有充滿氣體的魚鰾，在水中受到的重力和浮力相當，所以肌肉的主要功能是用來推進。煮熟的魚肉容易變成薄片，在口中散開來時會產生細微的滋味，這是因為魚的肌肉是一層層裹起來的，這樣才能方便魚左右擺動身體游泳。

奇臭無比的美味

魚在腐敗的過程中，氣味愈來愈重，但是並非一定就不能吃。挪威有一種美食醃鱒魚（rakfisk），是把用鹽醃過的魚埋起來發酵幾個月而成，散發出來的味道據說像是多種氣味濃郁的起司，在一堆穿過的足球鞋襪中，放一個星期後飄散出來的味道。魚經過發酵製成的魚露，是越南與泰國菜的重要材料，古代羅馬人也常使用非常類似的調味料，稱為魚醬（garum）。現存最古老的羅馬食譜書有四百六十五道食譜，其中使用到魚醬的超過了四分之三。相傳這本書是西元第一世紀的美食家阿皮基烏斯（Marcus Gavius Apicius）所著，不過這個說法可能是錯的。

二千年前羅馬人製造與使用魚醬的方法，有檔案流傳了下來，也有考古證據，現在可以遵古法製作。上好的魚醬使用的材料是整條鯖魚中最不堪用的部位：血和腸子。這些材料以四比一的比例和鹽混合在一起，放入石缸中，再用石板壓住。材料和鹽混在一起會迅速出水，石板會把材料壓在液體之下。鹽的作用加上隔絕空氣，細菌和真菌無法生長，因此這時的發酵作用是魚細胞釋放的酵素所進行的。根據推測，材料中使用到了腸子，那是分解食物的部位，含有大量消化酵素。經過在太陽底下發酵數個月，含有大量鹽分的液體便可以從缸中取出，裝到瓶子裡，以備烹調之用。魚醬和現代的魚露一樣，含有大量肌苷酸和麩胺酸等鮮味成分。

羅馬作家對於魚醬可說是愛恨交織，因為產地會飄出惡臭。羅馬有些城市禁止製造魚醬，因而主要產地集中在一些濱海地區，例如西班牙的阿爾穆涅卡爾（Almuñécar）。古羅馬時期用來製造魚醬的石缸，依然遺留在那裡。有人說製造魚醬是古代唯一的大規模產業，在整個羅馬帝國領域中發現的沉船裡，可以看到用來裝盛魚醬的細頸雙耳瓶，魚醬甚至遠播到帝國北方邊界的哈德良長城（位在現今英國北方）。現在製造受歡迎烹調醬料的廠商可以賺大錢，在古代也是，例如斯卡烏魯斯（Aulus Umbricius Scaurus），他是魚醬製造大亨，住在後來遭到厄運的龐貝城，上頭有著他的名字標籤的紅土陶罐出現在一千公里外的法國南部。

說到嘗鮮，海鮮中滋味最濃郁的不是魚類，而是帶殼海鮮，包括了貽貝、蛤蜊之類的軟體動物，以及螃蟹、蝦子等節肢動物。

原因之一是，魚類使用沒有味道的氧化三甲胺對抗海水的脫水力量，帶殼海鮮使用的是甘胺酸這類游離胺基酸。這些軟體類和甲殼類體液中的胺基酸，生理作用和氧化三甲胺一樣，但是能夠刺激我們的鮮味受體，因此嘗來十分美味。

味覺受體和湯說明了演化和烹飪如何維持生命的基本需求，嗅覺受體和魚指出了這兩者怎麼能讓食物有細緻的味道。現在，你聞聞看有什麼味道？烤肉嗎？

7
肉

食肉行為

我們原本是雜食者

吃肉，這項行為影響了我們的演化。在第2章中的人族聚會中，我們知道了人類的祖先是怎麼開始吃肉，成為雜食動物。三百三十萬年前，在我們老祖先露西的家鄉衣索比亞，有個人類親戚使用石器，把動物的肉從骨頭上切下來。這個人類親戚可能和露西一樣，屬於阿法南猿。有人認為，阿法南猿這種人族動物是人屬的直屬祖先。顯然她和我們一樣，是雜食動物，吃肉也吃植物。

人類食物中，蛋白質最豐富的就是肉類和魚類，能夠提供人類必需的胺基酸，人類的身體組織無法自行製造這些胺基酸。肉類同時也提供其他重要的營養成分，讓我們的飲食均衡，這些成分光靠植物很難攝取到適當的分量，包括鐵、鋅、維生素B_{12}，以及多元不飽和脂肪酸，這類脂肪酸對於腦部和其他組織的發育非常重要。

經由仔細挑選食物組成的素食飲食，當然也能夠維持人體健康，但是完全沒有肉類成分的素食飲食需要費心調整，才能夠含有人類需要的全部營養，這顯示了人類本來就是雜食動物。

人類畜養來取得肉類的動物，包括現在關在圍欄、房舍、籠子中大規模飼養的牲畜家禽的祖先，牠們在馴化之前，都是人類得在野外獵捕的動物。該是時候來談談牠們的演化故事，以及人類對牠們造成的重大影響。從獵捕發展到畜牧的過程中，石器不是唯一的證據。還有來自人類身體內部的實證：條蟲。

寄生蟲是人類畜牧的證據

成年的條蟲生活在動物的腸子中，日子過得非常輕鬆，食物會自動送到家門口，每天不是閒晃，便是產卵。但是對於所有的寄生生物來說，重要的是，讓產下的卵能夠找到新的宿主加以感染。條蟲採用的方法是：切入宿主的食物鏈中，感染宿主所吃的動物。有三種條蟲會感染人類，分別是來自牛的無鉤條蟲（*Taenia saginata*），以及來自豬的亞洲條蟲（*T. asiatica*）與無鉤條蟲（*T. solium*）。條蟲幼蟲會鑽入牛或豬的肌肉中，我們如果吃了有條蟲幼蟲的肉，便會受到感染。只有吃肉的動物才會感染到條蟲，條蟲幼蟲要被吃肉的動物吃下肚，才能夠完成生活史。

牛和豬都是經過馴化的動物，我們往往會認為從牛、豬那裡感染到條蟲，是在一萬二千到一萬年前才開始的，因為那個時候人類才開始有農業。不過演化分析發現，人類和這些寄生蟲在幾百萬年前就有關連了，而不是一萬年前。無鉤條蟲和亞洲條蟲的共同祖先源於非洲，會感染羚羊和獅子，在兩者之間循環。這意味著，感染人類的這兩種條蟲的祖先，在人類祖先吃獅子的獵物時，便移居到人類身上了。原本在獅子和羚羊之間完成生活史的條蟲，大約在二百五十萬到二百萬年前，可以在人類與羚羊之間完成生活史，這指出人類祖先在那之前已經常吃肉了。

人類祖先受到條蟲感染一段時間後，可能是在一百七十萬年前，這種條蟲分成了兩個物種：無鉤條蟲和亞洲條蟲。我們並不清楚這樣的分開（稱為「種化」）是怎樣發生的，不過這兩種條蟲的另一個宿主不一樣了，可能是因為在生活史走不同的路徑，一種進入牛，另一種進入豬，讓條蟲能夠適應在不同宿主感染並生存的需求。針對人類條蟲的種化過程進行演化分析，能夠讓我們知道當時人類飲食的一些事情。例如這個種化事件如果發生在直立人中，那麼當時他們除了吃羚羊之外，是否開始拓展當成食物的物種，也吃野豬了？或是吃不同動物的不同直立人族群，後來彼此交互傳染了？

第三種條蟲是無鉤條蟲，這種條蟲和另一種在鬣狗體內的條蟲有共同祖先。人類最初受到這種條蟲感染的模式，和受到其他條蟲感染的模式很類似，就是在非洲莽原上的遠古祖先，開始吃鬣狗的獵物。人類現在因為吃豬肉而會感染到的另一種腸道寄生蟲：旋毛蟲（*Trichinella spiralis*），也在從前以相同的模式演化成開始感染人族物種。

人類祖先最早嘗到的肉，可能來自於鬣狗和獅子殺死的獵物，然後人族祖先揮舞著石頭製成的武器，甚至是火把，趕走鬣狗和獅子，把獵物偷走。不論人族是怎樣開始吃肉的，吃肉使得人類和被吃的獵物之間的關係愈來愈近，最後人類圈養了牛和豬，並且馴化牠們。人類和三種感染人類的條蟲有非常久遠的演化關係，因此是人類讓馴養的牛和豬受到這些寄生蟲的感染，而非牛和豬讓人類受到感染。

對抗條蟲有兩個方式：第一是保持衛生，不讓豬或牛接觸到含有條蟲卵的人類糞便，這樣可以打斷條蟲的生活史。第二是烹煮，能夠破壞肉裡面有感染能力的幼蟲。如果你喜歡吃接近生的肉，那麼就要依賴食物供應過程中確保衛生，以及屠宰場要檢查肉類，才能避免受到條蟲和旋毛蟲的感染。

無鉤條蟲和人類的長久關係，在牠們身上留下了遺傳記號，這個記號似乎讓寄生蟲演化出耐煮的特性。包括人類在內，細胞中擁有熱休克蛋白，這種蛋白質能夠保護細胞免於溫度突然上升所造成的傷害。無鉤條蟲的基因組中，負責製造熱休克蛋白的基因多到異常，可能是為了在面對熱衝擊時有堅強的保護，感染野生動物的條蟲就沒有那麼多熱休克蛋白基因。人類很有可能是在一百五十萬年前開始烹煮食物，如果是這樣，條蟲增加熱休克蛋白的演化趨勢，可以想成是為了讓肉中有感染能力的個體，有更多機會熬過烹煮、傳遞下去，完成生活史。

洞窟中的線索

石器和條蟲上有著早期人族吃肉的證據，在洞窟藝術中則有人類晚期吃肉的證據。最早的洞窟藝術上的圖畫並不是動物，而是人類的手的輪廓，當年這些手揮舞著長矛攻擊獵物，拿著石器把肉從骨頭上切下來，並且生火烤肉。在相隔甚遠的印尼、澳洲和歐洲洞窟裡，有數千個手印圖樣大喇喇的留在岩壁上，如同第一次上幼稚園的小孩在點名的時候大聲答「有！」那般的得意與熱情。四萬年後，我們彷彿能夠聽到他們的聲音，但那不是喧嚣的吵鬧聲，而是同樣身為人類發出的聲音，感動了現在的我們。

在那些岩壁上印手印的方式，是把手貼上去，然後用嘴巴噴顏料，手拿開後，沒有顏料的地方便形成了手的輪廓。四萬年前，噴漆還沒有發明出來，這些人類祖先在人類家族相簿中留下了個人的記號，就像是畫家在作品角落留下的簽名。

五千年後，在熱帶的印尼蘇拉威西島，畫下了第一個能夠認出種類的動物壁畫：一頭肥胖的雌鹿豬，有一位特立獨行的動物學家給這種動物取了特別的學名*Babyrousa babyrussa*，同樣的詞用了兩次。

鹿豬是一種原產於蘇拉威西島上的豬科動物，但是和平常我們認識的豬不一樣，牠具有兩對獠牙，一對從下顎長出來，另一對從上顎長出來，下獠牙只是比較大而彎曲的犬齒，但是上獠牙是從齒槽長出來的，往上朝後彎曲，所以這對獠牙看起來像從臉中間長出，向後彎曲，遮住了臉的一部分。我們還不清楚這對奇特上獠牙的功能，它們容易斷裂，並不能用來打鬥或是保護自己。

當地人傳說，鹿豬會把上面的獠牙當成掛勾，把自己掛在樹枝上，這樣打盹的時候才能保持安全。要是詩人吉卜林（Rudyard Kipling）在《原來如此》（*Just So Stories*）這本書中寫到鹿豬，大概也編不出更好的解釋了。鹿豬是雜食動物，吃堅果和果實，特別喜歡吃芒果。雄鹿豬的體重可達一百公斤。想想看，如果有人捉到一頭打盹的鹿豬，把吃芒果的鹿豬烤來吃，滋味會是怎樣！

二萬年前，居住在南歐的獵人創作出一批人類史上最佳的動物圖畫。這些著名的洞窟繪畫位於法國的拉斯科（Lascaux）和蕭維（Chauvet），以及西班牙的阿爾塔米拉（Altamira），由舊石器時代的人類所繪製的，他們當時生活在覆蓋北歐的冰帽邊緣，居住的環境中沒有樹木生長，動物在開闊的大地上吃草，那幅景象應該很類似現今塞倫蓋蒂的熱帶草原，不過到了冬天，溫度絕對會降到零下二十度或是更冷。這樣的植被類型稱為猛獁草原（mammoth steppe）。

位於法國南部的蕭維洞窟是一九九四年才發現的，內部寬廣，岩壁上有以高超技巧繪製出的當時動物圖像。一群十六頭的獅子，追獵七頭歐洲野牛，旁邊站著一頭猛獁和三頭犀牛。另一面岩壁上，畫著三頭洞熊。畫家巧妙的利用岩壁上的凸起，在上面作畫，讓洞熊有立體結構，整個活了起來。洞熊的體型大過北美灰熊，現在已經滅絕了。洞中有數百件洞熊遺骸，顯示牠們經常在這個洞中冬眠。岩壁上的繪畫還包括了馬、歐洲野牛、羱羊、馴鹿、紅鹿、麝牛、大角鹿、原牛。畫家知道這些動物的身體結構，可能也經常吃這些動物的肉。在蕭維洞窟這類洞穴中，遺留有動物骨骸，顯示當時的人喜歡吃馴鹿肉和骨髓，長骨都被敲開了，以便取出骨髓。當時那裡的肉類供應充足，這些洞窟畫家和他們的家人應該可以靠吃肉取得蛋白質。

猛獁草原上追獵動物的藝術家，食物中不只有肉類，他們也會採集植物並且處理來吃。考古學家在義大利南部洞穴挖掘出來的鵝卵石上，發現有澱粉顆粒，顯示三萬二千年前的人，用這顆石頭把野生禾草種子磨成粉。他們在研磨之前，會先讓種子乾燥，現在還是會以相同的程序處理燕麥等穀物，以保持品質並且增添香味。在夏天，周遭應該會有莓果、榛子和植物根部可以採集來吃，但是到了冬天，就沒有可以摘取的食物了。

當時人的馴鹿肉排旁邊可能配著種子和根，這些植物材料原本是田鼠藏在巢裡面的。現今阿拉斯加與西伯利亞的因紐特人便是如此為自己加菜，他們會仔細區分人類能吃的根，以及田鼠能吃，但是對人類而言有毒的根。

猛獁曾是人類最喜歡吃的獵物

後來全世界變得愈來愈暖和，覆蓋在北歐和北美洲的冰帽往北極退縮，植被也隨著改變。原本猛獁草原上生長的是闊葉草本植物、禾草及矮灌木，這時逐漸由森林所取代。許多吃草的動物也隨著食物生長範圍的改變，往北移動。

現在麋鹿和麝牛只在很北方的區域活動。在歐洲，紅鹿熬過了環境變化；馬也是，但棲地分散了。其他吃植物的動物，例如猛獁、毛犀、洞熊、大角鹿的數量全面減少，最終滅絕。由於獵物減少，其他大型肉食動物，包括了劍齒虎、美洲擬獅和多種灰狼隨之滅絕。從這些灰狼的顱骨化石判斷，牠們應該專門捕捉美洲野牛和其他大型獵物來吃。

整片猛獁草原逐漸縮小，大型動物和專門在草原上生活的動物也消失了，殘留下來的物種遺傳多樣性變得比較低，就像殘餘族群一般，而從滅絕族群遺骨中取得的DNA顯示，從前族群的遺傳多樣性比較高。有些動物步上消失的過程是由氣候變化啟動，最後由獵人完成。

對人類遺骨進行同位素分析，能夠得知死者生前飲食的特徵。科學家用這種方法，發現當時人類最喜歡的食物是猛獁。這群特別的獵人生活於三萬年前，但是考古證據顯示，在整片猛獁草原上，猛獁一直都是人類最喜歡吃的獵物，直到猛獁和以牠們為名的草原棲地消失為止。

有一句俗語說，每一餐都可以享受三次：期待的時候、進食的時候、回憶的時候。吃猛獁則有四種享受：期待、進食、回憶、居住，因為巨大的猛獁骨頭可以當成蓋房子的材料。這種飽受殘害的動物的最後據點是弗蘭格爾島，位於遙遠的西伯利亞東北方外海。牠們在那裡棲息到了四千年前才消失，而大陸上的族群在這之前五千年就已經滅絕了。這種狀況應該不是巧合。

考古遺址揭露人類飲食

在義大利、希臘、土耳其和以色列的地中海海岸地區出土的考古遺物顯示，大約在五萬到四萬年前，居住在這些岸邊的人類開始增加食物的種類，可能是因為人口數量增加了，也由於當地大型獵物愈來愈難找到。很快又過了二萬年，有一個保存極為完善的古代人類營地，讓我們了解到人類在農業出現之前的飲食與生活種種細節，這個營地稱為奧哈羅二號遺址（Ohalo II），位於以色列的加利利海（革尼撒勒湖）岸邊。奧哈羅二號遺址不是當時人類永久的居住地點，而是在一段期間中，狩獵採集者會定期前往的暫時營地，地理學家稱這段期間為末次冰盛期。這時候冰河從北極往南延伸到最遠，當時地中海東岸地區的氣候又乾又冷。

二萬三千年前，加利利湖面上升，湖水淹過了奧哈羅二號營地，自此這座營地覆蓋在泥土與水面之下，凍結在時間之流中。飽含水分的泥土能夠排除空氣，使得泥土下的細菌和其他讓東西腐壞的因素無法作用，營地因此完整保留了下來。考古學家不只在營地找到當初那裡的人丟棄的骨頭，還有一位埋在那裡的男性，以及用於建築的木塊、當成睡墊的草、製作漁網用的繩子和沉錘，以及許多當時人搜集過來的野生植物，保存狀況之好，在其他同年代的遺跡中著實罕見。

當年在奧哈羅二號營地的人用到或種在周圍的植物，目前鑑定出來的已經超過一百四十種，包括了野生小麥和野生大麥。他們把這些麥子磨成麵粉。我們能夠知道這一點，是因為還有研磨用的石板遺留在那裡，上面沾著穀物的澱粉顆粒。殘留的植物還包括了十三種目前屬於田中雜草的種子，意味著那些穀物可能是刻意栽種的。

人類來到奧哈羅二號營地主要應該是為了捕魚，不過他們也吃了許多瞪羚，除此之外，他們把捉得到的鳥都拿來吃，包括了鷺鷥、鴨、鵝、猛禽和烏鴉，也會吃鹿，偶爾吃原牛、野豬及山羊。除了現在已經絕跡的原牛，以及非常罕見的山瞪羚，當初在奧哈羅二號營地人們吃下或利用的動物和植物，如今在那個地區都還找得到。

奧哈羅二號營地因為被湖水淹沒，遭到遺棄，不過我們從以色列另一個考古遺址可以知道，之後八千年中，靠著狩獵採集為生的人類吃著類似的食物，並且狩獵更多種獵物。這個遺址位於海法附近，稱為埃爾瓦德（el-Wad）。當時居住在這個遺址的人依然最喜歡吃山瞪羚，但是其他能吃的動物增多了，包括了龜、蛇等小型動物。飲食中這種小型動物增加，可能意味著當地的大型獵物因為過度捕殺而減少了。獵捕造成的衝擊可能愈來愈大，所以大約四千年後，也就是一萬一千七百年前，埃爾瓦德遺跡中的動物遺骸，不論來自大型動物或是小型動物，變得很少。整個亞洲西南部都逐漸出現這樣的變化，當地的人愈來愈依賴其他的方式取得食物。

那時野生小麥、野生大麥和豆類植物的馴化之路，已經走了數千年（參見第4章），能夠提供富含蛋白質的食物，代替愈來愈少的野生肉類，但是他們還有另一個解決方案。當時居住在遺址的人會用泥土建造房舍，這些房舍後來會毀壞，他們之後又原地重建新的泥屋，這樣幾千年下來，便形成了人為造成的小土丘，土丘裡面保留了人們所吃的食物。新土屋下的每一層地基裡，埋藏著前人日常居住與飲食習慣的紀錄。考古學家發掘了安納托力亞的阿斯科利土丘（Aşıklı Höyük）等遺址之後，發現在一萬一千年前到一萬零二百年前，獵人的飲食原本像埃爾瓦德居民那樣以野生動物為主，這時轉成飼養綿羊。這種轉而依賴馴化動物與植物的變化，標記著農業與新石器時代的開始。

新石器時代的嬰兒潮

從狩獵採集改為農耕這樣的飲食生計改變，引發了新石器時代的嬰兒潮。從地中海東岸地區這個時期的墓穴所發掘出的人類遺骸判斷，在狩獵採集時代，每位女性產下的嬰兒平均是五．四名，採行了農業之後，幾乎倍增到了九．七名。

這種改變是全球性的，不論是何處，只要那裡的人類從狩獵採集生活轉變成農業生活，就會發生類似的情況。農耕者依然會狩獵，同時還把自然棲地開發成農地，新石器時代人口增加，使得野生動物族群面臨可能遭捕食的壓力，而人們偏好飼養動物，好餵飽增加的人口。人類展開動植物的馴化，以新的方式衝擊了自然界生物的演化，同時也改變人類自己的演化之路。

有些動物更容易從獵物馴化成為牲畜。證據就是野豬和雞等物種經過了數次的馴化，而其他許多動物，好比在奧哈羅二號營地的人所吃的幾十種動物就沒有馴化。豬和雞都會吃人類丟棄的殘羹剩菜，可能是這種習性讓牠們接近人類的住所，後來乾脆依靠人類的食物過日子，這便是馴化過程的開始。

雞是最容易攜帶的動物

在所有馴化的牲畜家禽中，類的。雞不但能夠把剩菜轉換成美味的雞肉，每天還會下蛋，難怪人類不論遷徙到哪兒，都會帶著這種神奇的動物。

如果鳥類中有荷馬那樣的遊唱詩人，可能會拿出以自己羽毛做成的沾水筆，寫下雞在漫長旅程中的種種故事。不過在鳥中荷馬出現之前，我們只能讀蘇斯博士的作品，他有先見之明，提醒年輕的旅行者要有心理準備：「你當然已經明明白白，你會和其他人混在一起。你在路途上會和許多陌生的鳥類混在一起。」

生物遷徙會影響演化，受到影響的不但有遷徙的生物，還有和遷徙生物混在一起的當地物種。馴養的雞不論是在農地還是後院、在新英格蘭或英格蘭，看起來都像住在家中那麼自在，但是牠卻來自遙遠的異國。達爾文在《動物與植物在馴化過程中的變異》這本書中，依然眼光如炬，推測雞的祖先是原生於亞洲的紅原雞，這項推測後來證實無誤。

當代的遺傳學研究加上考古學分析指出，紅原雞不只馴化了一次，而是在三個不同的地點各自馴化了一次（參見地圖五）。

最早的考古證據指出，一萬年前，中國華北地區黃河流域的人就吃雞了，有雞骨頭遺留下來。從骨頭中萃取出的ＤＮＡ顯示，這些雞和現在馴養的雞關係密切。雖然沒有直接證據能夠指出這些早期的雞骨頭來自馴化的雞，而不是野生的雞，不過當時在這個地區已經有畜養的豬了，所以雞的馴化不是在那時便是在稍後發生的。雞在黃河流域馴化後沒多久，東南亞的泰國與印度也各自出現雞的馴化。

從現代雞隻的基因中，可以窺見牠們複雜的祖宗源流，並且證明了當時人們帶著這三個馴化事件的雞隻後代行遍世界各地，這些後代又多次彼此交配產下新的品種。第一個有紀錄可尋的泛亞洲雞隻聚會，發生在三千多年前。當時中國人從印度把活的雞帶回國，當成食品伴手禮。

美國人和其他地方的人偏好黃皮雞，黃皮並不是紅原雞的特徵，應該來自於另一個物種：灰原雞。灰原雞原生於印度，但是不會在野外和紅原雞混種。因此家雞應該是數千年前在印度某處的農園中，和灰原雞混種，得到黃皮的特徵。

根據聯合國糧食及農業組織的統計，非洲在二〇一〇年養了十六億隻雞。當地的雞有三個不同的源流。一是從印度經由北邊的埃及帶進來的，四千年前的文字有相關的記載。第二條路可能是從阿拉伯半島傳入非洲之角，和人類離開非洲的路徑剛好相反。第三是從東南亞經由海路傳到非洲東南部的。

跟著人類展開壯闊的旅程

玻里尼西亞人散播到整個太平洋島嶼的起點也是東南亞。在遷徙的過程中，他們帶上了雞、鼠、狗、農作物。這可能是人類歷史中最波瀾壯闊的遷徙旅程。他們在遼闊的海洋中，只靠著獨木舟航行成千上萬公里，抵達了太平洋中最偏遠的島嶼，包括了復活節島、夏威夷，最後抵達紐西蘭，那是八百年前的事情而已。

復活節島上最有名的景象是：有一些巨大的雕像，如同守衛佇立在沒有樹木的荒涼土地上。那樣的環境似乎無法發展出夠大的人群有餘裕（或意圖）去建造這些龐然大物。不過，島上的其他建築物揭露了這種印象其實是錯誤的。海岸上，排著一千二百三十三座用石頭搭建成的古老雞舍。這些雞舍有些長約六公尺，有的長達二十一公尺、三公尺寬、二公尺高。雞舍在靠近地面的地方有小出入口，能讓雞跑進跑出。雞舍外有一圈石圍欄，防止雞隻亂跑。雞是復活節島上唯一畜養過的動物，這些雞舍的規模指出，過去那裡以工業化的規模飼養雞隻，應該足以供應島上所需要的肉與蛋。

玻里尼西亞人乘著能夠在海洋中航行的獨木舟，並且攜帶食物。這些食物證明了他們在哥倫布之前便抵達了美洲。在智利中部稍南的埃爾阿雷納，有古代的雞骨頭出土，這些骨骸是在西元一三〇〇到一四二〇年之間留下的。分析骨頭中的ＤＮＡ，發現那些雞和史

地圖五

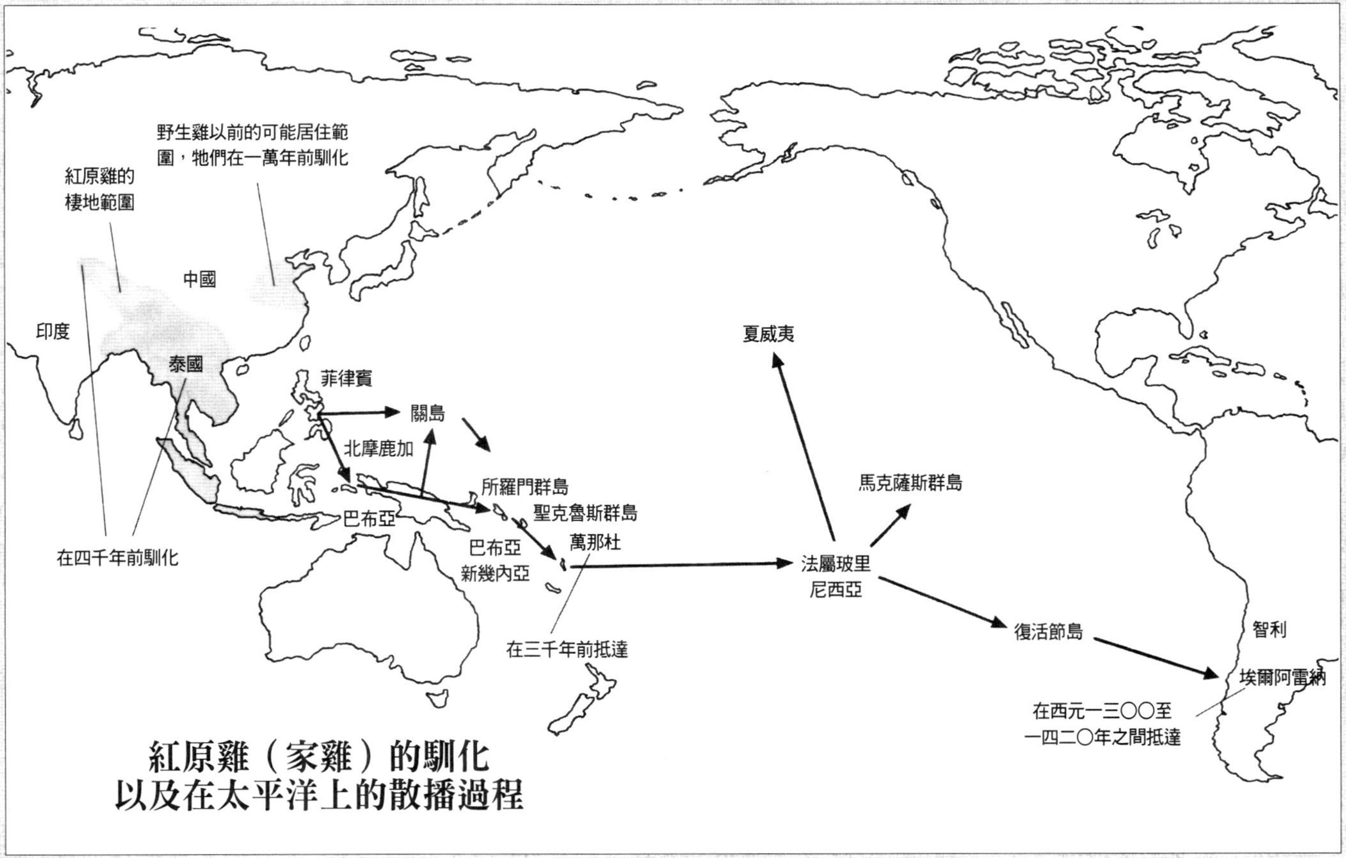

紅原雞（家雞）的馴化
以及在太平洋上的散播過程

前玻里尼西亞人養的雞幾乎相同，在薩摩亞群島、東加群島和復活節島都有雞骨頭出土，可以加以比較。因此在一五三二年，西班牙征服者皮薩羅（Francisco Pizarro）抵達祕魯時見到的雞隻，早就是支撐印加帝國經濟的力量之一，而這些雞可能來自於玻里尼西亞人。

雞搭乘玻里尼西亞人的獨木舟，跨過了數千甚至數萬公里，最後抵達了美洲，聽起來好像是運氣好，但其實並不是。玻里尼西亞人善於長途航海，而且非常清楚要前往的目的地。他們很清楚夜空中星星的位置，能夠據以指引方向。他們也能夠從海水的漲落查知看不見的島嶼所在的方向，因為陸地會改變海水的流動。他們之中最厲害的航海家，甚至會進入海中，讓海水推動陰囊，憑這種感覺找出方位。

還有一種植物從美洲傳回到玻里尼西亞諸島，這指出當初的交流是雙向的。一七六九年，庫克（James Cook）船長首度到太平洋探險，他發現所到的玻里尼西亞諸島，甚至遠至紐西蘭，都種植了源自於南美洲的甘薯。最近科學家分析隨著庫克船長一起航海的植物學家所採集到的甘薯，從DNA可以知道，這些從玻里尼西亞諸島取得的甘薯，源自於南美洲的厄瓜多和祕魯。如果當年南美洲和玻里尼西亞的人來往頻繁，那麼人類的基因組應該也有交流。在歐洲人「發現」了復活節島後，島上的玻里尼西亞人因為受到疾病感染、侵略、奴役與輸出，人口大量死亡。但是殘餘族群的基因組顯示，來自南美洲的訪客是受到歡迎的，並且成為了家人。

社會性動物容易馴化

回到動物馴化的起源。具備社會性行為，似乎是某些哺乳動物物種能夠馴化的先決條件。羊屬會成群生活，狗在野生的時候也是，這些社會性動物才容易馴化。雄鹿會建立後宮妻妾群，就不適合馴化。

人類最早馴化的動物是狗，牠們的祖先是灰狼，狗至少在一萬五千年前成為人類狩獵其他動物時的伙伴，有人甚至認為人和狗之間的關係早在三萬年前就已經開始建立了。狗聽從人類指揮者，就像是聽從狼群中的領導者。你只要看著牧羊人指揮牧羊犬驅攏綿羊，就能夠了解這兩種動物的社會性行為對於牧羊有多麼重要。讓狗管理羊群是另一個例子，顯示出人類是如何把已有的演化關係挪為己用。

綿羊是在亞洲西南部比較早期馴化出來的牲畜，可能早到一萬一千年前，之後分數次往四面八方散播。到了五千七百年前，來自於亞洲西南部的綿羊便抵達了遙遠的中國北方。現在，全世界的綿羊超過十億頭。綿羊不論到哪裡，都能生育，最後成為適應當地狀況的品種，所以現在已經有一千五百多個品種。綿羊在亞洲西南部的原生地也不是沒有變化。綿羊的身體中可以儲存大量脂肪，在馴化並且首次從亞洲西南部散播之後的數千年，當地的農人培育出了具有肥大尾巴的品種，這又引發了另一波的散播潮。希臘歷史家希羅多德（Herodotus）曾寫道，有些阿拉伯綿羊的尾巴非常巨大，牧羊人得給牠們套上小木車，這樣牠們才能夠拖著尾巴行走，不讓尾巴受到傷害。在中東和伊朗，尾巴的肥肉現在是傳統烹飪中的食材。綿羊的尾巴切短了，還可以長一部分回來。

野豬（*Sus scrofa*）和原牛（*Bos primigenius*）到晚近都分布在歐亞大陸，從最東到最西，不同地理區域的人類社會能夠馴化牠們。從約旦河谷的新石器時代遺跡判定，亞洲西南地區的人類約在九千到八千年之間，從獵捕野牛和野豬，轉變為馴養牛和豬。遺跡中殘留的骨頭來自馴化動物的愈來愈多，同種的野生動物愈來愈少。

牛的馴化歷程

到了八千年前，亞洲西南地區的牛和豬已經完全馴化了，但是這兩個物種的基因卻道出了完全不同的後續故事。分析現存牛隻的遺傳組成，結果顯示原牛的馴化發生了三次，一次在亞洲西南地區，可能是在敘利亞；另一次是在印度河谷，原牛馴化成瘤牛，牠們的特徵是兩肩之間的有隆起；還有一次是在非洲。

在羅馬時代，原牛便是常見的野生動物，但是現在歐洲飼養的牛隻是從亞洲西南地區傳過來的，不是歐洲的原牛所馴化而來的。人類遺傳學研究的結果指出，農業是由亞洲西南地區的農人遷徙到西歐時傳入的，顯然他們遷徙時也帶了牛。農人、農業和牛是一起打包傳到歐洲的。

肥沃月彎的狀況則完全不同，那裡牛隻和其他馴化動物的散播並非跟隨著人類的遷徙。牲畜會在各農業社群中散播，但是從遺傳研究可以發現，人是留在原地的，而且是牢留在原地。在伊拉克的札格洛斯山脈出土了九千年前的人類骨骸，科學家分析其中的基因組序列，發現目前居住在伊朗的瑣羅亞斯德教徒（Zoroastrian），具有這些新石器時代農民的血脈。

整個肥沃月彎的人都有安土重遷的習性。最早在安納托力亞、以色列與約旦地區，還有札格洛斯山脈的農民，彼此之間會進行貿易，交換農務經驗、牲畜和作物，卻不會交換血脈。

在非洲，野牛是當地最早馴化的動物，後來這些牛和來自亞洲西南地區與印度的牛混血，產生了適應當地環境的品種。亞洲西南地區的穀物也馴化了之後，牛便融入定居式的農業之中。但是在非洲撒哈拉沙漠以南地區，牛隻成為主要的游牧牲畜，到了數千年後非洲原生植物馴化成作物之後，情況才改變。現在牛在當地的經濟和社會體系中，依然占有舉足輕重的地位。許多非洲的社會中，一名男性的財富是以所擁有的牛隻數量來計算的。

豬的演化故事

野豬的祖先是在東南亞島嶼上演化出來的，這些島上現在還居住著鹿豬和其他野生豬類。在整個豬科中，野豬的體形算是小的，往西散播到歐亞大陸的時間，要比人類從非洲進入歐亞大陸時早了數百萬年。後來不論在何處，只要人類和豬接觸到了，都會建立關係。人類和豬之間的關連之緊密，幾乎像人類和狗之間的關連那樣緊密，只是沒有那樣普遍。這份緊密的關連塑造了豬的演化史。綿羊的馴化發生了一次，牛有三次，但是豬至少有六、七次。

西歐地區的牛來自亞洲西南地區馴化的牛，但豬是由原生於歐洲的野豬馴化而來。在地中海上的薩丁尼亞島及科西嘉島，居民也各自馴化了當地的野豬。豬在中國至少馴化了兩次，也在緬甸和馬來西亞各馴化過一次。新幾內亞的野豬可能是玻里尼西亞人用獨木舟載來的馴化種後來野化的。玻里尼西亞人把豬一起帶著，抵達了夏威夷這樣偏遠的島嶼，而這些豬應該源於越南。

有趣的是，有一個地區的野豬基因沒有在現代馴化的豬中出現，這個地方便是亞洲西南地區，許多牲畜和作物明明是在這個區域中馴化的。還有更奇怪的事情，我們可以從考古紀錄中知道，新石器時代居住在亞洲西南地區的人會獵捕野豬，並且也馴化了豬。但是

肥沃月彎中家畜的馴化與散播

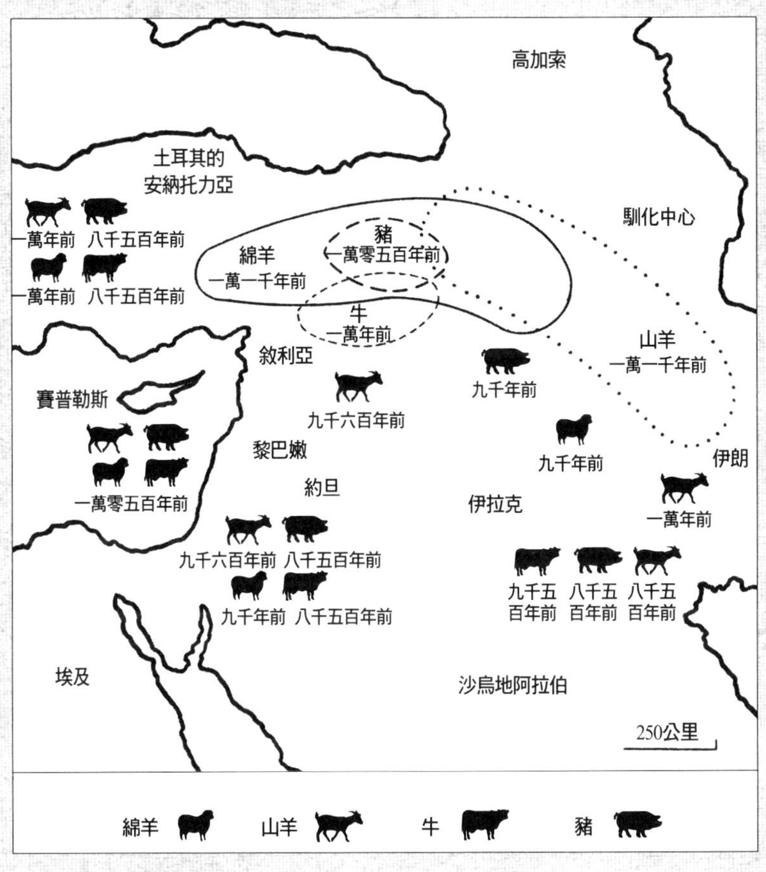

地圖六

由於某些原因，現在馴化的豬和當地的野豬完全沒有任何關係。這可能是歷史和文化造成的。目前居住在亞洲西南地區的人，主要信奉伊斯蘭教和猶太教，這兩個宗教都認為豬是不潔的動物，因此律法規定不能吃豬肉。這個宗教禁忌可能是從古代埃及傳過來的。古埃及人和豬的關係可說是分分合合，愛恨交錯。

一開始，豬是受到尊崇的動物，但是在西元前一千年，豬和神祇賽特（Seth）扯上關係，這位邪惡的神祇有著豬的頭，是太陽神荷魯斯（Horus）的敵人，荷魯斯的眼睛便是給一頭黑豬弄瞎的。這時廟堂中的賽特畫像都被抹去，養豬的人受到鄙視，不得進入神廟。在這樣的文化和宗教背景下，這個區域的豬品種沒有留下來，似乎一點都不意外。

馴化症候群

豬、綿羊和牛的本性溫馴，而且具備社會性行為，使得牠們容易馴化，其他的動物就真的桀驁不馴了，新石器時代的人雖然喜歡獵捕山瞪羚來吃，但是這種動物從來沒有能夠養在當時的農場裡。歐洲的人類獵捕了紅鹿五萬年，然而紅鹿有領域性，並且會發情，雄紅鹿發情時會為了爭奪母鹿而彼此打鬥，這種狀況難以處理，因此從來都不能好好畜養。

馴鹿是鹿中唯一馴化的種類，牠們沒有領域性，證明了前述規則，還馴化了兩次，一次是由居住在拉普蘭的薩米人所馴化，另一次是由居住在俄羅斯西伯利亞的涅涅茨人完成。薩米人和涅涅茨人都是游牧民族，會跟著牧養的馴鹿群在凍原上漫遊，尋找食物。他們和馴鹿之間的關係是共生的，就像人類和狗那樣，只不過狗會跟隨人類，他們卻反過來跟隨馴鹿。

在《動物與植物在馴化過程中的變異》這本書中，達爾文全面調查了馴化牲畜與家禽和牠們野生祖先之間的差異，發現了一種值得注意的模式，他當時無法解釋這種模式的來源，直到最近才有讓人信服的解釋。達爾文觀察到，狗、豬、牛、兔子、天竺鼠和馬這些馴化動物之間雖然沒有什麼親緣關係，卻經常具備一組共同的表徵。達爾文注意到，牲畜和野生動物相比，繁殖模式比較不會受到季節影響，皮毛經常出現因為缺乏色素而形成的白斑，並且全身都有。耳朵通常下垂、鼻吻部比較短、牙齒比較小、腦比較小、尾巴捲曲，行為更像是年幼而且溫順的個體。

這些共有的表徵，現在稱為馴化症候群。要過了將近一個半世紀，才有人提出可信的解釋，說明為何馴化過程會讓不同的動物都產生這些看起來五花八門的演化改變。

演化改變通常來自於選擇。當沒有親緣關係的動物演化出同樣特徵，最簡單的解釋便是有同樣的篩選壓力加諸在這些不同的動物上。這個解釋可能說明馴化症候群中的一些表徵，但是並非全部。溫順很明顯是所有馴化動物最需要的表徵，絕大多數的育種者有意無意選擇了這項表徵，所以這是馴化症候群中的一項特徵，完全不意外。

亞當斯（Douglas Adams）的小說《宇宙盡頭的餐廳》裡，有一幕是那間餐廳中的侍者問道：「要為您介紹今日特餐嗎？」

一頭大型的產乳動物來到畢博布羅克斯桌邊，這一頭四足動物長著許多肥肉，看起來像牛，有著水汪汪的大眼睛，小巧的角。牠的嘴角揚起，露出逢迎討好的微笑說：「早安，」然後沉甸甸的坐下來，「我是今日特餐的主菜，你想要吃我身體的哪個部位？」

丹特是遠從地球來的土包子，他非常害怕，縮在椅子上，覺得今日特餐讓人做噁，於是點了蔬菜沙拉。他說：「難道我不應該點蔬菜沙拉嗎？」

那頭動物回答：「我知道有很多蔬菜對這一點的想法很明確，所以大家想徹底解決這個難纏的問題，決定培育出希望自己被吃的動物，而且那隻動物還能夠堅定的說出來。所以我來啦。」說完，牠微微彎身鞠躬。

這是虛構的小說情節，但是滿符合實情。馴化動物就是要培育出順從的性格，只是牠們不能明白說出來。但是，下垂的耳朵和捲曲的尾巴是怎樣？為什麼馴化症候群中包括了雜色的皮毛花紋？為什麼牛、狗、天竺鼠，甚至錦鯉，這些沒有親緣關係的動物，都具備了這樣的表徵？在這各不相同的動物中都直接篩選出相同的特徵，似乎並不可能，應該還會有其他的解釋。

是否有未知的遺傳成因，造成了這全部的特徵，也就是在篩選「溫順」這個特徵時，影響了外表的顏色，以及馴化症候群中的其他表徵呢？這個說法乍聽之下頗為牽強，卻有實驗證據指出可能是正確的答案。

一九五〇年代，俄羅斯動物育種專家貝爾耶夫（Dmitry Belyaev）開始一項實驗，要看看當時還是野生的西伯利亞銀狐，如果只用溫順單一種條件篩選，牠們能否出現完整的馴化症候群。一開始實驗人員餵食銀狐時，牠們幾乎都出現攻擊或是恐懼的行為。實驗人員挑選出比較缺乏攻擊行為或恐懼行為的銀狐個體，讓牠們繁衍下一代。

這樣的過程進行了幾十年。只過了三代，所有的小銀狐在受到餵食時，不會出現攻擊行為，甚至有些會像狗那樣搖尾巴。在以溫順為標準，篩選了八到十代之後，小銀狐的皮毛便有了花紋，耳朵也下垂了，甚至有了捲曲的尾巴。五十多年後，這群銀狐繁衍了三十代，整群實驗銀狐對人類非常友善，像狗那般，同時也出現了馴化症候群中的結構與生理表徵。

這項實驗指出，只要以溫順為篩選條件，整個馴化症候群的表徵便會出現，但是為什麼會這樣呢？

可能的解釋有兩種

現在接手貝爾耶夫實驗的俄羅斯科學家認為，馴化症候群中所有的表徵，應該是受到一個由遺傳開關所組成的網路來控制。這樣的狀況像狂躁的馬車夫用韁繩拉著十幾匹狂奔的馬，要協調這些馬往同樣的方向跑，遺傳開關要協調整組馴化表徵。如果有這樣的控制開關，那麼到目前為止還沒有人發現。有三位科學家最近提出了另一種解釋，其中一位便是發想出烹飪造就人類假說的藍翰（參見第2章）。

他們認為馴化症候群中的所有表徵，並不是受到某一個遺傳總開關控制，發揮控制作用的是胚胎發育中的一個步驟，這個步驟影響了馴化症候群裡的表徵。在脊椎動物發育的過程中，所有馴化症候群都直接或間接需要一種特殊的細胞，這些細胞來自於神經脊。在發育中的胚胎裡，神經脊沿著脊椎從頭延伸到尾，其中含有幹細胞，能夠發展成為腦部，或是控制腦部的形成過程。這些細胞也會製造皮膚的色素，也會成為腎上腺而影響攻擊行為，也會成為其他和馴化症候群相關的細胞與器官。

神經脊理論指出，由於腎上腺和攻擊行為有關，在馴化的過程中篩選出了攻擊行為比較少的動物。這些動物的腎上腺比較小，是遺傳造成的。那些影響腎上腺大小（因而影響攻擊行為）的基因，發揮作用的方式是間接的，這些基因其實是讓神經脊中的細胞比較少。根據這個理論的說法，在篩選出更溫順的動物時，育種者真正篩選出的是有遺傳缺陷的動物，這個缺陷使得神經脊細胞比較少。馴化症候群的相關表徵都牽涉到這種來自於神經脊的細胞，因而才會一起演化出來。

科學家認為神經脊細胞的數量應該是由許多基因所控制的，每個基因都發揮小小的影響力。找不到主控馴化症候群的基因，正是因為沒有這樣的基因。如果神經脊理論是正確的，這意味著在馴化的過程中的大部分變化，例如捲曲的尾巴、斑駁的毛色、下垂的耳朵，都只是在篩選溫順的行為時的意外副產物，溫順才是篩選時著重的特性。雖然這個概念是否正確，仍言之過早，但是自從達爾文在一八六八年寫下關於馴化的文字時，直到現在，還沒有其他概念能夠漂亮的解釋馴化症候群。

吃肉，影響了人類和動物的演化

誰會料想到，在我們吃的肉裡面，有那麼多的演化故事來調味。

最後總結一下，我們吃肉的歷史要比智人的歷史更古老，甚至要老過人屬的歷史。寄生蟲證明了這一點，化石紀錄也符合。奧哈羅二號營地遺留的植物殘骸還清楚證明了，古代的狩獵採集者在末次冰盛期並不只吃肉而已。現在的狩獵採集者也一樣。

不論如何，當年在亞洲西南地區、中國和其他地方，當人口增加，可能還加上氣候變遷的影響，野生肉類已經變得不夠吃了，迫使這些人開始栽培作物，以及馴化動物。

現在的農場就像是動物園，匯集了來自世界各地的馴化動物。人類把動物帶到各地、擠動物的乳汁，並且大幅改造動物，使得馴化症候群出現，讓豬和狗這樣天差地遠的動物都出現了斑駁的毛色和下垂的耳朵，這些特徵都是牠們經過人類改造之後的標記。

雖然牲畜的馴化症候群特徵是一樣的，但是農田菜園中的植物有很高的多樣性，這些變化毫無疑問是人類飲食的標誌。要展現這種馴化而得的多樣性，莫過於去看看那些我們吃的許多蔬菜。

8 蔬菜

繽紛多樣

烹煮和馴化，讓餐桌出現更多種蔬菜

人類的祖先在還沒有成為人類的時候是素食者，但是現在我們吃的植物種類要比當時多出許多。我們現在吃四千多種植物，不是當作蔬菜，就是做為香料，雖然其中大多數種類都演化出有毒的化合物，好抵禦吃植物的動物。

「某人吃的肉，對另一個人來說可能是毒藥」這句話比較正確的說法，應該是「某人吃的蔬菜，對另一個人來說可能是毒藥」。新鮮的肉對任何人而言，幾乎都不具毒性，但蔬菜如果是長在野外，幾乎都帶有毒性。

人類沒有像大猩猩或黑猩猩那樣的消化道，然而有兩種技術讓我們可以吃非常多種植物：烹煮和植物馴化。

烹煮過程不但能夠讓堅硬的食物變得柔軟，還能讓毒性降低到可以接受的程度。例如菜豆含有凝集素（lectin），凝集素具有毒性，能夠防禦來自昆蟲和真菌的侵害。把菜豆煮熟，可以破壞凝集素，但是如果使用慢燉鍋，或者用沒有加熱到沸點的慢煮法，雖然會煮軟豆子，但是無法破壞凝集素的毒性。馴化的菜豆有非常多品種，包括白腰豆（white navy）、斑豆（mottled pinto）、黑笛豆（black flageolet）和綠笛豆（green flageolet）等，有些品種的凝集素含量已經低到不會造成毒性。

野生植物會有某些特徵，是為了適應自身生長的環境以及需求，人類在馴化蔬菜的過程中，則會為了我們自身的需求而扭轉那些特徵。

舉例來說，野生馬鈴薯的塊莖長在走莖上，大小介於李子和豌豆之間，走莖可以在植株周圍伸展出一公尺以上。很明顯，天擇偏好野生的馬鈴薯要能夠散播、繁殖，所以馬鈴薯會有比較多能量用於生長走莖，而不是生長塊莖。但在人擇的情況是，人類為了自身的目的扭轉了這種特性，因此我們種植的馬鈴薯品種，會有較大的塊莖生長在較短的走莖上，而且塊莖就長在植物下方的泥土中，這樣才容易挖出來。

天擇塑造了多采多姿的生命，令人讚嘆；同樣的，人擇也以遺傳變異為原料，創造出奇蹟。我們來看看植物育種者從野生甘藍為基礎創造出來的變種。

野生甘藍原生於北歐的海邊，看起來不像是能夠吃的野草。當初那些園藝專家對遺傳學和演化學一無所知，卻在幾百年的篩選和育種之下，培育出花椰菜（馬克吐溫說花椰菜「只不過是受過大學教育的高麗菜」）、青花菜、芽球甘藍、大頭菜、羽衣甘藍，當然還有葉片包裹緊密的碩大高麗菜。在法國不列塔尼外海的海峽群島上，種植了奇特的甘藍品種，它的莖很長且堅硬，可以拿來做枴杖，這種菜也的確是種來當成枴杖的。

番茄的勝利

天擇和人擇造成的效應都是慢慢顯現的，不過人擇造成的改變速度比較快。栽培種番茄的野生祖先長出的果實小，由鳥類啄食散布種子，但是牛番茄這樣結果碩大的品種，果實就比野生種大了百倍。番茄的大小與品質能有大幅改善，是由美國巴爾的摩的業餘栽培家韓德醫生（Dr. Hand）完成的。他在一八五〇年開始把番茄拿來雜交與篩選，過了二十多年，培育出果實大又香甜多汁的品種，取名為「勝利」（Trophy）。十九世紀的育種者完全不了解遺傳學，但是我們現在知道了遺傳學的原理，因此可以了解勝利番茄和其他傳統番茄品種是怎樣培育出來的。

遺傳變異提供番茄馴化與改良的原料。在人類還沒有利用番茄之前，這些變異就存在於番茄的野生族群當中了。最早的馴化事件，以及接下來番茄輾轉被帶到各地的過程，讓馴化番茄至少經歷了三次瓶頸，每次都只有一小批番茄通過。番茄最早在墨西哥馴化，受到馴化的番茄所具備的遺傳變異，只有野生族群變異的一小部分。到了十六世紀，有一部分馴化番茄被人類從墨西哥帶到歐洲，然後歐洲的番茄品種又被帶回美洲時，包含的遺傳變異就更少了。這些瓶頸效應使得栽培種番茄的遺傳變異，只有不到野生種的百分之五。即使如此，這麼少的遺傳變異就足以當成原料，讓人工篩選的番茄改頭換面。

科學家分析了番茄的基因組之後發現，韓德醫生培育出「勝利」番茄，只牽涉到一些基因而已。能夠有這樣的成果，是因為他讓現存的遺傳變異加以重新組合，就如一位和他同時代的人說所的，韓德醫生把一大堆形狀扭曲的番茄，整理成光滑圓潤的模樣，然後把小小的果實「經由仔細篩選，使它們年復一年的變大，而且果肉更結實。」

農作物在馴化的過程中，篩選到的往往是某一個會調節其他基因的基因，這樣便能造成巨大的改變。調節基因就像是管弦樂團的指揮，負責決定樂團中眾多樂手演奏的速度與節拍。人工篩選時，經由指揮控制整個樂團，要比調整一個個團員容易多了。

勝利番茄在一八七〇年上市的時候，大受歡迎，一包二十顆種子要價五美元，換算成現在的物價是一百美元，相當於每顆種子值五美元。出售種子的種苗商人瓦林（Colonel Waring）不久之後便發了一筆橫財。他提供獎金，只要寄給他一個重量超過兩磅半（大約一・一公斤）的勝利番茄果實，就送出五美元獎金；寄來最大最好的番茄的人，可以得到一百美元。然後他把優勝者的產品全部買下，再出售裡面的種子。這個市場策略十分高明，能夠從各方得獎栽培者那兒蒐集到最棒的種子。勝利番茄像野火一樣迅速蔓延開來。演化的腳步很少停止下來，到了熱心的栽培者手上更是加快了腳步，勝利番茄在二十年當中持續經過篩選與雜交，種子商開始抱怨無法找到勝利番茄真正最初品種的種子。勝利番茄的遺傳特性已經散播到它衍生出的數百個新品種中了。

在現代商業育種開始之前，番茄祖傳品種的多樣性，來自於對於當地環境的適應，以及栽培者對於番茄獨特的偏好，如同韓德醫生那樣。可以稱為野生番茄的物種有十多種，但是栽培種的祖先只有 *Solanum lycopersicon* 這一種，而且只馴化了一次。野生種番茄本來生長在安地斯山區，雖然當地人是高明的馴化者，卻沒有注意到這個物種。野生種番茄可能像野草那樣往北散播，後來被住在墨西哥的馬雅人馴化了。野生番茄的果實大小如櫻桃，在當時是受歡迎的野草。農人不會刻意栽種，但是如果在田裡面自己長出來了，那麼農人就會留下來，好收成滋味濃郁的小果實。這種做法可能就是馴化的開始。

番茄馴化的時間目前並不清楚，但是到了十六世紀，西班牙神父薩哈貢（Bernardino de Sahagún）在墨西哥迪諾奇狄特蘭（Tenochtitlán）的阿茲特克人市場中，見到了許多番茄品種，他記錄到「大番茄、小番茄、帶葉子的番茄、甜的番茄、蛇般的番茄、乳房形狀般的番茄。」而且番茄有各種顏色，從鮮豔的紅色到濃郁的黃色等。阿茲特克人會用番茄和辣椒製成的菜餚招待來自西班牙的入侵者，藉以戲弄他們。

地理差異使得蔬菜的品種增加，栽種者會選擇適合自己所在環境與和自身偏好的特性。這些品種都深具個性，從它們的名字看得出來育種者的個性與喜好，以及這個品種最早栽培出來的地點。例如「金妮阿姨紫番茄」（Aunt Ginny's Purple）這個品種的果實巨大，帶有粉紅色，是在德國培育出來的，供應種子的網站提到，有一個在印第安納波利斯的家庭成功栽種了二十五年。同一個販售番茄祖傳品種的種子網站上還列出「格蒂阿姨」（Aunt Gertie）和「紅寶石」（Ruby），以及「愛賽兒瓦金斯絕妙番茄」（Ethel Watkin's Best）、「約翰勞森微酸紅寶石」（John Lossaso's Low Acid Ruby）、「利文斯頓金球」（Livingston's Gold Ball）、「中田納西微酸」（Middle Tennessee Low Acid），以及「密蘇里粉紅愛蘋果」（Missouri Pink Love Apple）等。每一種常見水果和蔬菜的品種名稱，合起來都可以組成詩意盎然的文集，歌頌人類的才智、植物的多樣性，以及培育的地點。

南美洲最早有人類活動的遺址

野生番茄來自於安地斯山脈，在墨西哥馴化，還有許多新的作物是在這兩個區域演化出來的。安地斯山脈是全世界第二高的山脈，平均海拔在三千公尺以上。在祕魯，安地斯山脈的東側從高山環境往下是雲霧森林，然後是亞馬遜盆地的低地雨林。西側往下為海岸沙漠。高海拔、陡斜的山坡、極端的溫度和雨量，環境如此惡劣，既不適合人類居住，也不適合作物馴化。但是人類對於大自然植物多樣性的篩選，擊敗這種不利的狀況。西班牙人在一五三五年征服祕魯時，當地至少栽培了七十種作物，數量比肥沃月彎或是亞洲其他馴化中心還要多。

人類從非洲出發，散播到全世界的偉大旅程中（參見第3章），大約在一萬七千年前到一萬六千年前之間，首度進入了北美洲，當時的人類可能經由白令路橋，從亞洲過來，然後沿著沒有冰層覆蓋的海岸線南下。在白令路橋開通後的二千年，人類取道太平洋海岸，抵達南美洲。隨著最近的一次冰期結束，海平面上升，大部分路徑遭到海水淹沒，不過考古學家發現了許多比較靠近內陸的海岸據點。

這些據點中最早的是位於智利中部稍南的蒙特維德（Monte Verde），在一萬四千六百年前就有人居住了。這座遺跡最初發掘出來時，有些考古學家不相信有那麼古老，因為他們認為北美洲直到一萬一千年前才開始有人居住。蒙特維德的遺跡讓我們知道，住在那裡的人蒐集食物的範圍從海邊延伸到山裡，也會獵捕嵌齒象（gomphothere）與古駱馬（palaeolama），這兩種動物現在已經滅絕了。當時的居民還會蒐集海藻，當作食物及藥物，現在當地人也是如此。以前的人採集的植物物種約有五十種，包括野生馬鈴薯（*Solanum maglia*），他們這些馬鈴薯儲存在地窖中。野生馬鈴薯生長的地區，海拔遠高於蒙特維德，這些馬鈴薯應該是去採集或是交易得來的。

有證據指出，人類抵達南美洲太平洋海岸後的二千年間，從狩獵採集逐漸改變成定居型態，而且愈來愈依賴農業。在海岸平原，以及祕魯北部的安地斯山脈西側山腳，考古學家發掘了六百多座遺址，從這些遺址取得的考古證據，能夠仔細追蹤這些變化過程。

從廚餘和牙結石尋找蛛絲馬跡

科學家在這片區域的一座遺址中，找到了南瓜（*Cucurbita moschata*）的種子，年代是一萬零五百年前，是當地最早栽培的蔬菜。這些種子有可能是野生南瓜的，不過野生南瓜苦到不能吃，所以應該是馴化的南瓜。二千五百年後，安地斯居民留下飲食的最早直接證據，那是在牙結石中的澱粉顆粒。八千年前，祕魯北方安地斯山西面低緩山坡中的尼揚喬克（Ñanchoc）谷地裡，有許多小型聚落，居民吃花生、南瓜、豆子和木薯。除了南瓜應該是當地馴化的，其他種類都沒有在此區的野外生長，所以這些植物應該是刻意栽種的。不過當時的花生很小，像是野生種，這意味著花生是後來才馴化的。一般說來，花生、玉米、葵瓜子、豆類等種子作物在馴化的過程中，因為人工篩選的關係，種子會愈來愈大。

在谷地的聚落遺址中還發現了藜麥，這是安地斯山地上馴化出來的重要穀物。另外還有棉花，這種植物原生於厄瓜多和祕魯的西北部。這兩種都是當時栽種的植物。從尼揚喬克谷地居民的牙齒中，能看出他們也會採集野生植物來吃，特別是印加豆（*Inga feuillei*），這種高大的樹木會結出大型的豆莢，裡面包著白色果肉，味道是甜的。並非所有水果都含有澱粉，那些含有澱粉的水果，澱粉顆粒之間的差異很小，不足以用來鑑定種類，因此牙結石中的資料無法顯示當時居民吃的所有植物。

除了從牙結石中能夠確知他們食用的種類之外，這份植物名錄可以加上我們知道後來栽培的作物，包括馴化的刺番荔枝、釋迦、番石榴、奎東茄（naranjilla）和羽扇豆（lupini bean）等，那時尼揚喬克谷地居民可能也吃這些東西。

考古學家一定很高興當時人的口腔衛生習慣不好，在廚房裡的習慣也很馬虎。要不是有牙結石，以及丟在古代居所地上的食物殘骸，我們無法知道八千年前尼揚喬克谷地農人的飲食內容如此豐富而且均衡。他們種植的植物來自於南美洲各地：花生來自於熱帶稍南的地區，棉花來自乾燥的西北方，木薯來自亞馬遜流域，藜麥來自高聳的安地斯山麥。若只有其中一種作物，我們不會知道這些來自美洲各地食物的重大意義。谷地中匯集了這些作物，表示它們之前在個別原產地就已經馴化。從這種狀況來看，當時農業已經散布在南美洲各地了。在這段期間，人類也在肥沃月彎建立了農業。

原來馬鈴薯有這麼多種

尼揚喬克谷地缺了一種植物，這一點值得注意，因為其他地方的人都很熟悉這種原產於祕魯的植物，那就是馬鈴薯。尼揚喬克谷地居民沒有種植馬鈴薯，是因為它在安地斯山脈高緯度區的冷涼氣候中生長得最好。事實上，馬鈴薯適合在濕冷的環境中生長，因此能夠成功帶到北歐種植。現在，馬鈴薯是世界上產量第四高的農作物，排名在玉米、小麥和稻米之後。

在全世界廣為栽培的馬鈴薯屬於 *Solanum tuberosum* 這個已馴化的物種，前身是安地斯山脈的野生馬鈴薯 *Solanum candolleanum*，這種馬鈴薯是在安地斯高原上的喀喀湖周圍地區馴化的，這座湖位於祕魯和玻利維亞的交界處。在安地斯山區的高峰和谷地中，還有一百多種不同的野生馬鈴薯物種。

多山地區通常會具備這種生物多樣性，因為山區的地形複雜，環境變化劇烈，生物會為了適應各種環境而演化。每座山谷由於高度與方位的差異，而有不同的微氣候。土壤的濕潤程度也不同，從乾燥到濕軟統統俱全。這些差異組合起來，成為多到數不清的獨特場所，讓演化能夠打磨出適應各種獨特環境的物種，造成每個區域的族群差異。深谷高山使得傳粉的動物難以跨越，各個獨立的植物族群受到隔離，在數百萬年不受干擾的情況下，演化出新的物種。

安地斯山區的居民不是從馬鈴薯的一百零七個物種中只選了一種來馴化，而是至少馴化了四個物種，目前在南美洲，當地的農人至少種植了三千個地方品種。四個馴化物種之一是 *Solanum hydrothermicum*，來自於其他馬鈴薯難以生長的乾燥氣候地區，如果能夠在世界上其他乾燥的地區栽培，應該大有好處。此外，*Solanum ajanhuiri* 生長於海拔三千八百公尺到四千一百公尺之間，的喀喀湖周圍酷寒多風的環境，可以在*S. tuberosum*馬鈴薯不適合生長的年頭栽種。

馴化的馬鈴薯有許多天敵，而野生馬鈴薯中的一些基因能夠對抗這些天敵。在安地斯山區比較乾燥炎熱區域生長的馬鈴薯物種，抵禦金花蟲的能力比較強，在濕冷地區的物種比較能對抗蚜蟲的侵害。有一種野生的 *Solanum berthaultii* 馬鈴薯葉片上的毛，在昆蟲踏過的時候，會放出樹脂狀的黏膠，讓葉片變成像捕蠅紙那麼黏。另一種野生馬鈴薯中的基因能夠與對抗馬鈴薯晚疫黴（*Phytophthora infestans*）引起的晚疫病。這種病害在一八四〇年代引起愛爾蘭馬鈴薯大饑荒，當地人口過多又貧窮，使得饑荒的狀況變本加厲，造成一百多萬人死亡，一百萬多人被迫離開愛爾蘭。現在的馬鈴薯晚疫黴已經演化出抵抗力，到能夠對抗現代用來對付它的殺真菌劑。晚疫病持續危害世界各地的馬鈴薯，同屬於茄科的番茄和其他植物也不能倖免。

馬鈴薯的祖先具有毒性，和大部分蔬菜的祖先一樣，在馴化的過程中，馬鈴薯的毒性持續降低，同時人們也發明出能夠去除毒性的方式。一般的馬鈴薯沒有毒，但是如果受到光線照射，製造苦味毒素的程序便會啟動，這種毒素是一種配糖生物鹼（glycoalkaloid）。幸好馬鈴薯受到光照射時，表皮會產生葉綠素而轉成綠色，讓我們能夠有所警覺，不要吃這樣的馬鈴薯，或是把有毒的外皮削去。

農業讓印加帝國強大

能夠生長在海拔超過四千公尺的馬鈴薯是帶有苦味的，在祕魯，這些馬鈴薯會以冷凍乾燥的方式，加工製成沒有苦味的馬鈴薯乾，稱為「丘紐」（chuño）。苦味馬鈴薯會先放在外面幾天，到了晚上因為嚴寒而結凍，之後放在水槽或是溪流中一個月，漂去配糖生物鹼，再冷凍乾燥一晚。接著用赤腳踩踏，擠壓出水分，最後攤開在陽光下曝晒十到十五天。這樣製成的乾燥丘紐能夠長期儲存，在需要的時候拿來食用。

印加人會在倉庫中儲存大量丘紐和鹽漬風乾的肉，足以讓人民吃三到七年，這使得印加帝國和所屬軍隊，面臨多變氣候和必然出現的天然災害時，依然能夠有穩定的食物來源。現在祕魯高山地區的居民在農作物歉收時，依然會食用丘紐。印加帝國北起哥倫比亞南部，南到智利的聖地牙哥，沿著安地斯山脈綿延四千公里，他們征服了安地斯山脈各地區的居民，這些居民有著各種農業成就，印加帝國便是倚靠這些成就，在西元一千四百年達到權力顛峰。

印加人明白食物就是力量，而且知道陽光是作物的源頭。王朝開創者曼科・卡帕克（Manco Cápac）宣稱自己的父親是太陽、母親是月亮。安地斯山區的農業活動產生了充足的糧食，讓曼科・卡帕克可以命令大批石匠在首都庫斯科建造太陽神廟。西班牙人抵達這座城市時，看見了由大石塊拼接建成的巨大城牆，牆的外側有金製帶狀裝飾，城門也用黃金裝飾。城中有神殿，這些神殿圍繞著一座獻給太陽的花園，花園中有用白銀打造成莖的玉米株，上面有著用黃金打造的玉米穗，大小和實際玉米一樣，地面上放置著大小與形狀有如馬鈴薯的金塊。

印加人利用自身的管理才能和帝國的力量，刻意把農業技術和馴化植物推廣到整個帝國。如果有某地區的居民叛變，印加人會強迫該地數千人帶著他們栽培的當地作物，遷徙到其他人民效忠的地區。帝國知道這些作物有特定的環境區位，所以會選擇讓叛變者遷入的地區，要類似於他們原先居住的環境，這樣便能種植那些人熟悉的作物。

安地斯山區的特殊根莖類

印加帝國的綏靖政策，使得農作物在帝國中交流。印加帝國栽培了各種蔬菜的品種，這些作物能夠成為食物的來源，也讓食物供應具備了彈性。十九世紀的愛爾蘭因為只栽培馬鈴薯而缺乏這種彈性，造成悲劇。安地斯山區除了栽培四種馬鈴薯，還馴化了將近二十種根莖類作物，只是在祕魯以外的地區沒有人認識它們，現今當地的居民仍栽種了其中許多種作物。

酢漿薯（*Oxalis tuberosa*）是一種非常耐寒的植物，塊莖短粗，布滿縐折，居住在海拔三千公尺以上的祕魯和玻利維亞農人，把酢漿薯當成主食。酢漿薯有各種鮮豔的顏色，例如紅色、粉紅色、黃色和紫色，同時也和一些祕魯原生的蔬菜那般，有苦的品種和甜的品種。甜的可以直接吃，或是煮熟後晒乾吃，嘗起來像是無花果乾。西班牙人征服印加帝國之後，才把在新幾內亞馴化的甘蔗傳入。在此之前，當地人把這種甜的酢漿薯當成甜味劑使用。苦的酢漿薯可以冷凍乾燥後儲存與食用，就像是丘紐。

塊莖藜（*Ullucus tuberosus*）是另一種可以在安地斯山區市場中看到的耐寒根莖類作物，這種塊莖的表面帶有光澤，色彩亮麗，甚至有個品種外皮有糖果紙般的彩色條紋。食用美人蕉（*Canna edulis*）和塊莖金蓮花（*Tropaeolum tuberosum*）這兩種溫帶地區園藝愛好者很熟知的花卉，在原生地祕魯是種來當作塊莖作物的。農人會把塊莖金蓮花和塊莖藜、酢漿薯和苦味馬鈴薯混在一起種，以防治病蟲害。

木薯有毒，卻是人類的主要糧食

另一種南美洲根莖類蔬菜的演化，可以說明為什麼在馴化的過程中，作物的毒性仍能保留下來。木薯（*Manihot esculenta*）是一種耐旱的作物，馴化的地點是在亞馬遜流域的南端，當地氣候的特徵是會隨著季節變化而出現乾季，屬於莽原，不是低地雨林。木薯是一種具備木質莖的灌木，屬於大戟科，能夠產生富含澱粉的大型塊根。熱帶地區的酸性土壤缺乏植物所需要的養分，不適合耕作，但是木薯在那裡可以長得很好。在哥倫布抵達美洲之前，居住在亞馬遜盆地的人便在森林邊緣地區種植了許多木薯。

木薯從土裡挖出來之後，放幾天就會腐壞，但是如果留在地底下，可以保存兩年不壞，是可靠的食物來源。如果你在店裡面買木薯，上面會打著一層蠟，這樣才容易保存。木薯能夠在地面下長時間保存，主要的原因是其中的澱粉混著氰苷（cyanogenic glycoside）。這種化合物在被醣苷酶這種酵素分解後，會產生劇毒的氰化物。木薯受到壓碎或咀嚼時，細胞受損，這種酵素才會釋放出來。和所有植物毒素一樣，只有在需要的時候，化學武器才會出現。氰苷不僅存在於木薯之中，另有二千五百多種植物也含這種化合物，包括了常見的蕨屬植物和白三葉草。苦杏仁的味道就是來自氰化物，如果濃度低，身體可以忍受，而且味道還不錯。木薯是唯一一種氰化物含量足以致死的主要糧食作物。

木薯雖然有毒，但是現今八億多人的主食。木薯在四百多年前引入非洲，現在撒哈拉沙漠以南的地區中，有一半的人以木薯為主食。木薯在吃之前需要處理，好去除氰化物。用烤的或是用煮的，並無法去除這種特殊植物的毒性，加熱會摧毀植物本身具備的醣苷酶，讓氰苷完好的保留下來，這樣就更毒了。如果有人吃了沒有經過處理的木薯，接觸到腸道細菌產生的醣苷酶，便會釋放出氰化物。亞馬遜地區的印地安人會把去皮的木薯磨碎，讓氰化物溶於汁液中，然後用莖桿編成的篩子濾出木薯粉，這種篩子稱為「提皮提」（tipiti）。如果有殘餘的氰化物，用淺鍋煎木薯粉的時候也會消散。

有趣的是，木薯也有不具毒性的「甜」木薯品種，以及有毒的「苦」品種，兩者來自於同樣的野生種，都是在八千多年前馴化而成的。既然有甜木薯品種，而且苦木薯又要費心處理，為什麼農人還是會栽種苦木薯呢？有人問農夫這個問題，他們說這樣做的理由是為了確保食物的來源充足。苦木薯的產量比較高，病蟲害少，也不容易被動物和人類偷吃或偷走。他們可能甜木薯和苦木薯都種，但是會把甜木薯種在家旁邊的菜園中，這樣比較容易注意竊賊。苦木薯能夠保護自己，可以種在比較遠的地方。有些不以木薯為主食的地方，那裡的人也會栽種甜木薯，只把它當成一般的蔬菜食用，就算收成不好或是被偷了，也有其他的蔬菜能夠替代。

植物和天敵的武器競賽

在大自然中，植物和天敵之間的演化關係像是武器競賽。植物這一方受到持續的篩選，不斷改進防禦方式。在昆蟲、真菌和其他以植物為食物的天敵這一方，也受到天擇篩選，要對突破植物的防禦系統，才有東西可以吃。這種持續的對抗自古就有。從美國伊利諾州發掘出的煤系化石可以看到，在三億年前，布滿沼澤的樹蕨便受到了天敵的攻擊。昆蟲吃了樹蕨葉子，刺穿樹皮吸取汁液，在樹幹或樹根中挖洞住在裡面，和現在的昆蟲沒有兩樣。

當時甚至已經出現能夠造成蟲癭的昆蟲了。這些昆蟲的產卵管像是皮下注射針筒，可以把卵注入到植物組織中。因為這種注射行為，或由於蟲卵出現在植物組織中，會使得周遭的植物細胞開始複製，長成一團，成為蟲癭，蟲癭裡面的昆蟲幼蟲會把植物組織當成食物，同時也受到保護，免於外來的攻擊。

在演化的歷史中，天擇偶爾會遇到重要的新發明，這個發明能夠大幅增加生物個體的適應度（也就是能夠產下的後代數量）。這樣的事件非常罕見，不過一旦發生，便能夠開創一個新時代，因為新物種會迅速增加，全部帶有這個有利的新發明。你吃續隨子（酸豆）、蘿蔔、青花菜、高麗菜、水田芥或芝麻菜，或是餐桌上有芥末、山葵或辣根之類的調味料嗎？會有這些食材，是因為植物和天敵之間的化學戰爭開打時，出現了重要的新發明。這項發明是硫化葡萄糖苷（glucosinolate），幾乎只有十字花目（Brassicales）的植物能夠製造這種化合物，前面提到的那些植物都屬於這一目。

硫化葡萄糖苷和氰苷一樣，都屬於含有兩種組成成分的化學防禦系統。事實上，植物製造硫化葡萄糖苷的生化途徑，很類似製造氰苷的途徑，而且前面這種途徑可能是從後者演化出來的。在植物細胞中，硫化葡萄糖苷和分解這個化合物的芥子酶（myrosinase），分別儲存在不同的區域裡。當細胞受損，兩者混合在一起，酵素會把硫化葡萄糖苷轉換成異硫氰酸鹽（isothiocyanate），也就是「芥子油」。對許多昆蟲、線蟲、真菌和細菌來說，異硫氰酸鹽是有毒的，但是對哺乳動物卻有抑制腫瘤的效果，對健康有益。

十字花目植物大約在九千萬年前到八千五百萬年前演化出來，這些植物應該享受了一段沒有敵人的快樂時光。然而在硫化葡萄糖苷出現後的一千萬年內，粉蝶科（Pieridae）中有蝴蝶演化出解毒方式，牠們的幼蟲能夠吃十字花目植物的葉片，而且毫髮無傷。會吃植物的動物陣營這邊出現了重大的發明，讓這群昆蟲開始暴發般的演化，變出一千多個新種。這些具有解毒基因的蝴蝶，靠著各種十字花目植物散播與壯大。

這一群新的蝴蝶是粉蝶亞科（Pierinae），其中最惡名昭彰的成員便是紋白蝶（*Pieris rapae*），是所有園藝愛好者的公敵。紋白蝶的幼蟲也可以對抗氰化物，可能是因為粉蝶亞科的祖先在轉吃十字花目植物之前，吃的是會製造氰化物的植物。在這場植物與天敵之間的化學戰爭中，當植物從舊的防禦方式演化出新型武器，便占有優勢。但是蝴蝶也會跟上，也從舊的解毒方式演化出新型解毒方式，重新占上風。

硫化葡萄糖苷是一群有許多化學功用的防禦化合物，出現之後一直演化至今，特別是在十字花目下面的十字花科植物中，這一科的物種多達三千七百個，是十字花目底下最大的一科。阿拉伯芥（*Thale cress*）是十字花科中一種生活史短的物種，科學家對這種植物的遺傳研究得非常透澈。

在一項阿拉伯芥的地理差異調查中，科學家發現有一個影響硫化葡萄糖苷化學結構的基因有兩種對偶基因，從歐洲南部到北部，這兩種對偶基因在族群中的頻率會隨之變化。一起跟著變化的還有兩種專門吃十字花科植物的蚜蟲的出現頻率。因此科學家策劃了實驗，想要知道硫化葡萄糖苷類型的變化，是否由於當地某種蚜蟲數量比較多，讓阿拉伯芥對這種天擇壓力產生適應結果，於是硫化葡萄糖苷的類型跟著改變。

科學家把含有這兩種硫化葡萄糖苷之一的阿拉伯芥，以相同的比例混合栽種，接著把混合阿拉伯芥分成兩部分，各與不同的蚜蟲接觸，這樣繁衍五代。實驗結束後，受到不同蚜蟲攻擊的阿拉伯芥族群，含有的硫化葡萄糖苷對偶基因的頻率也不相同。接連五代受到歐洲北方常見蚜蟲攻擊的阿拉伯芥族群，含較多有在北方族群中常見的硫化葡萄糖苷，那群受到南方常見蚜蟲攻擊的阿拉伯芥族群，有比較多南方阿拉伯芥族群的硫化葡萄糖苷。實驗結果強力支持這個理論：硫化葡萄糖苷在地理分布上的變化，反應了適應當地較多天敵的結果。

有性生殖的好處

生物和天敵之間永不休止的演化戰爭，可以比喻成卡羅所寫的《愛麗絲鏡中奇遇》中紅皇后的狀況。在這個故事中，愛麗絲到了鏡中世界，她發現雖然自己全力奔跑，但還是無法前進。紅皇后對她解釋說：「現在你發現到了吧，全力奔跑只是讓你能夠留在原地而已。」演化生物學中的「紅皇后假說」是說，生物和天敵之間在演化上有軍備競賽，雙方都要持續演化，才能免於滅絕。

演化要能夠持續進行，得先有持續出現的遺傳變異，這樣天擇才能夠選出新的武器與防禦措施。有些植物靠營養器官繁殖，例如馬鈴薯可以靠著栽種塊莖，一代代繁衍下去，但是這樣會使得每一代的遺傳組成都相同，那麼被天敵滅絕也只是時間的問題而已。木薯也可以靠插枝繁殖。要離開這種演化死巷的方式，是透過有性生殖。有性生殖產生的下一代中，基因會重新組合，這樣後代之間彼此不同，也和親代不同。

雖然栽培馬鈴薯的人使用營養器官繁殖，但是馬鈴薯也會進行有性生殖，那些從種子長出的新苗，雖然零星，但是基因組合的方式不可預料，是新品種的來源，可以供後續的精心選育。木薯也一樣，科學家發現農夫偏好長得最大的新苗，因而不知不覺中篩選出遺傳變異最多的新植株，因為這樣的植株生長狀況也最好。

有性生殖不僅能夠維持遺傳變異，降低作物流行病害暴發的風險，也讓不同的物種之間能夠雜交。許多作物便是這樣雜交產生的，包括了麵包小麥（參見第4章），以及許多蔬菜。

蕓薹屬（*Brassica*）的植物中，有六個種屬於蔬菜，但奇怪的是，這六種植物的染色體數量都不相同，黑芥（*Brassica nigra*）只有十六條染色體，大油菜（*Brassica napus*）有多達三十八條染色體。

這樣的變化通常是因為染色體數量不同的植物之間雜交的結果。要找出這些雜交種的親代，可能就像是在解源自於日本的數讀。所以，在一九三五年，有一位日本植物學家解開了蕓薹屬染色體數量的數讀之謎，或許不是巧合。

植物染色體的數學謎題

這位植物學家的英文名字只用了U這個字母表示。他選出這六種蔬菜中染色體最少的三種，把染色體的數字寫在三角形的三個頂點上，而剩下三種的染色體數量，剛好是這三個頂點數字兩兩相加的和。

野生甘藍（*Brassica oleracea*）有十八條染色體，蕓薹（wild turnip）有二十條染色體，兩者相加成為有三十八條染色體的大油菜。黑芥有十六條染色體，和野生甘藍雜交成為有三十四條染色體的衣索比亞芥菜（*Ethiopian mustard*）。黑芥和蕓薹雜交成為有三十六個染色體的芥菜。

利用現代遺傳學的分析方法，科學家發現在U的三角中那些物種起源的年代，以及某些雜交事件發生的地點。所有蕓薹屬物種的共同祖先在二千四百萬年前於北非演化出來，三角形頂點的三個物種在不同的地方演化出現。

黑芥在一千八百萬年前出現於北非的西部地區，然後散播到亞洲西南地區。在亞洲西南地區，到了七百九十萬年前，黑芥演化出野生甘藍和蕓薹的共同祖先。這個共同祖先在二百五十四萬年前開始分支，在亞洲西南地區靠近地中海的地方演化成為野生甘藍；往東演化成蕓薹，約在二百萬年前到達中亞。

U的三角形中的那三個雜交種，是個別親代彼此接觸之後產生的，可能是農業活動直接或間接的結果。例如衣索比亞芥菜應該是野生黑芥和人類栽培的甘藍雜交而成，野生黑芥是田中的雜草。之前已經提過，許多蔬菜是野生甘藍在人工篩選和馴化之後演變而成的。除此之外，蕓薹（*Brassica rapa*）後來馴化成為蕪菁和大白菜，大油菜後來產生了專門用來產油的油菜籽以及瑞典蕪菁。

鍋子裡的另一群植物

雖然蔬菜有各式各樣的品種，但是我們吃蔬菜只為了一個理由：取得營養，特別是其中所含的碳水化合物。

我們經由人工篩選、烹飪和其他手續，削弱蔬菜本來具有的防禦措施，讓蔬菜能夠下嚥。但是矛盾的是，在烹飪的時候，我們卻又喜歡把另一群植物放到鍋子裡面，是因為這些植物含有防禦性化合物。馬鈴薯沙拉放了細香蔥後味道更棒，番茄要和羅勒搭配，薄荷能夠提升豌豆的味道。用到大蒜的料理則是數也數不盡。

粉蝶聞到十字花目植物所製造的有毒硫化葡萄糖苷，會覺得是大餐的味道。人類則是橫渡四海，找尋香料植物。這些植物產生的化學武器，具有誘人的香氣。

9 香草與香料

香辣好刺激

充滿神祕魅力的香料

玉米、高麗菜、牛和花椰菜，見證了人類這個物種如何運用馴化的演化力量，改變大自然。在最近的一萬年中，我們把生物的基因組加以混合、重組，還讓它們倍增，使動物變得更肥胖，市場中的所有農產品變得更大、更美味。由於我們最近一百年對於篩選的遺傳學有充分的認識，讓我們能夠運用這種知識，這不只是科學上的成就，也是技藝上的成就。無論從技藝或科學上來看，我們從廚房窗戶看到的景象無疑已經煥然一新了。

就算是在亞馬遜森林的深處，美洲印地安人廚房邊的菜園裡面，也成列栽種著木薯、玉米、豆子、甘薯、果樹等當地馴化出的作物。人類好像掌控了食物的本質，但真的是這樣嗎？

如果有相反的情況，人類因為對於食物的慾望而屈居下方，那麼香料的魅力應該是建立這種論述的絕佳出發點。

香草是隨手可得的植物，葉片具有香氣，我們通常會自己栽培，順手摘取，趁新鮮使用。香料則是具有辛辣氣味的種子、樹脂、樹皮以及植物的其他部位。在交通不發達的從前，香料來自異國，相當罕見。經過許多人輾轉運送，從東方繞過半個地球來到西方，香料來自於不知名的地方，這些地方由未親臨其境的人憑想像繪製在地圖上。

丁香、薑、胡椒、肉豆蔻皮和肉豆蔻仁散發出誘人的香味，往往伴隨著神祕的傳說。希臘歷史學家希羅多德寫道：

阿拉伯人說，有種大鳥會把肉桂這種乾樹枝帶回巢裡，這些巢是用黏土築成的，位於山上的峭壁，人類爬不上去。阿拉伯人為了克服這個問題，發明了下面這個巧妙的辦法：把牛或是其他大型動物的四肢切成大塊，放在鳥巢附近，然後人躲得遠遠的。鳥會從巢中飛下來，把肉塊帶回去，但是鳥巢沒有堅固到能夠裝那麼多肉，最後會掉下來。這時躲起來的人就能出來蒐集肉桂，運送到其他國家。

這個故事聽起來和《天方夜譚》一樣新鮮有趣，不過可能是傳話遊戲的結果。當年肉桂從亞洲輾轉運輸到西方時，這個故事也口耳相傳了過來。這個故事一開始可能帶有幾分真實，但是後來被扭曲誇大了。從婆羅州洞穴中採集到的食用鳥巢，一直是東方料理會用到的材料，但是這種鳥巢是由幾種雨燕和金絲燕的唾液乾燥後築成的，並非肉桂枝。肉桂其實是一種原生於斯里蘭卡的樹木的樹皮。

香料除了可以當成調味料，也可以當成藥品。從前香料非常稀有，價格高昂，哥倫布和麥哲倫等人為了找到這些物品的來源，以及採取黃金，航向未知的地方。不論是哥倫布首次「發現」美洲，或是麥哲倫首次環繞世界一週，附帶的任務都是找尋香料。征服阿茲提克帝國的科爾特斯（Hernán Cortés）向資助他航行的西班牙國王承諾，自己將會發現生產香料的東方島嶼，否則「陛下可把我當成騙子懲處。」由朝西的路徑前往印度，是一項賭博，結果他沒有找到香料。雖然辣椒是墨西哥地區重要的香料，但當時的歐洲人還不知道辣椒的存在，不過它的價值無法和東方的香料相比，也不及美洲出產的金和銀。

源自東方

早在歐洲商人決定找尋香料產地並且自己控制市場的三千多年前，香料已經從東方運到西方了。法老王拉美西斯二世（Ramses II）在西元前一二一三年下葬時，腹腔和鼻腔中便用了黑胡椒粒來防腐。

黑胡椒藤原生於印度南方潮濕的森林中，當地的狩獵採集者可能蒐集了胡椒粒，這些胡椒粒經由交易傳到了西邊海岸，急切的買家乘著船過來，帶著胡椒粒越過印度洋。到了羅馬時代，從印度東岸的森林開始，橫越大陸，通往到西部海港的陸上途徑，可能已經完整建立出來了，因為一路上有羅馬貨幣遺留下來。雞也是經由從印度出發的海路抵達非洲的（參見第7章）。

《舊約》中提到了當成香料的肉桂，這些肉桂應該經常通過類似的路徑，運輸到地中海東岸地區。到了西元前一千一百年，由於肉桂的供應充分，腓尼基人能夠製作肉桂精華，封裝在小瓶子中，賣到地中海周邊地區。

其他傳統的東方香料中，薑可能來自於印度東北方或是中國南方。不過薑的野生種到現在都還沒有找到，無法確定起源地。丁香、肉豆蔻仁和肉豆蔻皮是最稀有也最受歡迎的香料，產地也最遠。丁香是一種小型樹木的乾燥花蕾，這些樹木當時只生長在印尼北摩鹿加省的一些島嶼上。肉豆蔻仁和肉豆蔻皮也來自於印尼，只有在班達群島上的一些島嶼上才有。肉豆蔻樹會長出桃子狀的果實，成熟的時候果實會裂開，掉出一顆種子，也就是肉豆蔻仁。種子外面有一層鮮紅色的假種皮，假種皮乾燥後會變成深橘色，和種子分開，這便是肉豆蔻皮。

炎熱地區的人愛用香料和香草

香料和香草都具備抗微生物的特質，有些人認為，這能解釋為什麼住在炎熱地區的人會在烹飪中使用大量的香料和香草，由於在那裡肉類很快就會腐敗。他們也認為，最辣的料理往往來自於熱帶與亞熱帶地區，也是為了要讓肉類安全又好吃，例如西雅圖和波士頓的傳統口味，就要比路易斯安納州和新墨西哥州的辛辣飲食清淡多了。印度南方的飲食要比北方辣，類似的狀況在中國也有。在中國餐館，像是宮保雞丁這些最辣的菜餚，來自於中國西南方的四川。

但是，為了讓腐壞的肉變得可口而使用香料，這個理論有缺陷，因為香料的味道很重，其實會讓腐肉製成的料理味道雪上加霜。除此之外，用鹽醃漬、晒乾、煙燻和發酵等方式保存食物，效果都要比使用香料好，而且很多人普遍這麼做。

氣候和香料之間的關係，就如同馬克吐溫的名言：「科學有個令人著迷的地方：一個人能夠從最細微的事實中，推測出事物的全貌。」炎熱地區的人愛用香料，可能的解釋是：許多香料來自於熱帶地區，那裡剛好有香料可以利用。

大蒜和洋蔥的含硫化合物

大蒜和洋蔥這兩種食材都具備很強的抗菌效果，但它們都不是來自熱帶地區，也沒用於保存食物方面。這兩種神奇的植物，加上韭菜、細香蔥等十幾種常出現在廚房的相近物種都是蔥屬（*Allium*）植物，這個屬約有五百個物種，全部具備了防禦用的含硫化合物，這些化合物讓洋蔥帶來愉悅，也帶來痛苦。

完整的一粒洋蔥或大蒜，聞起來並沒有什麼特殊的味道，但就像十字花目植物的硫化葡萄糖苷以及木薯的氰化物，它們的防禦武器也分成兩部分，除非彼此混合在一起發生反應，否則不會產生毒性。把蔥屬植物切碎或壓扁，會把原來儲存在細胞不同區域中的兩種成分釋放出來，一種是化學前驅物，另一種是酵素。

大蒜中的前驅物是蒜胺酸（alliin），大蒜拍碎後，蒜胺酸便會轉變成蒜素（allicin），這是大蒜主要的活性成分。洋蔥中也有類似的前驅物，會與大蒜的同一種酵素反應，不過洋蔥中還有另一種酵素，能夠催化第二道反應，製造出讓男子漢也流淚不止的分子。

打造化合物有一套

植物製造了幾萬種化合物，看來只為了或主要為了對抗天敵。這些化合物不但是香草和香料中的主要活性化合物，也能當成藥物，例如奎寧和阿司匹靈，毒品中的鴉片和大麻，以及每天必嗑的咖啡和茶。演化雖然充滿天賦，但是手段卻有限，植物中的化合物多樣性這麼高，卻只是由幾類化合物組合、修改而成的。

植物細胞中有幾個基本的生物化學途徑，從這些途徑可以延伸出其他化學反應，產生出非常多樣的分子。每個途徑一開始是製造有固定碳原子數量的分子。例如在許多香料和香草植物中有類萜途徑（terpenoid pathway），能夠產生芳香分子，這類化合物的基本組件是含有五個碳原子的分子。這個五碳分子的組件就像是樂高積木，能夠連接起來成為比較長的鏈狀分子（成為骨架），可以有很多種大小與形狀。有一群類萜化合物中，骨架含有十個碳原子，稱為單萜（monoterpene）。和薄荷同一科的植物，包括了羅勒、百里香、牛至、迷迭香等所獨特的香氣，便來自於單萜化合物。另一方面，天然橡膠也是類萜化合物，但是骨架非常巨大，最多可以有十萬個五碳分子組件，也就是說總加起來有五十萬個碳原子。

在打造這些分子的第二個階段中，由多個單元組合成的碳骨架會進行修改，增加其他官能基或是改變構造等。第一階段主要是為了合成各類型的碳骨架，第二階段則是以各種不同的方式修飾這些骨架，這兩個階段加起來，可以產生出非常多不同的分子。目前已知由類萜途徑產生出的分子就多達四萬多種。

植物當然不只製造一類芳香分子，而是許多類型。在不同的植物之間、在同種植物的不同個體之間，也都有差異。所以一個蒐藏完整的園藝中心，應該要能夠提供各種薄荷品種：檸檬薄荷、蘋果薄荷、薑味薄荷、胡椒薄荷、綠薄荷等。每一種香味都是不同單萜混合物所造成的，但由於是由生化途徑分支製造出的，細微的遺傳變化就可以使得混合物組成大為不同，讓植物的香味各異。胡椒薄荷和綠薄荷之間香氣的差異，是由一個酵素造成的，也就是說一個基因便能夠造成影響，就像是火車鐵軌轉轍器上的拉桿所能夠造成效果。某一種對偶基因引導產生胡椒薄荷香氣的單萜混合物，另一種對偶基因造成綠薄荷香氣的單萜混合物。

化學武器愈多，勝算愈大

薄荷之類的香草為什麼要製造那麼多不同的防禦性化合物？有人可能會認為，天擇應該偏好能夠製造一種超強超毒單萜的能力才對吧！根本的原因在於天擇是在現存的方法上慢慢拼湊改進的，所以天敵只需要能夠克服植物出現的少許變化就可以了，它們面臨很大的天擇壓力。因為演化有漸進的特質，所以無法讓植物演化出最終殺手鐗，一口氣消滅天敵。就算是演化讓十字花目植物產生硫化葡萄糖苷這樣全新的毒素（參見第8章），也只是讓它們暫時擺脫天敵而已。

有這麼多樣化合物的第二個原因是，植物面對的一大群天敵也在演化，因此抵禦策略要有彈性，以各式各樣的方式防禦，才能確保最大的優勢。這一點可以從綠薄荷和胡椒薄荷之間的遺傳差異中體現出來。曾經有一種真菌病害感染了在美國販售的綠薄荷商品，科學家便篩選能夠對抗這種真菌的綠薄荷品種，結果發現抗病能力強的綠薄荷，聞起來像是胡椒薄荷。綠薄荷味的植物和胡椒薄荷味的植物，兩者之間單萜的差異是能夠對抗這種疾病的基礎。面對正在演化的天敵，或是一整群各自不同的敵人，有許多種化學防禦分子，才能占優勢。

生長環境不同，香味也不同

環境差異也會造成化學防禦措施的差異，這是植物對於當地環境的適應。法國南部屬於地中海型氣候，當地野生的百里香有六種化學型（chemotype），也就是植物中的化學成分上有差異，這是五個基因造成的結果。

這五個基因中的每一個，各自控制了製造百里酚（thymol）這種單萜的生物化學途徑中的一個步驟。在負責控制這個合成途徑第一步的基因座上，如果是顯性的對偶基因，會在這一步把代謝途徑截斷，這樣製造出來的單萜是有檸檬香味的香葉醇（geraniol）。控制這個合成途徑第三個步驟的基因，能夠決定是否要讓單萜具有酚類結構。要能夠從這個步驟繼續下去的百里香化學型，才能夠製造出酚萜，聞起來有百里香典型的味道。

科學家研究了蒙佩利爾附近聖馬丁德龍德爾鎮周圍的野生百里香，發現到這些百里香的化學型分布有明顯的模式。聖馬丁德龍德爾鎮位於群山環繞的盆地中，靠近村莊地區生長的百里香，都沒有典型的百里香氣味。實際上生長在海拔二百五十公尺以下地區的百里香，都沒有製造酚萜。相較之下，在海拔二百五十公尺以上地區生長的百里香，全都是酚萜型，具有百里香典型的氣味。

這種特殊的化學型分布模式，是因為冬天的溫度差異所造成的。在冬天由於逆溫效應，冷空氣密度高，集中在聖馬丁德龍德爾鎮所在的盆地底部區域，比較溫暖的空氣覆蓋在冷空氣上。海拔二百五十公尺以上的山區，酚萜型百里香生長在溫暖的空氣中，避開了最嚴寒的氣候。科學家做實驗，把海拔二百五十公尺以上和以下兩個地區的不同化學型百里香易地栽種，發現到酚萜型百里香在冬天剛開始時就死亡了，在這比較低的區域，有些年冬季的溫度可達零下十五度。在冬天比較溫暖的地區，酚萜型百里香能夠耐旱、抵禦昆蟲天敵，生長狀況要比非酚萜型百里香來得好。

故事後來的發展更證明了百里香適應寒冷冬天的重要之處。聖馬丁德龍德爾鎮這種化學型百里香最早是在一九七〇年代發現的，當時冬季嚴寒很正常，但是從那時之後，氣候開始暖化，到了一九八八年之後，當地冬天都不會如同之前那麼冷了。二〇一〇年的調查結果指出，酚萜型百里香已經開始在盆地生長了，這是一九七〇年代完全不會有的現象。

地中海周邊地區，薄荷同科的植物密集，最熱地區的植物含有酚萜的精油產量最高。酚萜混合物的成分也會因地區而不同。迷迭香有四到五種的主要酚萜，在法國與西班牙，迷迭香精油中的主要成分是樟腦；在希臘，主要成分是桉樹腦；科西嘉島上的迷迭香精油幾乎全是馬鞭烯酮。造成這些地區性差異的原因，現在還不清楚。

辣椒火辣，薄荷清涼

關於香草和香料的演化故事，現在只說到了一半，前半是關於植物部分的。當然我們喜歡這些植物，最先是因為聞起來的味道。從演化的角度來看，那些用來驅趕和毒殺大部分動物的植物化合物，對人類的效果為何完全相反？這依然是個謎。如果知道這些對抗掠食者的物質為什麼聞起來如此誘人，那麼這個謎就得更為難解了。

香草和香料的氣味會刺激嗅覺受體，這些受體運作時會彼此協調，讓腦部得以區分出從香到臭的各種味道（參見第6章）。除此之外，有些香草和大部分的香料會刺激痛覺受體上的感應器（感覺受體本身是一類特殊的神經細胞）。身體所有會感覺疼痛的部位，都有痛覺受體。在臉部、眼睛、鼻子和嘴巴的痛覺受體，會把訊息經由三叉神經的分支傳遞到大腦。痛覺受體細胞上有一類TRP受體（瞬態受體電位陽離子通道蛋白），這種受體能夠接受外來的刺激，產生神經衝動。每一類TRP受體會因為不同的刺激而活化，這些刺激的種類包括熱、冷、壓力和某些化學物質。

由於TRP會對冷熱等物理刺激反應，也會對化學成分起反應，所以我們會覺得有些香料令人覺得「灼熱」，有些香草很「清涼」。吃了辣椒後嘴裡像是著了火，因為辣椒含有辣椒素（capsaicin）這種活性成分，會刺激TRPV1受體，這類受體也能偵測熱。同樣的，薄荷製造出薄荷腦（menthol）這種單萜，能夠造成涼爽的感覺，因為這種化學成分能夠刺激偵測冷的TRPM8受體。

其他的香草和香料各會刺激不同的TRP受體，這些刺激和來自嗅覺受體的刺激混合起來，產生了各種香料與香草的獨特風味。辣椒、黑胡椒和花椒都會刺激TRPV1，但是花椒還會刺激其他兩種受體TRPA1與KCNK（雙孔鉀離子通道蛋白K），都會產生花椒特有的刺痛感。我在倫敦唐人街第一次吃到有花椒的料理時，廚師下手很重，我整個嘴都麻了。我應該要注意到這種麻辣感覺背後可能帶有的警告含義，因為這一頓飯的帳單價格高到讓人心痛。

芥末、山葵和辣根的主要刺激成分，與大蒜和薑不同，但都會強烈刺激TRPA1，輕微刺激TRPV1。百里香和牛至的單萜會強烈刺激TRPA3，輕微刺激TRPA1。肉桂只會刺激TRPA1。香茅會刺激四種受體，依照刺激強弱排列是TRPM8、TRPV1、TRPA1、TRPV3。香草和香料的味道，是由來自鼻子中嗅覺受體的訊息，加上來自口腔與舌頭上痛覺受體的訊息組合而成。不同的組合方式，產生了不同的味道。

如果你處理了辣椒之後，手再觸碰到身體上的敏感部位，就會知道人身上除了嘴巴之外的地方也是有 TRPV1 受體的。所以辛辣的食物吃下去時很火辣，排出去時也一樣灼熱。不只植物會把 TRP 受體當成作用目標，讓攻擊者疼痛不已，有一種毛蜘蛛毒液中的毒素，也會刺激 TRPV1。

植物驅敵的成分，我們卻很愛

TRP 受體在演化上是一種非常古老的系統，不只人類有，其他脊椎動物有，甚至連昆蟲、線蟲和酵母菌身上都有。這種普遍的情況，能夠說明植物讓吃它們的動物感到疼痛的攻擊招數，為何對人類的感覺系統一樣有效。

不過，那些活化疼痛受體的成分能逼退其他物種，為什麼反而吸引人類呢？

人類在首次接觸到辣椒或是其他能夠刺激 TRP 的香料和香草時，的確會卻步。我們在吃到以前沒有吃過的辛辣成分時，產生的反應像是疼痛受體受到了刺激那樣。我們對辛辣成分的喜好是後天養成的，當然不是每個人最後都會喜歡上這一味，對於苦味食物的喜好也是如此（參見第 5 章）。

那麼對於有忌避作用的成分，我們又是如何喜歡上的呢？

讓我們警覺可能有毒性成分的受體，只是身體對抗傷害的第一道防線，如果那些化學物質實際上沒有毒性，那麼我們可以學習享受這些成分帶來的刺激感覺，而不是躲開。由於植物含有大量養分，學習享受的這種行為對身體有利，而且會受到天擇的青睞，如果我們把植物的化學驅趕成分當真，聽信「我有毒，別吃我」這樣的話，就會無由放棄這些植物不吃了。

劑量是最基本的道理。同一種有毒的植物，小小的昆蟲咬一口，吃下去的劑量相較於身體重量的比例，遠高於人類這樣的大型動物吃下一小口的情形。所以昆蟲吃下一口百里香葉片，可能中毒，但是人類加一點到食物中卻能夠增添香味。當然我們也有可能會吃過量，像是肉豆蔻仁吃太多會中毒，但這是早已經知道的事情了。

雖然 TRP 受體很久之前就出現了（如同第5章中提到的味覺受體），但是發生了許多演化變異，使得不同物種之間的感覺能力也不同。有些物種的一些 TRP 基因已經遺失了，有些的功用改變了。舉例來說，某些魚類便失去了感受寒冷的 TRPM8 受體。在人類等哺乳動物體內，TRPV1 受體對於辣椒素的感覺非常敏銳，但是鳥類的 TRPV1 受體對這種化學成分無感，它們鳥都不鳥它。

演化精打細算

辣椒植物利用哺乳類動物和鳥類對於辣椒素敏感程度的差異，來獲取利益。科學家在亞馬遜南部用野生辣椒進行實驗，他們發現鳥類會吃成熟的辣椒果實，排出能夠萌芽的種子，但是齧齒動物就不會吃辣椒。從沒遇過辣椒的齧齒動物，還是可能會吃無法製造辣椒素品種的辣椒果實，但是在牠們糞便中的辣椒種子會碎裂，無法萌芽。所以，辣椒素的驅退作用是有選擇性的，它能夠阻止吃了辣椒會破壞種子的齧齒動物，但是不會嚇唬能夠好好散播種子的鳥類。

只有辣椒屬（*Capsicum*）的植物才能夠產生辣椒素，不過並非所有辣椒屬植物都有辣味，辛辣程度差距非常大，甚至是在同種之間也如此。辣椒（*Capsicum annuum*）馴化之後有各式各樣的品種，有完全不具刺激性的青椒和甜椒，也有辣到灼熱的朝天椒。有沒有辣椒素，取決於 *Pun1* 這個基因，不過其他基因以及植物生長狀況，也會影響到一株辣椒實際上能夠製造多少辣椒素。

就如同野生的百里香族群，能夠製造酚萜的植株比例可以有很大的差距，野生辣椒能夠產生辣椒素的植株比例也是這樣，而且和百里香的狀況一樣，這種變化是因為要適應當地的環境。

辣椒最早可能是在玻利維亞演化出來的，番椒（*Capsicum chacoense*）是當地的一種野生辣椒屬植物。科學家發現番椒族群具有多型性，有些會辣，有些不會。在辣的植株上，辣椒素能夠保護種子免於鐮胞菌（*Fusarium*）這類真菌的侵害。在潮濕的環境中，常有昆蟲會咬穿番椒果實，製造出讓真菌進入果實的通道，番椒種子很常遭遇到鐮胞菌，這時能夠產生辣椒素的植株具有優勢，數量占比也高。在比較乾燥的區域，番椒一樣生長，但是沒有那種蟲子，受到真菌感染的狀況少，不辣的番椒便占多數。

辣椒素既然能夠讓種子免於被齧齒動物吃下肚，又能夠對抗真菌的感染，有人可能會想，不只在可能受到真菌感染的環境中產生辛辣果實的植物能夠占優勢，在有齧齒動物存在的環境中應該也會如此。那麼，在比較乾燥地區的植株，不也結辛辣果實就好了呢？

答案在於那些結辛辣果實的番椒，生長情況不如在乾燥地區出現的不辣番椒。辣番椒在水分不足的狀況下，產生種子的數量只有不辣番椒的一半。如果水源充足，種子數量就不會有差異。

這項研究顯示，植物製造用來保護自己的化學成分時得付出成本，在番椒這一例的代價，便是種子。演化會把各種生態因子都納入，使得成本和利益維持平衡，這裡的因子包括了吃果實的蟲、破壞種子的真菌、齧齒動物，以及土壤中的水分含量。

香草和香料指出了演化的複雜、不可預測，甚至矛盾。這些植物配備的武器是由天擇篩選出來的，能夠對抗要吃它們的動物，但人類就是喜歡這些毒素，並且自在的加到我們的三餐中。如果香料讓我們知道有時可以強逼自己的感覺，那麼甜點就是人類最普遍的弱點，以及最便宜的奢侈品了。

10
甜點

甜蜜的負擔

活力的來源

莫札特是音樂天才，能夠源源不斷創作出美妙的音樂，如同甜美葡萄酒那般傾瀉而出。根據波洛特金（Fred Plotkin）這位生在現代的文藝復興人、歌劇指揮以及美食家的說法，莫札特的活力來自於蛋糕和酥皮點心。

維也納是酥皮點心之都，也是甜點愛好者的終極聖地。維也納是蘋果捲（Apfelstrudel）的故鄉，這種美味的酥皮點心是以肉桂與糖調味的蘋果當作內餡，用千層酥皮包好之後烘烤，之後塗上奶油，撒上糖粉。在這座城市中，有兩家店打了七年官司，只為了誰能夠宣稱最早製作出薩赫蛋糕（Sachertorte），那是人們拚死以求的維也納傳統巧克力蛋糕。

烹飪中的許多技藝與想像，都貢獻在發明甜點之上。雖然製作甜點時使用了各式各樣的香料，運用上眾多技巧，但是甜點的主要材料其實只有三種：碳水化合物（糖和澱粉）脂肪，以及心靈手巧。例如，「熱烤阿拉斯加」是在冰淇淋外面包裹隔熱的蛋白霜，放到烤箱中烤成，讓烤箱的熱與冰淇淋的冷彼此衝突。

熱烤阿拉斯加有一種內外反過來的版本，設計更為巧妙，叫做「冷凍佛羅里達」，是由低溫物理學家柯提（Nicholas Kurti）所發明的，他也是分子料理的發明人之一。冷凍佛羅里達的做法利用到了微波爐，用冷凍的冰淇淋包裹住果凍，由於微波能夠穿過冷凍的水，所以裡面的果凍會先加熱。

雖然發明這些甜點的人都很聰明，但基本上前者是用糖*包裹住脂肪，後者是用脂肪包裹住糖。當然，在甜點食譜中這樣描述一道甜點，絕對不合適，也對讀者沒有多少幫助，但的確說明了甜點在演化上的重點：熱量。

我們不需要深入探究人類衝動的演化，便能夠對於碳水化合物和脂肪愛好一清二楚，因為這兩者純粹是能量的來源，我們也有專門的味覺受體（參見第5章）。

舌頭上味蕾的甜味受體能夠偵測來自於甜食的糖，唾液中α澱粉酶把食物裡的澱粉分解後，產生的葡萄糖也能刺激甜味受體。在化學上，葡萄糖、蔗糖和其他糖類稱為簡單碳水化合物，澱粉則是複雜碳水化合物，是由葡萄糖連接而成的。後面我們會看到，簡單碳水化合物和複雜碳水化合物之間的差別在營養上非常重要。唾液也含有脂肪酶，能夠把脂肪分解成脂肪酸，一樣能夠刺激味蕾上的受體。演化讓我們配備齊全，好偵測這兩種深受人類喜愛的高能量食物。

*譯注：蛋白霜中糖的比例很高。

葡萄糖是所有生物的燃料

所有生物都拿葡萄糖做為活動所需的燃料。植物、昆蟲、酵母菌、人類，都需要換取或是偷取這種生物燃料。葡萄糖會溶在動物的血液中，流經全身；在植物中，則以蔗糖（由一個葡萄糖與一個果糖組成）的形式運輸。加拿大的農人在春天會收集糖楓樹的香甜樹汁。糖楓樹汁的糖含量只有百分之二，需要煮沸濃縮，才能具備楓糖漿的甜度和味道。相較之下，熱帶禾草甘蔗汁液中，糖的含量高達百分之二十。這種植物大約在八千年前馴化於新幾內亞，現在整個熱帶地區都有栽種。由於甘蔗汁非常甜，因此傳統上利用這種植物的方式，就是把莖削皮後直接啃。

花蜜中的糖，是蜜蜂和其他傳粉者拜訪花朵的主要原因。花蜜中的糖是植物利用光能所合成的，吃這些花蜜的昆蟲等於是把糖從太陽能電廠，沿著無線電網，傳送到幾千公尺外，同時把這種原始形式的能量，連接到各種動物上，包括了人類。蜜蜂會把花蜜濃縮成蜂蜜，使得其中的糖濃度超過百分之八十，因此酵母菌這種會偷取糖類的小惡魔便無法讓蜂蜜發酵。高濃度的糖有防腐效果，所以果醬、蜜餞和蜂蜜不需要放在冰箱中，也能夠長時間保存。

葡萄糖除了能夠當成燃料，在植物中還特別用來當成碳原子的來源，合成為植物結構的分子，例如纖維素。從組成分來說，糖融化甩成絲製成的棉花糖，和由純纖維素（葡萄糖連接而成的聚合物）形成的棉花，在化學上幾乎沒有差別。但是對人類來說，前者是食物，後者無法消化。不過，有些生物對於這兩種糖的利用狀況完全反過來。你可能想到，牛或其他只吃植物的動物應該能夠消化纖維素，但事實上沒有動物具備這樣的酵素，牠們全都靠消化道中的微生物完成這件事。對於這些細菌來說，纖維素是開胃菜、主餐和甜點全部合而為一的食物。

最早的甜點：蜂蜜

在甜點菜單中，蜂蜜當然是最早出現的。大猩猩和黑猩猩會用樹枝伸到蜂巢中沾蜂蜜來吃，也會吃蜜蜂幼蟲，好在甜食之外增添一些蛋白質。由於我們的人猿近親會吃蜂蜜，所以在五百萬年前人類祖先和黑猩猩的祖先分開時或更早，蜂蜜就一直是人族飲食的一部分。當然這只是推測，到了舊石器時代才有人族吃蜜蜂的直接證據。二萬五千年前，在西班牙著名的阿爾塔米拉洞窟中，藝術家留下壁畫，繪製了奔馳過猛獁草原的大型野獸，也在隔壁的小洞穴中繪製了蜂蜜、蜂巢，以及採蜜用的梯子，就像是野生原牛主菜之後上的小份甜點。

其他地方的舊石器時代洞穴，許多也有類似的採集蜂蜜壁畫，但是在非洲最多。從現今非洲的狩獵採集者的食物內容，可以看出蜂蜜這種生活方式中有多麼重要。艾菲人（Efé）居住在剛果民主共和國的伊圖里熱帶雨林，他們在雨季的時候，有兩個月的時間幾乎倚靠蜂蜜、蜜蜂幼蟲和花粉為生，每個人每天大約要吃掉相當於三罐（一般大小罐裝）的蜂蜜。

坦尚尼亞的哈扎人整年吃蜂蜜，但是沒有吃得那麼凶，這種吃法比較接近典型的狩獵採集者。他們居住的莽原上，長著許多猴麵包樹，這種樹的樹幹和樹枝上有許多洞，能夠讓蜜蜂築巢。哈扎人有百分之十五的熱量來自於蜂蜜。他們和其他非洲狩獵採集者在找群蜂巢的時候，會受到一種鳥的幫助，牠們和人類之間有特殊的共生關係，這種鳥就是黑喉響蜜鴷，學名叫*Indicator indicator*，對人類的功用真是一目了然。

鳥和人類的甜蜜關係

黑喉響蜜鴷平常吃昆蟲，如果有蜜蜂幼蟲或蜂蠟的時候也吃。牠們不吃蜂蜜，但會找尋蜂巢，並且在清早尚有涼意、蜜蜂動作遲鈍還無法螫刺的時候，把頭伸到有蜂巢的洞穴中，顯然是先來探查。黑喉響蜜鴷光靠自己沒有辦法接觸到洞中的蜂巢，轉而飛到哈扎人的營地，找人來幫忙。這時牠們會發出特殊的叫聲，哈扎人認得出這種聲音，知道鳥兒要人跟著牠。哈扎人也會用特殊的呼聲召喚黑喉響蜜鴷，遠在一公里外都能把鳥叫來。

西方人最早在十七世紀記錄下黑喉響蜜鴷和人類之間的關係，這個故事後來流傳開來，被當成浪漫的神話。不過科學家發現，和那些非洲狩獵採集者自己描述的一樣，黑喉響蜜鴷和人的確會彼此溝通，一起找蜂蜜。哈扎人找到猴麵包樹上的蜂巢之後，會用斧頭削尖木樁，把木樁插入猴麵包樹沒有旁枝的主幹上當成梯子，然後爬到樹上摘取蜂巢。這些採蜜獵人和養蜂人一樣，會使用火把的煙讓巢中蜜蜂平靜下來，接著用斧頭砍劈樹幹，把蜂巢取出來。黑喉響蜜鴷和人類互利共生，如果跟著黑喉響蜜鴷，哈扎部落的採蜜獵人找尋蜂巢的時間可以省下五分之四，找到的蜂巢也會比自己找到的更大，而且含有更多蜂蜜。對於黑喉響蜜鴷來說，牠們能夠藉此取得原來無法得到的食物。

黑喉響蜜鴷和人類之間的關係，是怎樣演化出來的？有一個說法是，原本黑喉響蜜鴷指引的是其他物種，例如經常襲擊蜂巢的雜食動物蜜獾，後來指引的對象轉為人類。這項假說聽起來很有可能，不過科學家的觀察結果是，除了人之外，從來沒有見過黑喉響蜜鴷指引過其他動物。所以雖然聽起來幾乎不可能，但人類和黑喉響蜜鴷之間的合作關係可能非常久遠，或許和人類這個物種一樣久遠。

要發展出這種穩固的人鳥關係，首要條件是人類能夠控制火，因為煙可以讓蜂群平靜下來，所以遠在我們的直立人祖先時代，這樣的共生關係就可能開始演化了，因為直立人應該可以使用火並且烹煮食物。還有些人認為，黑喉響蜜鴷和人類之間的關係甚至可以推到更早的年代，在人族能夠利用香草驅趕蜜蜂保護自己，並減緩蜂螫疼痛時就建立了，現在有些地方的人依然使用香草做同樣的事。人類對於甜食的愛，讓我們不畏蜜蜂針刺造成的疼痛與帶來喪命的風險。不論這樣的行為在多久之前出現，毫無疑問，其他盜取蜂蜜的動物是驅動蜜蜂演化出螫針的原因。許多蜂並沒有蜂針，那些物種的蜂巢小，裡面沒有多少蜜，甚至根本沒有蜜。

令人瘋狂的蜂蜜

蜜蜂會保護牠們那些飽含熱量、令眾生垂涎的蜂蜜，同樣的，植物也要保護花蜜，防止有些動物搶走這項獎品，卻沒有盡到傳粉的責任。天擇讓一些花把花蜜藏在長管深處，只有演化出有長口器的盡職傳粉者，能夠探到底部吸取花蜜。

還有一些植物的花蜜是有毒的。目前還不清楚這些毒素是如何防止花蜜小偷盜取花蜜的，甚至無法確定是否真的可以防盜，但毒素作用的對象是有選擇性的，可能的目的就是保護花蜜。蜜蜂不會被有毒的花蜜嚇退，如果人類吃了有毒花蜜釀成的蜂蜜，身體會不舒服，因此有毒花蜜可能是針對來吃花的哺乳動物，並非不讓能夠傳粉的昆蟲過來。有一些杜鵑花屬的植物會製造有毒的花蜜，包括彭土杜鵑（*Rhododendron ponticum*），其他花蜜有毒的植物還有夾竹桃（*Nerium oleander*）、山月桂（*Kalmia latifolia*）。

古希臘地理學家史特拉波（Strabo）生長在黑海邊，就是目前位於土耳其國境中的彭土（Pontus），有毒的彭土杜鵑便是以這個地點命名的。他說了一個彭土杜鵑的故事：當地人很清楚在彭土杜鵑盛開時的蜂蜜具有毒性，因此在羅馬將軍龐培（Pompey）領軍攻打過來時，他們便在軍隊掠奪食物的路線上放置了有毒蜜的蜂巢，結果三隊羅馬士兵因為吃了這甜美的毒餌而無法動彈，最後全被一個人殺光了。

滿滿一匙蜂蜜給人的印象就是非常營養健康，代表著純粹的美味，即便到了現代，仍有些人不相信蜂蜜可能有毒這個說法。一九二九年版《大英百科全書》某個條目的作者，還因此嘲笑古羅馬作家老普林尼（Pliny the Elder）。老普林尼在他的《自然史》中寫道，來自黑海周邊地區的蜂蜜會讓人發瘋。普林尼指出毒蜂蜜的神經毒性來自於杜鵑花和夾竹桃，當時的人就知道這些植物的葉片有毒。這點普林尼是正確的。但是《大英百科全書》卻偏要想像成「那些古代作家所描述的症狀，極有可能是蜂蜜吃太多所造成的。」到了現在，土耳其依然零星發生毒蜂蜜讓人癲狂的案例，絕大部分中毒者是中年男子，他們因為性能力衰退，刻意吃下大量蜂蜜，希望能夠恢復雄風，但這樣只是徒勞無功。

肥胖成為全球流行病

如果在大自然這個市場中，糖漿是可以到處流動的現金，能夠花用、偷取、運輸、儲存，那麼脂肪就像是銀行中的錢，嚴密的儲存在個體中，需要的時候才會拿出來。在相同的重量下，奶油中的脂肪所具備的熱量是糖的兩倍。脂肪幾乎是所有菜餚都會有的成分，不含任何脂肪的美味甜點食譜非常罕見。這不只是因為脂肪本身很美味，還因為許多氣味分子是脂溶性的，需要混在脂肪中，才能傳送到我們的嗅覺受體。

脂肪以各種面貌出現，包括儲存在植物種子中，提供萌芽所需能量的脂肪。巧克力入口即溶的美味口感，來自於可可樹（*Theobroma cacao*）的種子含有大量油脂，剛好融點和人體溫度相近，加上能夠提振精神的可可鹼。這樣的材料再加上糖，會讓人上癮，可以說是完全不意外。人類會攝取過多的熱量，並不是甜點所造成的，但是一塊熱量滿滿的蛋糕，確實彰顯出過重與肥胖這個當代公共衛生中最重要的問題。

糖和脂肪的能量密度很高，所以人類難以抗拒糖和脂肪，這並不是什麼演化上的難解之謎，但是為何吃多了糖和脂肪對身體不好呢？餐點和飲料含有大量碳水化合物和脂肪，加上四體不動的生活型態消耗的能量很少，使得肥胖成為全球性的流行病。在美國，有三分之一的成年人是肥胖的，這裡的肥胖定義是身體質量指數（BMI）超過三十。身體質量指數的計算方式是體重（公斤）除以身高（公尺）的平方。美國另外有三分之一的成年人過重，也就是身體質量指數在二十五到三十之間。換句話說，美國有三分之二的成年人口攝取的熱量超過自己能夠燃燒的，使得身體儲存了過多的脂肪。

其他許多已開發國家有類似的狀況，英國有三分之二的成年男性過重或肥胖，整個西歐這樣的人數占了百分之六十一。在北美洲和西歐，女性過重的比例要比男性稍微低一些，但是女性肥胖的比例要比男性高一些。亞洲的狀況沒有那麼糟，日本男性過重的比例超過四分之一，女性則有百分之十八過重，但是相較於西方國家，肥胖人數的比例很低（百分之三到五）。

在開發中國家之間，人口肥胖狀況的差異很大，但肥胖也是許多開發中國家的問題。在埃及，有百分之七十一的男性和百分之八十的女性不是過重就是肥胖。在墨西哥，這樣的男性和女性的比例，分別是百分之六十七和百分之七十一。即使其他開發中國家的數字比較低，但是由於開發中國家的人口眾多，使得全球肥胖的人有百分之六十二在這些國家。然而，飢餓的狀況並沒有消失，貧窮和營養不良的景象常和開發中國家連在一起，這樣的統計數字凸顯出的差異讓人震撼。印度現在就面臨了兩種營養不良的困境：一部分的人口依然處於飢餓狀態，但有愈來愈多人吃得太多。

為什麼天擇沒有淘汰第二型糖尿病？

體重過重是造成代謝症候群的主要風險因子之一，代謝症候群是跟著肥胖成群出現的疾病，那些病名聽來就很不祥：高血壓、心血管疾病、第二型糖尿病、血液中累積了過多的三酸甘油酯與壞膽固醇。

第二型糖尿病是身體調節血糖的系統出了問題所造成的。正常的狀況下，我們吃下碳水化合物時，血液中的葡萄糖濃度會突然升高，這時胰臟會反應，分泌胰島素到血液中。胰島素會讓身體各部位的細胞吸收葡萄糖，血液中的葡萄糖如果用不完，最後會轉換成脂肪。這種過程會形成回饋迴路，當血糖濃度降低時，胰島素的製造也跟著下降，讓身體恢復到沒有進食的狀態。第二型糖尿病是慢性病，是經年累月造成的，細胞逐漸不再對胰島素產生反應。隨著疾病的惡化，回饋程序受到破壞，血液中的胰島素和葡萄糖濃度便都居高不下。

第二型糖尿病的出現，是一個需要從演化角度切入的健康問題，因為是否容易得到這個疾病，和你誕生在什麼家庭有關。這個疾病會影響男性和女性的生殖能力，而且平均來說，會讓患者減少十一年的壽命。所以現在有一個難解之謎：在很久之前，天擇就應該就把人類族群中容易引起第二型糖尿病的遺傳變異剔除才是，但是這種疾病出現的機率之高，顯示這樣的剔除事件並沒有發生。對此有兩種解釋。首先，那些基因可能只對過重的人造成傷害，因此直到最近才引起關注。肥胖近來才變成問題，之前帶有這些基因的人，很少會胖到產生疾病。根據這個假設，有這些基因並不會造成疾病，而是有這些基因同時又過重，才會容易罹患第二型糖尿病。

另一個假說則指出，那些讓現在的人容易罹患第二型糖尿病的基因，其實在過去某些狀況下是能夠帶來好處的。這個概念最早在一九六二年由美國密西根大學的醫學科學家尼爾（James Neel）提出，他當時在研究家族遺傳性糖尿病的成因。他認為有些人遺傳到了一組基因（稱為基因型），有這個基因型的人，在與他人飲食內容相同的狀況下，能夠把更多的能量轉換成脂肪儲存起來。他覺得在舊石器時代食物供給斷斷續續的狀況下，這種基因型是有好處的。於是他把這種基因型比喻成就像節儉儲蓄能帶來好處一般，稱為「節儉基因型」（thrifty genotype）。勤儉儲蓄能以備不時之需，勤儉基因型攜帶者儲存的脂肪可以讓人挨一個星期的餓。

尼爾的勤儉基因型假說指出，在以往食物經常不足的狀況下，這些基因受到天擇偏好。但是到了現代，在食物充裕的環境中，這些基因反而變成有害的了。在現代這樣的情形下，具有這個基因型的人儲存太多脂肪，導致疾病產生。

節儉基因型假說受到動搖

節儉基因型假說提出到現在，已經過了快六十年。許多人依然用這個理論解釋目前的糖尿病流行現象。從一九六二年到現在，相關科學領域已經有重大的進步，所以現在我們可以看看這個假說是否與證據相符。

首先，我們要檢視尼爾這個理論的前提：人類的生理狀況適應的是舊石器時代的環境，當時狩獵採集者面對變化無常的狀況。他和一些人相信，當時的人要嘛就是有大餐可吃，要嘛就是得挨餓。這個論點可以拆成兩部分來看。首先就是假設在舊石器時代荒年狀況很常見，第二部分是，脂肪在荒年時所帶來的利益，要超過在其他時候帶來的危害。這兩個概念現在都受到了動搖。

證據來自兩方面。一個來自現代的狩獵採集族群，例如非洲南部的閃族人，他們的生活方式就被認為應該和舊石器時代時人類祖先非常相近。另一個證據來自於肥胖的遺傳學。最近有一項研究，比較了各種社會類型取得食物的方式，發現到其實在相似的環境中，狩獵採集者受饑荒所苦的頻率要比農耕者少。農業其實是高風險、高報酬的食物取得方式，因為在豐年時人口數量會大幅增加，然後遇到荒年的時候，食物短缺的狀況便會格外嚴重。狩獵採集者由於族群比較小，而且能夠吃的食物種類多，反而比較耐得住荒年。

除此之外，估計現存狩獵採集者的身體質量指數都約在二十左右，這是健康範圍中偏瘦的極限了，在食物拮据的時候，也沒有見到他們有儲存脂肪的傾向，但他們如果採取現代的生活型式與飲食之後，則有可能變胖。

所以從舊石器時代的飲食內容來看（參見第1章），我們一直認為石器時代祖先的生活方式，其實只比「摩登原始人」卡通接近現實而已。原始的節儉基因型假說如果可以稍做修改，並不會就此走上終結。有人會爭辯說，如果在比較後期的時代，農業造成的饑荒降臨到人類頭上，那麼在這些農業社會中，節儉基因型的優點就會發揮出來。照這樣修改尼爾的理論，我們就可以說節儉基因型是在農業出現的時候演化出來的嗎？因為那時生產食物的型態比較容易產生饑荒。

農業出現於新石器時代，最早也是到一萬二千年前才開始，因此在改良版的尼爾理論中，節儉基因型的演化和散播速度得很快才行。在這個時間尺度下，的確有些改變發生。大規模研究人類的基因組，已經找到過去一萬二千年來出現的一些遺傳變化，但是其中沒有任何變化指出讓人容易罹患第二型糖尿病的基因型散播出去了。實際的狀況是反過來的。遺傳證據指出，新石器時代之後，在有些族群之中，天擇偏好減少第二型糖尿病的對偶基因，而非增加。

我們可能不該期待能夠找到這樣的基因散播情況，因為尼爾在一九六二年提出解釋的時候，罹患第二型糖尿病的傾向並不常見，這疾病到了現在才成為全球流行病。探究為何有些家庭的人特別容易得到這種疾病，在一九六二年是合理的。但現在得到這種疾病的原因大部分都是體重過重，這時問同樣的問題便沒有那麼恰當了。事實上，有些人認為，我們現在不該找尋讓某些人容易得到第二型糖尿病的基因，而是尋找那些讓幸運兒不發病的基因。

從不同的角度切入

節儉基因型理論的終結，是否代表了演化生物學無法揭露糖尿病流行的原因？不，演化生物學可以，只不過會從問題的其他面向切入。我們要問的問題，不是為什麼有些人很容易罹患這種疾病，而是人類的生理機制為什麼讓我們這麼容易罹患糖尿病。

從這個問題往下推導，接著要提出的問題是：最近幾十年來，人類的飲食發生了什麼樣的變化，讓全世界的人類其實容易得到這種疾病的事實顯現出來？美國加州大學舊金山分校的內分泌學家魯斯提（Robert Lustig）認為，這兩個問題的答案可以歸納成一個詞：果糖。

果糖有甜味，很類似葡萄糖，但是為害更劇，果糖和葡萄糖連接在一起便成為蔗糖。

在同樣重量下，果糖的甜度是葡萄糖的兩倍，許多植物的果實中含有果糖，好吸引動物，包括人類。果實成熟後，變得更甜更香，受到吸引而來的動物會把果實帶走，植物的種子也被攜帶到適當的地方，同時和能夠促進生長的糞便混在一起排出。果實只是可以拋棄的外包裝，裡面的貨物是植物貴重的基因。果實中的營養成分是計程車資，鳥類、蝙蝠或靈長類收了這個車資，就是要傳送種子的。從植物的觀點來看，最終目的是要抵達下一代能夠生長的安全地點。

食物和飲料製造商採用和植物一樣的策略，他們使用酵素，把玉米糖漿中的一些葡萄糖轉換成果糖，製造出高果糖玉米糖漿。高果糖玉米糖漿價格低廉、甜度高，正合那些製造商的胃口，用來當成許多加工食品和汽水的原料。過去三十年來，果糖的使用量倍增，現在有愈來愈多證據指出，果糖對肥胖的影響非常深遠，也是代謝症候群的根本成因。

食物攝取是一門複雜的科學

大眾對於飲食及體重增減的概念中，會把身體想像熱量的銀行帳戶。在狄更斯（Charles Dickens）的小說《塊肉餘生記》中，米考伯先生對主人公柯波菲爾提出建言：「年收入是二十磅，年支出十九英鎊十九先令六便士，便是幸福的結果。如果年收入是二十磅，年支出是二十磅六便士，便是悲慘的結果。」*如果把「幸福」讀做「肥胖」，把「悲慘」讀做「飢餓」，那麼金錢和熱量之間的對照就幾乎一致了。事實上，這種比喻和運作模式看起來一樣有道理，大家也都是這麼相信的，但卻都一樣靠不住。

靠不住的理由也很相似。在經濟體系中，金錢不只是在各機構之間進進出出而已，中央銀行會運用各種方式，調節貨幣供給，包括了積存現金、加印鈔票（讓貨幣貶值），或是貸款等。國家經濟就是樣運作的。身體也是一樣，不只是被動的維持熱量在攝取與消耗之間的平衡而已，而是會調節整個過程，包括了熱量的攝取、儲存與消耗的速率。

食物攝取是一門複雜的科學，仔細來看，會受到許多因素影響。例如心理學家發現，在餐廳中，菜單的設計、銀製餐具的樣式、料理的名稱、盤子的顏色、玻璃杯的形狀、播放的音樂、餐廳的氣氛，都會影響來用餐的人。而這個時候，我們還沒有聞到和吃到真正的食物呢！

除了這種種細節，有三種重要激素會調節我們的食量，以及食物中熱量的去向。胃裡空的時候會分泌飢餓肽（ghrelin）；血糖濃度需要降低時，胰臟會分泌胰島素。脂肪細胞儲存脂肪的能力到達極限時，會分泌瘦素（leptin）。腦中的下視丘會接收這三種激素，然後調節身體能量的供需與使用。果糖所含的能量雖然和葡萄糖一樣，但問題在於身體沒有把果糖當成一般的糖，也就不會引發那些限制能量攝取與儲存的調節激素的分泌。

披著隱形斗蓬的果糖

一杯普通大小的柳橙汁中，大約有十二公克的糖，我們來看看其中的葡萄糖和果糖在代謝上的差異。

飲料中的蔗糖到了肚子裡面，會分解成數量相等的果糖和葡萄糖。胃部偵測到了葡萄糖，會把葡萄糖當成食物，便抑制飢餓肽的分泌，但是果糖不會有這種效果，在經過身體內部時，不會引發「我已經飽了，不要再吃了！」這種回饋作用。之後這兩種糖會進入血液，流遍全身。人體所有器官都能夠把葡萄糖當成燃料，但是果糖的代謝只能在肝臟進行。因此，所有器官都會利用葡萄糖，而所有果糖最後都會進入肝臟，換句話說，也就是飲料中有一半的熱量在肝臟消化。同時肝臟也會吸收約百分之二十的葡萄糖，再加上那些果糖，使得肝臟得代謝掉一杯含糖飲料中的六成熱量。

果糖造成的傷害，不是只從表面這樣簡單估算就看得出來。一匙果糖所造成的生理效應，要比同樣分量的葡萄糖來得大。因為果糖在人體裡像是隱形的，胃部無法因為果糖而

*譯注：這裡使用的是英國十九世紀的幣制，一英鎊為二十先令，一先令為十二便士。新幣制中取消先令，一英鎊為一百便士。

產生飽足感，身體中其他調節燃料使用的機制也偵測不到果糖。血液中的葡萄糖會刺激胰臟產生胰島素，促使身體其他器官利用葡萄糖，或是把葡萄糖以脂肪的形式儲存起來。脂肪儲存過多時，脂肪細胞會產生瘦素，下視丘收到訊息，便會下令停止進食。由於果糖不會刺激胰島素產生，也就不會讓瘦素增加，下視丘沒有收到訊息說要停止進食，結果就是讓人一直吃東西！

雖然果糖披著隱形斗蓬，躲過身體避免過度飲食的監控系統，這卻不是果糖最糟糕的效應。果糖會變成脂肪就已經夠糟了，但還有其他暗中造成的危害。有一項針對罹患代謝症候群的肥胖病人的研究，把他們飲食中的果糖改成熱量相同的澱粉食物，結果發現這些病人的體重減輕了，而且從第九天起，病人的代謝症候群狀況開始改善。這意味果糖對於代謝症候群的影響，不只是因為具有熱量而已，還有其他的效應。因此，魯斯提把果糖當成毒素。

毒素是會影響重要代謝過程，並對生命造成威脅的成分。毒素的共通特徵之一是，它們引發的效應和劑量有關，果糖的危害也是如此。

吃水果時，果糖緩慢進入血液中，這時肝臟能夠應付得過來。但是經常大量攝取果糖，會使得肝臟累積太多脂肪，造成危害，並且引發多種代謝症候群中的疾病，包括第二型糖尿病。很不幸，水果製成的果汁或果昔在胃中的作用，就像是喝下高糖分飲料一樣。

完整的果實不會這樣，因為其中的纖維素會減緩吸收果糖的速度，但果汁機快速打碎的水果便沒有這樣的效果。

不要陷入演化的迷思

你可能會問：這和演化有什麼關係？問得好！

這個時候我們得要小心，解釋人類現在的狀況時，不要訴諸祖克（Marlene Zuk）所提出來的「石器時代幻想」。人類的演化史當然給我們劃下了限制範圍，在一定的程度上，演化解釋了為什麼果糖對人類有毒，但是蜂鳥卻非得要吃果糖才活得下去。

回頭看看節儉基因型假說，現在我們知道了果糖和代謝症候群之間的關係，當年尼爾看到的糖尿病患，只是人類罹患糖尿病分布模式中最極端的個案，現在幾乎所有人都可能罹患糖尿病。

演化造就的是可能性，並不是注定的命運。許多食物都能展現這種特徵，但是最明顯的莫過於起司。

11 起司

美味的人工乳製品

專門演化出來給我們吃的食物

我們可以確實說，乳汁是唯一一種專門演化出來給我們吃的食物。我們把這個演化的禮物和其他生物共享，製成了起司。製造起司時，乳汁中的一小部分能量給了那些生物，它們慷慨回報無窮的好味道。乳腺，以及有時從乳腺分泌而出的乳汁，對哺乳類所有新生兒的生存都無比重要，真不知道哺乳類的祖先在還沒有乳汁時是怎樣活下去的。我們對於任何適應，都可以提這個問題。

達爾文在《物種原始》中堅稱，天擇造成的演化是一種漸進的過程，大自然不會突然跳一大步，而是踩著小碎步，經過長久的時間，才造成顯著的變化。他認為漸變論是天擇演化的基礎，讓這個理論能夠接受測試，並且寫道：「如果有任何複雜的器官不是經由許多複雜、連續且細微的改變而造就的，那麼我的理論就完全失敗了。」

生物學家米瓦特（St. George Mivart）一直抓著這個句子攻擊達爾文的理論（他的名字是聖喬治，和傳說中的屠龍英雄一模一樣，或許因為這樣，覺得自己要有一樣的精神），指出古老祖先最早的乳腺應該還沒有發育完全，對於新生小動物來說根本沒有絲毫用處。他說：「有某個動物年幼的時候能夠活下來，是因為偶然間吸取了母親皮膚上偶然出現的腫大腺體所分泌的一滴液體，其中的營養成分還少得可憐，這種說法可信嗎？」好一個有著既定觀點的問題。

米瓦特年輕的時候支持達爾文的理論，但是在成為演化學家的過程中，由於本身在宗教上的信仰，他抗拒天擇的普遍性，也反對完全不含有上帝設計或指導的這個演化理論。一八七二年，達爾文在進行《物種原始》第六版（也是最後一版）的修改工作時，發現需要撰寫一章全新的內容，才能夠回答米瓦特的各種批評。

在這一章中，達爾文寫道：「所有哺乳類動物皆具備乳腺，其存在無庸置疑，且必在遙遠古時便已出現……」達爾文繼續說道，米瓦特質疑原始的乳腺對於後代的用處，這個問題其實並不恰當，因為當時已經知道，鴨嘴獸有類似的器官，年幼的鴨嘴獸會直接從母獸皮膚上的腺體吸取乳汁，皮膚上並沒有乳頭，鴨嘴獸幼兒不太可能出現米瓦特所說的那種問題。

鴨嘴獸是卵生的哺乳動物，這類動物稱為「單孔類」，人們認為牠們類似早期的哺乳動物。只有澳洲才有野生的鴨嘴獸，牠們在夜間活動，白天躲在地道深處。在一八七二年的時候，鴨嘴獸能夠生蛋這件事情，還只是沒有經過確認的謠言。如果當時達爾文就知道鴨嘴獸除了有原始的乳腺之外，還會生蛋，那麼他應該可以更用力強調這種動物是演化史上的孑遺生物，是哺乳動物產卵的祖先和後來具備完整乳頭的哺乳動物之間的過渡期。

就和達爾文當年的推測一樣，製造乳汁的腺體在結構上類似於皮膚上的汗腺，乳腺幾乎可以確定是由汗腺演化而來、具有特殊功能的腺體。他也正確推論出泌乳的古老起源。現在的遺傳學與生物化學證據指出，最早的哺乳動物大約在二億年前出現。包括鴨嘴獸在內，會分泌乳汁的動物全部具備了一群相同的基因，製造出基本成分相同的乳汁，這便是證據。所有的哺乳動物都得起源於一個共同祖先，這個祖先當時便有了完整的泌乳機制，才會出現後來這樣的狀況。由於泌乳機制本身很複雜，需要時間才能演化出來，因此起源的時間必定早於二億年前。這聽起來很矛盾，但是蛋比飛鳥更早出現，乳腺和乳汁也比哺乳動物更早出現。

乳汁含有罕見的乳糖

乳汁是一種特殊的液體，有兩種相輔相成的功能：提供營養，以及提供保護。營養來自於乳汁中的蛋白質、脂肪、糖類（乳糖）、鈣質與其他礦物質。保護來自於乳汁中的抗體，以及其他具備抗菌功能的酵素，這些成分在初乳中特別豐富。初乳是剛出生哺乳動物最早吸到的乳汁，其中也含有母親的免疫細胞。

乳汁中含有的碳水化合物，全都是罕見的糖類：乳糖，而不是所有細胞都能夠共通使用的葡萄糖。這種情況很少見，值得注意。哺乳動物為什麼要提供這種需要消化之後才能利用的碳水化合物給幼兒？如果乳汁中含有的是即刻便能利用的高能葡萄糖，對幼兒不是更好嗎？答案可能在於乳糖的獨特性質，具備了葡萄糖所缺乏的優勢。世界上到處都充滿想要大吃葡萄糖的細菌和酵母菌，只有幾種細菌能夠利用乳糖。想想看細菌或酵母菌感染了乳腺之後，會對母親和幼兒造成什麼樣的災難？

釀酒者利用了酵母菌無法讓乳糖發酵的特性，在啤酒中加入乳糖以增加甜味，製造出來的啤酒稱為牛乳司陶特（milk stout）。如果加的是葡萄糖或是蔗糖，酵母菌會把這些糖類轉換成酒精。

如果要用特殊的糖類餵養幼兒，會產生一個問題：幼兒需要特殊的酵素分解乳糖，之後才能加以利用。哺乳類的幼兒能夠製造乳糖酶來解決這個問題。當幼兒長大斷奶之後，乳糖酶便愈來愈少，最後身體不再製造這種酵素，因為沒有需要了。成年動物吃的食物中沒有乳糖。所以，哺乳類在小時候把乳汁中的乳糖當作能量來源，成年後卻通常無法消化乳糖。

人類成年後往往也無法消化乳糖。如果你有乳糖不耐的狀況，又吃了沒有經過發酵的新鮮乳汁，那麼可能會腹瀉、肚子疼，因為腸胃道的細菌會大吃這些乳糖，讓你的肚子漲氣。如果你能夠耐受乳糖，是因為你身上有一種對偶基因，讓你在成年後依然持續產生乳糖酶。這類突變的出現與散播，與個人的家族歷史有關。

把乳汁變成沒有乳糖的優格和起司

一萬一千年前，在亞洲西南地區的農人首度馴化了牛和綿羊（參見第7章），可能是為了取得乳汁，並且吃牠們的肉。不過這些最早的農人可能沒有辦法直接飲用乳汁，就如同他們現今居住在亞洲西南地區的後代那樣，都是不耐乳糖的。他們可能把乳汁製作成優格，和當地現在的居民一樣。把含有乳酸菌的菌酛培養物混入乳汁中，便能製造出優格。大部分細菌及人類細胞失去了把乳糖當作能量來源的能力，但是乳酸菌還保有這種能力。乳酸菌以乳糖做為食物，產生的廢棄物是乳酸。讓乳汁發酵成為優格的乳酸菌，用光了乳汁中的乳糖，因此就算不耐乳糖的人也能安全食用優格。

乳汁本來是演化出來做為幼兒食品的，優格的製造過程利用了乳汁的部分功能。乳汁的蛋白質分為兩大類：酪蛋白在乳汁變酸時會變成凝塊沉澱下來，乳清蛋白這時依然溶於液體中。單獨的酪蛋白分子是細長纖維狀的，它們會聚集成奈米大小的毛球般構造，叫做微膠粒（micelle）。酪蛋白微膠粒還懸浮在乳汁中時會使光線散射，讓乳汁呈現白色，一旦沉澱了，剩下的乳清就變得澄澈透明了。

乳汁變酸之後，其中的酪蛋白會從懸浮狀態轉變成凝塊，是對母親與嬰兒都有好處的適應功能。這樣確保乳汁一開始能夠順暢的從乳腺流出，嬰兒喝下的乳汁進入胃裡的酸性環境，這時酪蛋白便沉澱了。這很重要，因為酪蛋白要好幾個小時才能夠消化完畢，如果維持在懸浮狀態，很可能就流失了。相反的，還溶於液體中的乳清蛋白容易消化，很快就會消化完畢。

起司製造者使用了含有乳酸菌的菌酛培養物，以這種方式製成的起司並沒有乳糖。起司製造者也會使用從小牛胃部取得的酵素：凝乳酶（rennet），這種酵素可以讓酪蛋白微膠粒不容易懸浮，便沉澱下來了。有些植物能夠產生凝乳酶這種酵素，例如朝鮮薊，所以朝鮮薊也能夠用來製造起司。

突變讓人類可以消化乳糖

考古遺跡中發現的古代陶器碎片上有乳汁的殘留物，這顯示亞洲西南地區的人在七千年前便食用乳製品了，特別是從事畜牧的地區。我們無法確定這些早期陶器最初用以儲存哪些乳製品，但應該是優格，而不是起司，起司可能是比較晚才發明的。最早的盛乳陶器出現後一千年，才出現製造起司所需要的器具。那是大約在六千年前，一種有許多細孔的新型陶鍋出現了，這種鍋子的碎片上附著了乳脂殘渣。這些鍋子可能是過濾器，把富含脂肪的凝塊與含有乳糖的乳清分開來，以製造起司。

新石器時代的歐洲農民和發明酪農業的亞洲西南地區人民一樣，成年之後也無法耐受乳糖。耐受乳糖的突變約在七千五百年前出現於中歐的高加索山區，這種讓成年人依然可以消化乳糖的突變基因很快便散播到整個北歐，並且從此改變了歐洲人的後代，不論他們今日住在何地。例如在美國的猶他州，超過九成的成年人能夠耐受乳糖。

為何讓乳糖酶持續產生的突變很快就遍布歐洲，但是在最初酪農業發展出來的地方卻沒有演化出來並且散布出去呢？這個問題的後半部比前半部容易回答，那是因為當地發展出了製造起司和優格的技術，把乳汁中的乳糖除去了，所以就算是乳糖不耐的人也可以享受乳製品，不會引起身體不適。在亞洲西南地區的人群中，即使出現了讓乳糖酶持續產生的突變，基於當地人利用乳製品的方式，具備這種突變也不有演化優勢，因此突變不會散播。酪農業最早出現在亞洲西南地區，但是當地人現在幾乎都沒有讓乳糖酶持續產生的突變，應該就是這個原因。

遠東地區沒有酪農業傳統，這種對偶基因也就不可能普遍。歐洲雖然有酪農業，為何沒能阻止乳糖酶持續產生的突變的演化？這個問題依然懸而未決。

乳糖酶持續產生的突變很快從中歐往北散播，是人類之中正向天擇的絕佳案例。從乳糖酶持續產生的對偶基因的散播速度來估算，這種對偶基因帶來的效益比起正常的對偶基因高出了百分之十五。這個數字可以解釋這個突變散播的方式，卻不能說明散播的原因。

雖然從演化證據來看，乳糖酶持續產生的突變能帶來很大利益，但是我們卻很難好好說明飲用新鮮乳汁在營養上有多大的好處。有人說新鮮乳汁能夠提供維生素D和鈣質，或是在農作物歉收時能當成救飢的食物，在北歐可能就是如此。

包括生命起源在內的許多演化事件往往難以了解，是因為這些事件都是獨一無二的，事件成因很能難與巧合區分開來。不過乳糖酶持續產生的突變並沒有這種問題，因為它曾經多次演化出來。

在沙烏地阿拉伯也出現了乳糖酶持續產生的突變，是發生在同一個基因上的另一種突變。在沙烏地阿拉伯，並沒有人牧養牛隻，但是當地的游牧民族貝都因人會飲用駱駝乳汁。在阿拉伯沙漠這樣乾燥的環境中，乳汁中含有的水分和其他營養成分，可能對於乳糖酶持續產生突變的演化非常重要。在東非，乳汁做為水分來源，也影響了天擇篩選出乳糖酶持續產生的突變。

在東非坦尚尼亞、肯亞和蘇丹的游牧民族，各自有不同的對偶基因，讓他們能夠飲用牛乳。這三種非洲的突變是獨立出現的，也和歐洲與沙烏地阿拉伯的突變不同，這使得乳糖酶持續產生的突變至少有五個不同的演化案例。

目前全世界有三分之一的人耐受乳糖，其他人的運氣就沒那麼好了。

起司中的微生物小宇宙

如果乳汁是哺乳動物能夠得到的最天然食物，那麼起司就是最人工食物了。人類其他的食物，不論培育之後發生了多麼重大的改變，在大自然都還有相近的親戚。起司則完全不同，因為它不是某一個物種的產物，也不是兩個物種的產物，而是幾十種細菌與真菌組合而成的微型生態池（microcosm）。從生物學的觀點來看，一塊起司便是一個微生物群系（microbiome），也就是一群不同的微生物。在自然界中，最相近的微生物群系在泥土裡。泥土中也含有真菌、細菌以及其他微生物。這些微生物會吃生物殘骸，也會把彼此當成食物。

快速又廉價的DNA定序技術，讓科學家能夠輕易確定出微生物群系中細菌與真菌的多樣性，他們研究起司微生物群系得到新發現的速度之快，自從維多莉亞時代博物學家拿著十二鉛徑獵槍和捕蟲網進入亞馬遜雨林之後，就再也沒有發生過。例如科學家稍微調查一下愛爾蘭起司，就找到了在其他起司從來沒有發現過的五個細菌屬。從生物多樣性的角度來看，這相當於坐在餐桌邊吃晚餐時，發現除了人屬之外，同桌一起共享起司拼盤的還有南猿、黑猩猩和大猩猩。

起司中的微生物，有一些是不曾在其他地方發現過的，例如藍色青黴菌（*Penicillium*

camemberti）。它們原本可能生活在土壤、糞肥，或是起司製造者的手上，後來演化成專門棲息在起司中。有些起司中的微生物演化來源更為奇特。在許多種洗浸起司的外皮上，有來自於海洋環境的細菌。起司製造者可能會用海鹽處理起司，那些細菌可能就是這時移居到起司上的。

有一種製造莫札瑞拉起司和優格的乳酸菌極具商業上的價值，那就是嗜熱鏈球菌（*Streptococcus thermophilus*）。嗜熱鏈球菌是無害的細菌，但它的祖先是會致命的細菌，引起鏈球菌性喉炎與肺炎的細菌也屬於鏈球菌。不過吃莫札瑞拉起司和優格不會讓人生病，因為嗜熱鏈球菌在適應棲息於乳汁中的過程裡，致病的基因已經突變而失去功能了。

當短炳帚黴（*Scopulariopsis brevicaulis*）這種黴菌沒有好好的在起司中盡義務時，還可以居住在皮膚、土壤、麥桿，以及跳囊鼠頰囊裡儲藏的種子裡。相較之下，短炳帚黴的近親念珠帚黴（*S. candida*）就堅守在起司裡，雖然它也曾出現在書本頁面上，科學家並沒有說明它比較喜歡小說或是非小說類書籍。

藍色青黴菌只有在起司中才找得到，相較之下，讓洛克福耳起司呈現藍色網紋的洛克福耳青黴菌（*Penicillium roqueforti*）則像是遊民，可以在任何地方出現。青貯飼料（發酵草料）、布莉歐麵包、燉水果、木材、草莓雪酪、冰箱內壁等處都可以找到這種特殊的真菌。許多國家都生產藍色起司，但是那個藍色是由洛克福耳青黴菌的不同菌株所造成的。

科學家比較了洛克福耳起司、奧維涅藍紋起司、義大利的戈根佐拉起司、丹麥藍起司和英國的史帝爾頓起司當中的菌株，發現彼此之間有顯著的遺傳差異，因此在這些藍色起司的產地，洛克福耳青黴菌菌株應該是各自從野生菌株馴化而來的。如果晚餐宴客時上起司料理時，你想給客人出個謎題，可以問他們藍起司和豬的相同之處。除了兩者都很油、很美味之外，洛克福耳青黴菌和豬都馴化了多次（參見第7章）。

乳酸乳酸球菌展開新生活

製造起司的第一步，是要加入乳酸菌酛，把乳汁中的乳糖轉換成乳酸，然後產生凝塊沉澱下來，這個過程是模仿年幼哺乳動物胃酸的效果。以傳統方式手工製造起司時，通常會用到生乳，其中含有數百種細菌，包括了乳酸菌酛，因此可以自然啟動製造起司的步驟。大規模製造起司時，用的是經過消毒的乳汁，這時需要添加乳酸菌酛。接下來的變化，取決於乳汁中的細菌和真菌種類，以及微生物群系發展的方式。

起司製造者可以從四個層面控制起司中微生物群系的發展，以決定最後成品的風味：直接加入洛克福耳青黴菌或藍色青黴菌等特定微生物、控制起司所處的溫度、控制有效濕度（通常是用鹽的分量來控制）、控制儲藏時間的長短。起司製造者設定好這些基本環境參數，剩下工作就交給微生物。乳酸菌酛中的主要細菌之一是乳酸乳酸球菌（*Lactococcus lactis*）。這種細菌會吃凝塊中的酪蛋白，把酪蛋白分解成一百多種不同的片段，使得起司具備獨特的口感與氣味。

雖然乳酸乳酸球菌在製造起司的過程中舉足輕重，但它們的野生祖先卻缺乏任何微生物要居住在乳汁中所需的基因。野生的原始乳酸乳酸球菌棲息在植物上，既沒有消化乳糖所需的乳糖酶基因，也沒有分解酪蛋白所需的基因，真是令人驚訝。我們慣於把演化看成緩慢的過程，但是在天擇壓力高且世代時間短的情況下，可以快速發生改變。對於乳酸乳酸球菌中的阿姆斯壯來說，這兩種情況可能都發生了。阿姆斯壯登陸月球，重新定義了人類在自然中的活動範圍。雖然有謠言說，他登陸的地點是用起司搭出的背景，他去的地方不是月球。或許在月光之下，最先冒險的那隻細菌確實開拓了新世界，進入乳汁中。那麼，乳酸乳酸球菌一開始是怎麼把乳汁變成起司的呢？

快速增殖對於微生物的演化來說極為重要，但是還有另一種程序也很重要：水平基因轉移，這在細菌之間稀鬆平常，在多細胞生物之間則極為罕見。我們認為普通的遺傳過程是指基因的垂直傳遞，也就是基因從親代傳到子代。基因水平轉移是同一代的個體之間彼此交換DNA。如果要用人類來比喻，就像是有個乳糖不耐的人搭上擁擠的公車，和一群乳糖耐受的人擠了幾站，下車之時身上就新得了消化新鮮乳汁的能力，而且能夠經由垂直遺傳的方式把這個能力傳給後代。實際上不論你搭公車上過了多少站，這樣的事情都不會發生，頂多會有來自其他乘客的病毒跑到你身上，細菌之間的基因水平轉移並非如此。

病毒可以把自己的遺傳物質（DNA或RNA）注入細胞中，劫持細胞的DNA複製系統，製造出更多病毒。有一種稱為質體的DNA片段也用類似的方式進入細菌細胞中，使得接受質體的細菌有了新的基因和新的能力。那個奇怪的微生物，沒有乳糖酶的乳酸乳酸球菌，便是這樣得到生活在乳汁中所需的基因。乳酸乳酸球菌可能是在牛的消化道中得到這些質體的，提供這些有用基因的應該是一起搭乘交通工具的其他種類細菌，這些細菌可能本來就遺傳到了消化乳汁的能力。在小牛還需要喝奶的時候，這個能力派得上用場。

我知道，乳酸乳酸球菌得到在乳汁中生活所需的基因，過程聽起來就和吉卜林想像的故事一樣奇幻。但是我親愛的讀者，這不是寓言故事，因為這個過程中的一些重要步驟已經在實驗室中再現了。科學家把從豆芽上取得的乳酸乳酸球菌和乳汁混合在一起，幾個小時後從這份乳汁中取出一點，放入另外的新鮮乳汁中繼續培養。這樣的程序反覆進行，在五個月中讓細菌繁殖了一千代，到了實驗最後，乳酸乳酸球菌變得能夠利用乳糖發酵，而且可以分解酪蛋白，就好像原本就能在乳汁中生活一樣，但它們後來才變成這樣的。

這些細菌不只演化出能夠在乳汁中生存的能力，也喪失一些之前生活所需的能力。它們已經無法再利用植物中的糖類，合成某些胺基酸的能力也消失了。乳糖取代了植物中的糖類，不過細菌依然需要那些胺基酸，只是現在分解乳汁的蛋白質就能得到，這讓細菌中本來合成那些胺基酸所需的基因變得可有可無。達爾文應該會很喜歡這個實驗的結果。在《物種原始》中，他用許多篇幅討論之前重要的功能如果後來沒有用處，會是怎麼失去的。他應該對這種現象背後的遺傳學非常感興趣，因為在一八五九年，我們現在了解的遺傳學內容都還沒有出現。

細菌之間的互利共生

乳酸菌酐用光了乳汁中的乳糖，並且改變起司的化學成分時，其他細菌和真菌便駐進與繁殖。這些微生物的活動造成更多改變，發展成微生物群系，讓起司有更多風味。例如在瑞士的埃文達起司中，丙酸菌會吃掉乳酸菌酐所製造的乳酸，使這種起司帶有獨特的堅果風味。乳酸是乳酸菌酐產生的廢棄物，累積多了會抑制乳酸菌酐本身的生長。但是在瑞士起司中有丙酸菌能夠消化乳酸，刺激了乳酸菌的生長。乳酸菌和丙酸菌之間的關係對彼此有利，屬於互利共生。

在演化生物學這個領域中，互利共生引發許多理論方面的討論。天擇偏好自私，但和互利共生衝突。受到自私基因驅使的個體，怎樣才能彼此合作呢？理論上，在這樣的合作關係中，最後會演化出欺騙行為，個體會利用其他人的合作行為，卻不回報對方，最後互利共生的關係便崩壞了，或甚至讓這種關係一開始就無法建立起來。瑞士起司中乳酸菌和丙酸菌之間的互利共生關係，指出了解決這個問題的方法。它們之間的互利共生關係是穩定的，因為丙酸菌得吃乳酸菌的廢棄物，不可能產生欺騙行為。

其他乳酸菌之間的互利共生關係更為複雜。製造優格的過程中，嗜熱鏈球菌和保加利亞乳酸桿菌（*Lactobacillus bulgaricus*）彼此合作，製造促進對方生長的成分。嗜熱鏈球菌失去分解乳汁蛋白質所需的基因，它們需要保加利亞乳酸桿菌所釋出的胺基酸和胜肽。保加利亞乳酸桿菌需要的許多有機酸，也只有嗜熱鏈球菌才能產生。嗜熱鏈球菌和保加利亞乳酸桿菌之間的互利共生關係，和乳酸菌和丙酸菌之間的不同，它們彼此交換的並不是廢棄物。這樣的合作關係最初是如何開始的呢？

了解細菌演化出合作關係的關鍵，在於這些單細胞生物會滲漏，總有些對於其他細胞有利的重要資源不可避免會流失到周圍環境中。很有可能某個細菌會搜尋其他細菌製造的重要資源，這樣就不必自己製造，而省下了能量。這些多出的能量可以用在其他方面，使自己的繁殖速度增加，這樣的細菌便占有優勢。

在這樣的狀況下，舉例來說，如果有個突變使得一個分解蛋白質所需的基因消失了，反而有利於帶有這個突變的細菌，就算是本來重要的功能失去了，也沒有關係。因為現在失去的功能可以由其他的細菌補償。這個突變節省下來的資源，可以在別的地方好好利用。現在，想像另一種細菌發生了類似的突變，不過受到影響的是另一種重要分子的製造過程，現在這一對細菌將會演化出彼此依靠的共生關係。只要能夠增加個別細菌繁殖速度的特徵，就能夠經由天擇的運作，讓前面的過程完整出現。這樣的合作起源於彼此的利益，而不是自我犧牲。

免不了彼此競爭

起司中的微生物不只彼此合作，也會彼此競爭。乳酸乳酸球菌和其他乳酸菌會製造細菌素（bacteriocin），這種小型蛋白質對其他細菌來說是毒素，製造這些蛋白的細菌本身不會被細菌素傷害。細菌素是細菌在戰爭中演化出的武器，同時也對製造起司的過程中有重要功用：避免那些會讓食物腐壞的細菌在起司中生長。在加工起司中，還會加入乳酸鏈球菌素（nisin）這種食品添加劑，以防止腐壞。乳酸鏈球菌素原本就是乳酸菌製造出來的。

用來製造起司的真菌也具備對抗起司微生物群系中其他生物的武器。起司中的兩種青黴菌：藍起司的洛克福耳青黴菌，以及軟起司的藍色青黴菌，都有一段相同的DNA，上面有一些基因，其中一個基因能夠產生殺死酵母菌的毒素，另一個基因能夠製造對抗真菌的蛋白質，第三個基因可能和抗微生物有關。那些沒棲息在起司中的洛克福耳青黴菌菌株並沒有這一群基因，意味著起司中的青黴菌是經由反覆的基因水平轉移後，從起司微生物群系中的其他真菌得到這些基因的。不過，科學家現在還不知道那些「其他真菌」是什麼。

錯綜複雜的微生物世界

值得注意的是，雖然起司微生物群系如此複雜，但是只要一開始使用正確的材料，製造者能夠好好控制那四個因子，每次便能製造出同樣的起司。製造起司的傳統方式打造出不存在於自然界的微生物群系，但是這種微生物群系卻能夠如自然界的微生物群系那般穩定。在起司微生物群系中演化出來的細菌素、抗生素和互利共生關係，能夠使得起司的組成分穩定，每次成品的品質都相同。

人類的食物中，乳汁是最天然的食物，然而起司是最人工化的食物，在自然界中沒有相同的東西，看起來好像充滿矛盾。食品如果用「人工」來形容，往往帶有貶意，但是從起司就可以知道，美味的人工製品其實沒有什麼好怕的。食物和人類彼此建立關係的演化過程中，如果沒有受到人類的影響，幾乎不可能成為食物。乳汁和起司完美描繪出與食物物種之間相互影響的演化關係。歐洲、東非和沙烏地阿拉伯地區出現了馴化的牛和駱駝之後，人類便迅速演化出持續產生乳糖酶的突變。

大約在六千年前，乳製品從微生物世界召喚來了新的細菌與微生物群系。微生物世界還為人類貢獻了另一種發酵產品，這種產品的演化根源比起司還要深遠。

現在是拔起酒瓶塞的時候了！

12
酒

令人沉醉

可以影響心智的液體

人類、酒精和酵母菌之間的關係，要比酒罈子深多了。酒精就是一種叫做乙醇的小型分子，是由酵母菌分解葡萄和穀物之後產生的，具有改變心智狀態的強大力量。它能夠讓情緒高入雲端，或陷入谷底；能夠讓神智變得清明或混亂；能激發情慾，卻讓之後的表現退步；能激發也能消除攻擊行為。酒這種受到渴求的食物充滿矛盾，可引發狂想，能欺騙感覺，當然能夠讓嗜酒者神魂顛倒，變得瘋狂，並且無法自拔。

酒讓人類陷入無法掙脫的糾結之中，其來有自。乙醇雖然有毒，但是人類已經演化出對乙醇的耐受性，因此乙醇才會對人類有正面也有負面的影響。在這一點上，乙醇和其他改變心智狀態的毒品完全不同。罌粟、大麻和古柯能影響腦部，是因為它們會模擬原本存在於神經系統中的物質。植物能夠製造鴉片、大麻素和古柯鹼，是演化的結果。植物把這些精神刺激成分當成對付食植動物的武器。人類和其他動物屬於同界，所以腦中的化學活動才會受到這些植物成分的影響。海洛因成癮者只是罌粟和毛蟲之戰的意外受害者。

然而乙醇不同，在人體的新陳代謝途徑中，沒有功能和乙醇相同的物質。番木鼈鹼和砷當然也是毒藥，但如果乙醇只是單純的毒藥，那麼紅酒、啤酒和烈酒就變成妾身未明的液體，必須鎖在藥房專門放置毒物的櫃子裡。乙醇和其他毒素的差別在於，人類很久之前便開始接觸到食物中的乙醇了，因為大猿的大餐是水果拼盤。黑猩猩主要的食物是果實，人類和黑猩猩的共同祖先在五百多萬年前應該也常吃水果。有成熟果實的地方，就有酵母菌；有酵母菌的地方，就有醇類。人類是大猿，都是會吃葡萄的猿類。

讓葡萄發酵的微生物

成熟葡萄的表皮上，長了一層微生物。微生物像軍隊一樣包圍著果實，就像是包圍著儲藏了大量食物的堡壘。當葡萄採收並壓榨成汁，準備發酵時，其中便含有數百種細菌和真菌。葡萄發酵的過程很像起司發酵的過程（參見第11章），微生物為競爭果實中五花八門的碳水化合物，並且排出廢棄物來毒殺其他微生物，使得微生物的種類此消彼長。最受微生物歡迎的食物是糖類，主要的有毒廢棄物是乙醇。

釀酒者並沒有特意加入某種微生物，但是在讓葡萄發酵的微生物中，通常有一種能夠擊敗其他競爭者，登上吃下糖類、製造乙醇的冠軍寶座，這種微生物是釀酒酵母（*Saccharomyces cerevisiae*）。還有一些酵母菌排在後面，各自有著奇特的名稱：達克酵母（*Dekkera*）、畢赤酵母（*Pichia*）和克勒克酵母（*Kloeckera*），這些酵母菌也參與了葡萄酒的釀造過程，不過隨著釀酒酵母持續活動，酒精濃度也愈來愈高，最後只有釀酒酵母耐得住這樣高濃度的酒精。

由於酵母菌在發酵飲品中居於核心地位，因此酒精飲料的演化並不是從一萬年前葡萄或穀物馴化時才開始的，也不是二十萬年前現代人類出現時才出現的，更不是一千萬年前大猿這個分類群出現時便有的，而是約在一億五千萬年到一億二千五百萬年前之間的白堊紀就展開了，那時候能夠結出果實的開花植物剛現身。當時，現代釀酒酵母的祖先便開啟了分解水果中糖類的事業，並且在接觸到空氣時能夠把糖轉換成乙醇，自此奠定了製造飲料這個龐大產業的遺傳基礎，同時也讓發展出能帶來利益的副業：做麵包。

釀酒酵母的生涯奉獻給把糖轉換成乙醇這件事，本身就很特別。為什麼不和其他酵母菌一樣直接把糖用來當成生長所需的原料就好？轉換成乙醇簡直是浪費能量。答案之前提示過了，這是因為乙醇可以做為抑制其他酵母菌和細菌生長的武器。

酵母菌酵素的大躍進

釀酒酵母利用醇去氫酶（alcohol dehydrogenase，簡稱ADH）製造乙醇。大約在八千萬年前，*ADH* 基因發生重複，成為兩種基因，現在的釀酒酵母具有這兩種不同的基因。兩基因的蛋白質產物都由三百四十八個胺基酸組成，只有幾十個胺基酸不同，但執行的工作卻完全相反。*ADH1* 基因的蛋白質產物擁有果實最初演化出現時就具備的功能，也就是製造乙醇。第二個基因（*ADH2*）製造的酵素能把乙醇轉換成乙醛，用於酵母菌的代謝過程中。

原來的 *ADH* 基因變成兩種，是演化上的一大進步。在只有一種基因的時候，釀酒酵母採用的策略是「餓死鄰居」：製造乙醇使得競爭者沒有糖可用，同時乙醇又有毒；不過代價是要消耗糖來製造乙醇，這些乙醇沒有辦法回收使用。第二種基因演化出來後，便能夠把第一種基因製造的乙醇轉換成乙醛，這便讓釀酒酵母有了新的策略：「製造乙醇，累積乙醇，利用乙醇」。現在乙醇可以當成武器，也可以當成存糧，兩者功用合而為一。把乙醇轉換成乙醛的過程需要氧氣，所以如果你要避免釀酒酵母用 ADH2 酵素把乙醇消耗掉，使得 ADH1 酵素做白工，就得讓釀酒罈子隔絕空氣。

人類喜歡酒精，源自愛吃水果的靈長類祖先

果實腐爛了，自然會開始發酵，釀造葡萄酒只是這個過程的人工版本。人類的靈長類祖先以果實為主食，有時候果實便含有少量乙醇，因此人類能夠耐受乙醇，然後才會想要釀酒。這個理論之前只是猜想，但是最近得到的遺傳證據讓這個理論開花結果。人類能夠耐受乙醇，是因為人類也有一種剛才提過的醇去氫酶，不過精確來說，人類的版本叫做

ADH4。如果肝臟中的乙醇濃度太高，ADH4就會把乙醇代謝掉。

科學家由ADH4的遺傳密碼重建這個基因的演化過程，發現到這個堪稱嗜酒靈長類的良伴，大約在二千一百萬年到一千三百萬年前突變成為現在的樣子。那大約是人類和紅毛猩猩的共同祖先生活的年代。如果你拿一罐啤酒給紅毛猩猩，牠不會感謝你。人類的近親大猩猩具備了這種*ADH4*突變。至於是否要和大猩猩一起喝酒，你得在腦袋清醒的狀況下做出判斷。

在*ADH4*基因上有一個突變，造成酵素的胺基酸序列中，有一個胺基酸改變了。這樣的改變相當於在這本書的兩三頁裡面改了一個字，但效果是讓這個酵素分解酒精的能力增強了四十倍。這種改變有兩項優點。

首先，在人類演化的歷史中，非洲的氣候有一段期間變得比較乾燥，靈長類得適應樹木變少，莽原變多的環境，所以在地面上活動的時間可能變長了。比起在樹上摘到的果實，從地上撿到的果實，腐爛的程度更嚴重，當然也含有比較多乙醇。這時，*ADH4*突變就很有用了。我喜歡這個「從樹上晃蕩改為到地上酒吧晃蕩」的概念，但是這個理論只有間接證據支持，並沒有實際的證據指出，靈長類是因為在樹上的活動減少，才有*ADH4*基因演化出來。

*ADH4*突變可能有的第二項優點，比第一項優點容易評估。具有高效能的醇去氫酶，

不但能夠吃腐爛水果，使得食物來源增加，而且酒精本身就是富含能量的食物。在等量的情況下，乙醇提供的能量將近是碳水化合物的兩倍，所以「液體午餐」這回事具有扎實的科學基礎。當然從醫學的角度來看，這個玩笑就不健康了。

生物學家杜德利（Robert Dudley）認為，人類會喜歡酒精，而且有的人會酗酒，起源於人類吃水果的祖先。*ADH4* 的演化過程顯然支持這種想法，因為人類的確能夠耐受酒精。不過，這個理論並無法解釋為什麼有些人會有酒癮，有些人卻沒有。

為什麼有人千杯不醉，有人滴酒不沾？

飲酒量以及容易產生酒精濫用的程度，在不同人群以及文化之間有很大的差異。其中一些差異來自於遺傳，是另一種醇去氫酶造成的，這種酵素稱為 ADH1B。在中國和日本，製造 ADH1B 的基因有一種突變的出現頻率特別高，這兩個國家有百分之七十五的人，至少帶有一個稱為 *ADH1B*2* 的對偶基因。東南亞的人有五分之一帶有這個對偶基因，但是在歐洲人和非洲人中卻極為罕見。

具有 *ADH1B*2* 對偶基因的人，比較不容易大量飲酒或是酒精成癮。*ADH1B*2* 這個突變其實可以讓乙醇的代謝速度增加為百倍，因此這個結果乍看之下頗為矛盾。回想看看，在大猿演化的早期，*ADH4* 的突變使得 ADH 酵素的活性增強，因此人類才能夠耐受酒精，多少會想喝酒。這兩種酵素都能夠把乙醇轉換成乙醛，乙醛會造成噁心與頭痛，是酒醉症狀的元凶。這兩種基因都有能夠讓醇去氫酶活性提高的突變，但是為何結果南轅北轍？

這是由於兩種酵素是在不同酒精濃度下運作的關係。ADH4 在酒精濃度高的時候發揮作用，ADH1B 則是在酒精濃度低的時候工作。由於 ADH1B 在乙醇濃度低的時候便運作了，*ADH1B*2* 這個對偶基因產生的高效能酵素，在一點點酒進入了身體之後，就會馬上產生大量乙醛，讓身體很不舒服。因此，有這種對偶基因的人鮮少飲酒過量。他們得到心血管疾病和某些類型的中風的機率也大幅下降。

相較之下，酒喝得多的人，往往不顧 *ADH1B*2* 對偶基因造成的不適，或根本沒有這種對偶基因，而是由 ADH4 發揮效用，這樣容易養成飲酒習慣，但是這種習慣所付出的代價便是自己的健康。

我們可以把肝臟想像成把酒精轉換成乙醛的處理槽。乙醛是有毒成分，所以槽中的乙醛濃度必須受到監控。濃度會受到三個因素影響：一、有多少乙醇經由血液流到肝臟；二、醇去氫酶把酒精轉換成乙醛的速度有多快；三、把乙醛代謝掉的速度有多快。在肝臟中，最後這個步驟由三種乙醛去氫酶（acetaldehyde dehydrogenase，簡稱 ALDH）負責。如果你飲酒的分量少，或是酵素轉換酒精和乙醛的速度飛快，整個過程進行順暢，那麼酒精和乙醛就不會回到血液中，你也不會宿醉了。但不是每個人都那麼好運。

有些人的乙醛去氫酶基因上有突變，使得乙醛去氫酶代謝乙醛的活性下降。目前知道這樣的突變有兩種，一種出現在北歐，另一種出現在東亞。後面這種對偶基因的出現頻率高達百分之四十，帶有這種基因的人，身體中的乙醛去氫酶功能不佳，喝酒之後乙醛便快速累積起來。

這種突變的缺點是，喝了酒馬上就會醉，但是優點是由於醉了非常難過，所以只要有一個這種對偶基因，幾乎就不會酗酒。有兩個對偶基因的人（分別來自於父母），宿醉的狀況會非常嚴重，完全不會對酒精產生依賴。

所以，如果你的祖籍是東亞，那麼很有可能不太會喝酒，這是因為你帶有高效*ADH1B*對偶基因和低效*ALDH*對偶基因的機率很高。你喝酒的時候，體內很快產生許多乙醛。第一種酵素調節乙醛產生的速度，第二種酵素影響乙醛分解的速度，如果你這兩種對偶基因都有，我可以和你打賭，你是個滴酒不沾的人。

至於為什麼這些對偶基因在東亞那麼普遍，還需要進一步研究，但是可能和酒類的飲用量無關，因為醇去氫酶和乙醛去氫酶也參與了其他代謝途徑。

有些食物能影響乙醛的產生與代謝，如果和酒一起食用，會造成身體不適。墨汁鬼傘（*Coprinopsis atramentaria*）這種菇只有配酒吃下去才產生毒性。這種真菌含有鬼傘素

（coprine），會使得乙醛去氫酶失去活性，吃了菇之後，在幾分鐘內喝酒，便會引發嚴重的酒醉不適。

含有醇去氫酶的食物也很有可能和酒產生反應，例如，中央乳酸球菌（*Lactococcus chungangensis*）製造的軟起司中，含有大量醇去氫酶和乙醛去氫酶。科學家在實驗中讓小鼠同時實用這種起司和乙醇，結果小鼠體內乙醇的濃度會下降。這種乳酸球菌並非經常用來製造起司的乳酸菌，要是廣泛使用，可能改變起司葡萄酒餐會，呃，至少會改變小鼠的起司葡萄酒餐會。

釀酒的考古證據

靈長類動物、酵母菌與果實，在很久之前就有演化上的關連。所以在人類會栽種作物之後，製造發酵飲料是意料之中的結果。甚至經常有人認為，人類最早栽種穀物不是為了製造麵包，而是為了釀造啤酒。啤酒不但營養豐富，而且酒精發酵的過程能夠抑制有害細菌的生長，以前的供水系統中可能會有這些細菌。

目前發現到發酵飲料的最早直接考古證據，是殘留的發酵米粒、蜂蜜和果實，出現在中國河南省賈湖，一座新石器時代村落的陶罐裡。這些九千年前釀的酒，用了葡萄或山楂做為原料。雖然這是已知最早的釀酒證據，但不會是最早的釀酒活動，甚至不是在中國境內的最早釀酒活動。

中國有許多種原生的野生葡萄，但是歐洲只有一種，叫做釀酒葡萄（*Vitis vinifera*）。從釀酒葡萄馴化而來的葡萄，數千年來都是釀造葡萄酒的原料。野生的葡萄雖然罕見，但是從北非到萊因河流域之間可以找到。栽培種葡萄和野生葡萄有幾點重大的差異。野生葡萄的雄花和雌花長在不同的植株上，所以野生葡萄只有一半的植株會結果，而且需要雄株才能讓葡萄花授粉、結果。馴化的葡萄有兩性花，也就是花上面同時具有雄性構造和雌性構造，所以每株葡萄藤都能結出葡萄。栽培種葡萄也比較大顆大串、著果比較密，含糖量也比較高。

最早使用釀酒葡萄來釀酒的證據，來自於伊拉克札格洛斯山脈的一座新石器時代村莊，考古學家在那裡發現了一個有七千年歷史的罐子，裡面殘留了葡萄與樹脂的成分。傳統上，這種樹脂會加入葡萄酒中，好抑制會產生醋酸的細菌的生長。古代人使用沒藥的樹脂，現在希臘的樹脂葡萄酒（restina）就具有獨特的風味。在這個考古遺址的北方約一千公里外，位於亞美尼亞阿雷尼（Areni）村莊附近，高加索山區的一個洞窟中，考古學家很高興的找到了一座有六千年歷史的壓榨葡萄酒槽。這個酒槽稍微傾斜，用密實的黏土把表面修補得很光滑，讓葡萄汁可以流入放在地面之下的罐子中。地上有乾燥的葡萄、葡萄皮和葡萄枝，還有一些適合用來釀酒和儲存葡萄酒的大罐子。有一個大罐子和地上的一些小瓶子裡還有紅葡萄的殘留物。這些發現明清楚指出，阿雷尼是世界上已知最早的葡萄酒廠，只欠一張上面印著「西元前四千年紅酒」的酒標了。阿雷尼的居民現在依然釀造葡萄酒。《葡萄酒自然史》的作者泰特薩（Ian Tattersall）和德薩爾（Rob DeSalle）在美國紐約市買了一瓶阿雷尼葡萄酒品嘗之後，在書中描述：「具備了鮮豔紅色果實與黑櫻桃的顏色，質地豐厚，讓我們記憶深刻，很想再來一瓶。」

葡萄的馴化與散播

瓦維洛夫（參見第4章）認為葡萄最初在高加索山區馴化，當地現在還有許多野生葡萄。我們會希望利用現代遺傳學，可以指出最早葡萄馴化的明確地點，但是其實有困難。因為自從葡萄馴化以來，這整個地區的野生葡萄就一直和馴化葡萄交配，使得最早開始馴化的遺傳特徵已經模糊難辨了。不過種狀況也有好處。葡萄栽培時往往用扦插繁殖，以維持品種的一致性。野生葡萄和栽培葡萄之間的基因交流，有助於維持葡萄的多樣性。

雖然遺傳證據有限，仍然足以支持考古證據，說明葡萄最晚是在一萬年前在高加索山區馴化的，然後往南散播到肥沃月彎，在五千年前抵達埃及，往西經由地中海沿岸進入南歐，在二千五百年前抵達法國。有些研究葡萄的學者認為，在葡萄錯綜複雜的遺傳組成中，應該隱藏著證據，說明釀酒葡萄也在地中海沿岸西部地區獨立馴化過一次，但是目前這個說法還沒有廣受支持。

葡萄酒的神祕感，加上對於對於自己所屬土地的沙文主義，讓有些人宣稱葡萄在義大利的薩丁尼亞島、法國南部的隆格多克，或是西班牙，有了第二次馴化。但是這些都比不上喬治亞人的自豪，他們堅持葡萄最早是在該國的高加索山區中栽培的，而這份榮耀也證實應該歸於他們。所有的葡萄藤應該都是從那裡的祖先蔓延出來的。

實際上，每株葡萄就和每個人一樣，都是基因穿越歷史產生的結果，基因適應環境，隨著外在狀況改變個體。根據估計，目前約有一萬個葡萄栽培品種，釀酒葡萄的多樣性幾乎和人類一樣，不過葡萄有一種很善於利用的演化訣竅：無性繁殖，這是人類沒有的。

跳躍基因創造新品種

從羅馬時代開始，人們便以嫁接的方式，把選定的葡萄品種接到砧木上。這意味著屬於同一栽培品種的葡萄，都是單一無性繁殖系的果實。現有的品種雜交可以產生新品種，然後人類再選擇出想要的後代，用嫁接的方式進行無性繁殖。由於新品種的親代，傳統上是當地已經有的葡萄品種，所以相近的品種會群聚在某個地域。例如，科學家分析西班牙北部葡萄品種的遺傳組成，發現它們彼此的親緣關係都非常接近。

羅馬時代之後，製造葡萄酒的葡萄藤隨著基督徒散播到歐洲各地，因為基督教的聖餐禮需要用到葡萄酒。當年朝聖者從法國跨過庇里牛斯山，到西班牙的聖地牙哥康波斯特拉（Santiago de Compostela）朝聖，西班牙的葡萄品種最早應該就是沿著這條路線帶來的。

無性繁殖系的植物有時候會自己產生突變的枝芽，稱為芽變（sport）。這種芽長得和植株的其他部位不同，葡萄可以用這種方式演化出新品種，由栽培者選擇是否要繁殖這個突變芽。皮諾（Pinot）屬於古老的「高貴」葡萄品種，用來釀造香檳和勃艮第葡萄酒，許多從黑皮諾演變來的品種就是這樣出現的。在法國，有六十四個公認而且登記在案的皮諾品種。各個葡萄無性繁殖系的大部分突變是由轉位元（transposable element）造成的。轉位元是一段不受控制的ＤＮＡ序列，能夠在基因組中複製出很多份，並更換位置。在葡萄的基因組中，轉位元占了四成，在人類中則高達一半。

轉位元有的時候也稱為「跳躍基因」，不過它們並不具備能製造蛋白質的基因。在演化上，轉位元的地位舉足輕重，因為它們在轉位的時候，能夠插入有功能的基因而造成突變，要不改變基因的功能，就是破壞基因的功能。皮諾葡萄的許多新無性繁殖系便是由這種常見的突變造成的，例如白皮諾（Pinot Blanc）、灰皮諾（Pinot Gris），各有不同的顏色。黑皮諾（Pinot Noir）和其他深色或紅色的品種，顏色來自於花青素。白皮諾、灰皮諾或其他顏色淡的葡萄則缺乏這種色素，因為轉位元破壞了控制花青素製造的基因。

轉位元也可以從功能基因中跳出來，效應就和跳進功能基因相反。義大利（Italia）與亞歷山大麝香（Muscat of Alexandria）這兩種白葡萄品種，就是因為轉位元跳走，使得基因恢復功能，各自產生出奧山紅寶石（Ruby Okuyama）和火焰麝香（Flame Muscat）這兩種紅皮葡萄。產生白色果實的葡萄帶有兩個白色（突變）對偶基因。不過大部分的深色品種，例如黑皮諾、西拉（Syrah）和梅洛（Merlot），還有一個白色對偶基因。這意味著一份花青素就足夠，兩份就太多了。

有一種可能的解釋是，對植物來說，製造色素的成本很高，不論天擇、人擇，或是天擇加人擇，都偏好有一個花青素製造基因關閉起來的無性繁殖系。不過，這個假說還有待檢驗。

一場蟲害差點毀了歐洲葡萄

用嫁接的方式繁殖葡萄，能夠保持葡萄品種的遺傳特性（基因型）的一致。這種做法在一八六〇年代帶來了意想不到的好處。當時法國南部出現一種新的葡萄病害，使得葉片提早掉落、葡萄串枯萎、根部腐爛。通常新病害來襲時，剛開始不容易找出病因，這次也是如此。從死亡的葡萄藤看不出來是被什麼東西摧毀了，直到蒙佩利爾大學的植物學教授普朗松（Jules Émile Planchon）靈光一現，檢查了受害地區周圍還保持健康的葡萄藤，發現到這些植物的根部有許多蚜蟲般的昆蟲在吸食葡萄藤的汁液。

當時歐洲人還不知道這是什麼蟲子，普朗松花了將近十年，才解開這種昆蟲的複雜生活史，牠的生活史總共包含了整整十八個階段。在此同時，病害持續擴散，摧毀了法國的葡萄園，也蔓延到西班牙、德國和義大利的葡萄園。後來美國密蘇里州的昆蟲學家萊里（Charles Riley）聽說有種昆蟲正在毀滅歐洲的葡萄園，他猜想可能和棲息在紐約州葡萄葉片上的蟲子是同一種，只是這種蟲到了法國是棲息在葡萄根部。一八七一年，萊里前往法國，親自看到這種蟲，確認在法國的和在美國的是同一種昆蟲。這種昆蟲現在稱為根瘤蚜（*Daktulosphaira vitifoliae*）。

萊里是達爾文的早期信徒，他從演化的角度看待根瘤蚜引起的問題。他想到既然這種昆蟲原生於美國，美國的葡萄應該已經適應了，能夠抵抗這種昆蟲，因此解決歐洲根瘤蚜疫情的方式，是把歐洲的釀酒葡萄品種，嫁接到來自美國、能夠抵抗根瘤蚜的葡萄砧木上，例如河岸葡萄（*Vitis riparia*）。

一八七三年，普朗松前往美國，看到美國葡萄園中有歐洲移民栽種的釀酒葡萄，他們希望能夠釀造出家鄉的葡萄酒，但是徒勞無功。不過在這些注定失敗的葡萄園之外，有人帶他到德州看嫁接在當地野生葡萄上且生長茂密的釀酒葡萄。他聽說釀酒葡萄唯一能夠在美國生長的方式，是嫁接到美國原生的葡萄砧木上。

一開始，法國人不願意相信那個帶來問題的國家也能帶來解答，但是最後嫁接在抗根瘤蚜砧木上的葡萄，挽救了歐洲的葡萄產業和古老品種。萊里的貢獻有目共睹，因而獲頒著名的法國榮譽軍團勳章。

萊里對於演化的見解，也讓他提出警告：美國的康考特（Concorde）品種可能會使根瘤蚜演化出侵襲美國品種的能力，雖然這個品種當時仍安然無恙（康考特是美國的葡萄物種和歐洲釀酒葡萄雜交出來的品種，而不是嫁接產生的品種）。一個世紀後，萊里的預言成真，現在根瘤蚜已經適應了，能夠棲息在美國的康考特葡萄上。

根瘤蚜危機使得歐洲葡萄品種的遺傳多樣性大幅減少，因為不是每個品種都來得及嫁接到美國砧木上。曾有一度，大家以為卡門內（Carménère）這種紅葡萄品種從此消失了，但幸好法國葡萄在十九世紀深受全世界歡迎，很多地方都有栽培，後來有人發現中國和智利還有種卡門內葡萄，因為那兩個國家沒有根瘤蚜。

酵母菌的祕密生活

人類會影響造酒原料的演化，不只局限於改造葡萄，酵母菌的基因組裡也留下了人類嗜酒的痕跡。釀酒酵母分布於全世界，但是各地會馴化當地的野生釀酒酵母來做為製酒的菌株。歐洲用來製造葡萄酒的釀酒酵母菌株全都起源於地中海沿岸地區，雖然其中有一些菌株後來出現在美國酒廠做同樣的工作。然而日本的清酒用的是當地的釀酒酵母菌株，中國的米酒、奈及利亞的棕櫚酒、巴西的蘭姆酒也分別使用自己的菌株。這些做酒用的酵母菌，每一株都是從當地的釀酒酵母野生族群中取得，在反覆使用的過程中馴化，讓這種酵母在我們提供的生態區位（就是造酒原料）達到適應良好的地步，無論原料為何。

科學家研究世界各地馴化酵母菌的來源時，蒐集了野生酵母菌、葡萄園的酵母菌，以及葡萄酒廠的酵母菌。他們從野生的釀酒酵母中，發現這個物種竟然有令人意想不到的自然史。

在地中海沿岸，葡萄在特定的季節才會結果，那麼沒有果實的時候，酵母菌棲息在哪裡？平常要如何散播？這一直都是個謎。現在我們知道，酵母菌整年都會棲息在橡樹的樹皮上，可能是以樹汁當食物。費邊胡蜂的消化道中也有釀酒酵母。胡蜂會吸食成熟葡萄的汁液，葡萄收成的時節，葡萄園中會有非常多胡蜂，使得野生釀酒酵母族群和葡萄園釀酒酵母族群之間能夠在生態上有所交流。胡蜂是酵母的長期棲所，成蜂餵食幼蟲的時候，會把酵母菌傳到下一代去。

來自釀酒師鬍子的酵母

現在用來製作葡萄酒和啤酒的酵母菌株，是經過篩選之後特別培養的，以減少和野生菌株之間的基因交換。不過，有些釀造葡萄酒和啤酒的人依然使用野生酵母菌。位於美國俄勒岡州紐波特的羅格（Rogue）精釀啤酒廠，名副其實的使用了「釀酒（者）酵母」，他們有一隻啤酒採用來自釀酒師鬍子中的「野生」酵母菌來釀酒。

不過就算是在保持整潔乾淨的啤酒廠（真的有的話），釀酒之後，酵母菌會持續存在於環境中，不會受限於季節。葡萄釀造有季節性，因為要配合葡萄的產季，但是大麥和其他用於釀造啤酒的穀物便於儲藏，能夠在需要的時候拿來使用，因為種子本來在自然中就適合長期保存，好在植物後代萌發時提供養分。釀造啤酒時，第一步就是讓穀粒發芽，使種子的酵素活化，把其中澱粉分解成糖釋放出來，以便酵母菌後續能夠利用。

自然環境和釀造環境不同，這對酵母菌造成了天擇效應，讓它們為了利用不同資源，做出不同適應。釀酒酵母在適應釀造葡萄酒的環境時，得到了三段外來DNA，上面一共有三十九個基因，這些DNA是以基因水平轉移的方式得到的。這些基因的功能與釀酒的關係非常密切，例如能夠幫助釀酒酵母利用發酵葡萄汁中的多種糖類、胺基酸和氮源。這個現象指明了微生物基因組的流動性非常高，這些物種之間能夠頻繁發生基因水平移動，但是由於親緣關係太遠，反而無法經由有性生殖來交流基因。

會形成酒花的酵母

釀酒酵母有一種稱為酒花酵母（flor yeast）的菌株，更是特別適應了葡萄酒這種環境。這種酵母菌會在許多白葡萄酒的熟成過程中使用到，尤其是雪利酒之類要在酒桶中熟成的加烈葡萄酒。

酒花酵母格外適應發酵的最終階段，這時葡萄酒中所有的葡萄糖和氧氣已經用光了，酒精濃度也達到最高點。一般酵母菌在這種狀況下無法生長，但是酒花酵母菌適應了這種狀況，反而可以大量繁殖。

酒中葡萄糖濃度夠低的時候，會刺激這種酵母菌中的*FLO11*基因啟動，使得酵母菌的表面變得疏水。如此一來，酒花酵母彼此會聚集在一起，並且封住二氧化碳氣泡，酵母菌便能浮在葡萄酒的表面，形成生物薄膜，稱為「酒花」，也就是這種酵母菌的名稱由來。

酒花酵母長於葡萄酒和酒桶中的空氣之間，可以從兩邊得到好處：能夠接觸到下面的葡萄酒，以及上面空氣中的氧氣，這使得它們能夠把乙醇當作能量來源。

北歐的傳奇酵母

低溫的時候，釀酒酵母的發酵能力比不上其他酵母菌，但是其他的酵母菌耐受酒精的程度不如釀酒酵母。在低溫發酵時發現的酵母菌，通常是釀酒酵母和其他種酵母菌的雜交種，它們結合了兩者的優點，在低溫時的發酵能力比較好。在窖藏啤酒（拉格啤酒）中，獨立出現了幾次。

有一種窖藏酵母*Saccharomyces carlsbergensis*，最早是在丹麥哥本哈根的嘉士伯啤酒廠（Carlsberg）的啤酒槽中發現的，於是以廠名來命名，所以這種酵母可以用學名直接叫做「嘉士伯酵母」。這種酵母到底是怎麼出現的？我們還不知道全部的故事，但它的遺傳組成可以透出部分情節，就像一則北歐傳奇。

我們從基因可以知道，嘉士伯酵母是由到處喝酒的釀酒酵母，和經得起寒冷的真貝酵母（*Saccharomyces eubayanus*）雜交而成的。但是真貝酵母可能有兩個來源：一是遙遠的阿根廷南方，巴塔哥尼亞的假山毛櫸樹皮上；還有西藏高原上也發現了這種適應寒冷環境的酵母菌。嘉士伯酵母的基因祖除開來自釀酒酵母的部分，其餘部分和這兩個地方的真貝酵母有超過百分之九十九的相似度。我們得要有所羅門王的能力，以及更多的鑑識證據，才能確定嘉士伯酵母適應寒冷的基因，是來自於寒冷的南美洲南端或是寒冷的亞洲之脊。從哪裡來都好，更大的謎團是，這兩個地方距離歐洲都遠得要命，那些基因是怎麼來到歐洲的，反正它們辦到了。

一八四五年，嘉士伯啤酒廠的創辦人雅格布森（Jacob Christian Jacobsen）從德國慕尼黑的獅牌釀酒廠（Spaten Brewery）取得了釀造啤酒用的酵母菌。我們並不知道這個來自德國的酵母菌種源中，是否就有真貝酵母，或是有真貝酵母與釀酒酵母的雜交種，但是其中一定含有嘉士伯酵母的原始遺傳物質。

這批培養酵母菌用來釀造嘉士伯啤酒，持續了三十八年。假設每個星期釀一次新啤酒，我們把啤酒杯墊翻過來當計算紙，可以算出在這段期間中，連續製酒約二千次，篩選了好幾萬代的酵母菌。這表示，不論第一次發酵時用的是什麼酵母菌，三十八年後，出現了一群完全適合丹麥釀酒廠的酵母菌族群。到了一八八三年，嘉士伯酒廠實驗室的微生物學家韓森（Emil Christian Hansen）培養出純系的嘉士伯酵母。

有了純系培養的菌株，嘉士伯酒廠便能夠控制啤酒的品質，改變釀酒的面貌，奠定該公司成為跨國企業的基礎。

軼事、美酒、宴會

嘉士伯酵母菌的故事如果披上了安徒生童話的外衣，就會變成酗酒的無賴和來自遠方異國的流浪者相遇，兩人生下的後代聰明又正直，最後成為舉世聞名的富豪。

同樣的，葡萄的遺傳歷史曲折離奇，也足以拍成二十六集的電視連續劇。當然其中的角色都得換成人類，名字也要改一下，劇情內容包括了以通姦的方式讓古老衰敗的家族復甦、性轉變、瘟疫流行、淪落在外的親屬回歸。

演化的路徑就像是通往真愛的道路，總是迂迴起伏不斷。

美酒適合在社交場合享用，因為酒能夠促進歡樂氣氛，讓對話更流暢詼諧，創造出愉悅的時光。葡萄酒讓我們更風趣，至少我們希望如此。

提供充足的食物和酒，能夠讓一頓飯變成一次盛宴。宴會把我們演化與食物的探究之路，引領到社會學這個領域之中。

13
盛宴款待

社會行為

一場驚心動魄的盛宴

不論在宴會上或是遇到饑荒時，人類會分享食物。這種分享食物的動力來自於內心深處，但這並不意味所有的人都有公平的機會能分到食物。如果事情有那麼單純就好了。食與社會關係糾纏在一起，並和接連而來的複雜情節牽扯不清。沒有一個國家的歷史，比得上衣索比亞更能彰顯這種糾葛。在這片土地上，盛宴與饑荒交織，這裡也是阿法南猿的故鄉，以及孕育出人屬的搖籃。

一八八七年，衣索比亞皇帝孟利尼克二世（Menelik II）的第三任妻子泰圖（Taytu Betul）策劃了一場盛宴，慶祝新首都阿迪斯阿貝巴中一座新落成教堂的啟用。這次盛宴是以皇家等級來規劃的，好匹配孟利尼克二世的軍事成就。他最近擊敗了鄰近的國家，以及殖民地的義大利軍團，讓這個將近有二千年歷史古老的帝國重現一些昔日光輝。恩托托聖瑪麗亞教堂的庭院中豎立了巨大帳棚，這座教堂位於山上，能夠俯瞰整個城市，泰圖皇后在這裡打造了足以載入史冊的宴會。

宴會持續了五天，賓客吃掉的燉肉，用了五千多頭牛、綿羊、山羊當材料。當時衣索比亞的牲畜數量是非洲各國之冠。皇室貴族最喜歡的菜餚是「紅椒嫩煎全熟碎牛肉……辣燉羊肋排與羊肉塊……三分熟牛排佐辣醬汁……羊肋排薑黃湯……辣豆醬煮肉丁。」

這些肉是用手拿著因傑拉餅沾來吃的，這種大片膨鬆的煎餅，是用衣索比亞畫眉草種子磨成粉再發酵之後製成，這種草是當地馴化的穀物。在宴會中，有上千個裝著因傑拉餅的籃子在賓客的手中傳遞，由五個分開的廚房持續供應。有四十五個大陶罐，裝著以紅辣椒粉調味的奶油，也在賓客之間流轉。如果渴了，也有四十五大罐泰吉（一種蜂蜜酒）可以喝。山上有一座裝泰吉的酒槽，接出了十二根管子，酒靠著重力流下來，可以馬上裝滿酒罐。地位比較低的賓客喝的是用發芽大麥和烤大麥釀成的燻啤酒。

泰圖皇后在聖瑪麗亞教堂的宴會，聚集了他丈夫所征服區域的所有料理。這場宴會是治理國家的手段，就是要用驚心動魄的料理，震撼賓客和那些受統治的國家。官方紀錄寫道，在這場盛宴中，泰吉酒加上因傑拉餅剛煎好的香氣，讓人心醉神迷。但是這場盛宴不是好的開始，而是饑荒的前兆。接下來的五年中，旱災與牛瘟接踵而至，國內的牛隻減少了九成，三分之一的人民死亡。

為什麼人類願意分享食物？

衣索比亞的歷史充滿動盪與不安，從西元前二百五十年起就經常出現旱災與饑荒，但是最慘的幾次饑荒發生於近代。當時乾旱、武裝衝突、人口壓力、環境破壞與極權政府，剛好同時在這個國家出現。這些因素在一九八三年到一九八五年之間到達高峰，八百萬人受饑荒所苦，有六十萬到一百萬人因而死亡。

如此嚴重的饑荒，使得人們彼此幫助的正常本能受到破壞。三分之一的衣索比亞家庭會分享食物與金錢給挨餓的親戚，但是大部分的人連自己吃飽都困難。人們寧願承受無法或不能分享資源所帶來的羞愧，也要避免面對親戚。衣索比亞政府協助飢餓國民的步調緩慢，然而電視上出現該國男女老幼，身形枯槁瘦弱的悽慘景象，激起世界各地大眾的巨大迴響。一九八四年年底，西方人民就捐助了超過一億五千萬美元，相當於現在的四億五千萬美元。

這場悲劇顯示，人類有能力分享食物或者可以購買食物的財物時，願意分享給沒有親緣關係，甚至是不認識的人。分享食物是利他行為的經典範例。利他行為的定義是自己付出成本讓他人獲得利益的行為。

如果用天真單純的想法看待天擇，會認為分享資源給陌生人的行為，並不是適應的結果，因此需要特別的演化解釋。對有些人來說，連問「人們為何會分享」這件事都是很不恰當的；但是探究分享與照顧他人這類社會特徵的演化由來，並不是要貶低這些社會特徵，而是要問：人類的人道行為是從何而來的。

親緣選擇

有演化理論以來，要解釋利他行為的演化，一直都困難重重。達爾文在《人類原始》中寫道，有些人具有所謂的「德行」，就是那些「讓人奉獻於部族人數成長的狀況，過於複雜，難以查得水落石出。」在由自私基因掌控的世界中，無私要如何演化出來？目前有三種解釋。

首先是親緣選擇（kin selection），這個理論的基礎在於，每個人的親戚都有一些和自己相同的基因，包括理論上的「利他基因」。舉例來說，來自同一對雙親的手足之間，有一半基因是相同的。

二十世紀的演化生物學家霍登是個博學通才，以含有深刻見解的妙語成名，他曾經說過：「我願意為八個表兄弟或是兩個兄弟付出生命。」比起親兄弟，堂表兄弟的親緣關係遠多了，他們身上的基因只有八分之一和自己是相同的，所以要八個表兄弟才能讓親緣選擇的帳目維持平衡。就霍登本人的行為來說，他屬於極端的利他主義者。第二次世界大戰期間，他親身參與實驗，研究從受損潛水艇中安全疏散人員的方式。不難想像他願意為他人犧牲奉獻，甚至是為了沒有血緣關係的人。

另一位英國演化學家漢彌頓（W. D. Hamilton）用數學證明，如果遺傳性的利他表徵要能夠散播，「犧牲者付出的代價」必須低於「獲利者數量」乘上「獲利者與犧牲者之間的親緣程度」，由此漢彌頓使親緣選擇成為正式理論。霍登話中的含意是，假設自己成為犧牲者所付出的代價，等同於每個堂表兄弟（獲利者）得到的好處。堂表兄弟的親緣關係程度是八分之一，所以要八個才能抵得上霍登的自我犧牲。但實際上霍登這樣利他行為，只能讓成本和利益打平而已。漢彌頓法則指出，親屬得到的利益總和，需要超過利他者付出的代價，所以要有九位堂表兄弟獲利才行。

親緣選擇能夠解釋人們為何會分享食物嗎？要完滿的回答這個問題，需要進行實驗，這樣才好測量分享食物時的代價與利益是否符合漢彌頓法則，但是這種實驗並不容易。在演化的算計中，代價與利益是以「適應度」來衡量，意思是具有能夠傳宗接代的後代愈多，適應度便愈高。想像一下，如果要計算你舉辦宴會請親戚來吃飯造成的適應度總和，以及比較自己一個人獨享時的適應度，辦得到嗎？當然不會有這種幾乎不可能達成的實驗。所以在這種情況下，要採用比較間接的證據來驗證漢彌頓法則。

科學家比較不同的人類社會之後，發現幾乎一致的模式：人類偏好和親屬共享事物。在一篇回顧論文中有這樣酸溜溜的句子：「雖然沒有多少人同意，但是人類學家認為，親緣關係是人類社會中的核心組織特徵之一。」這種模式符合從親緣選擇推測出的結果，但是人類學家並不完全接受這個理論。一個反對的理由是，狩獵採集者並沒有那麼精於計算，他們的行為未必會遵守漢彌頓法則，動物更不可能計算出堂表兄弟和自己的親緣關係是八分之一。道金斯（Richard Dawkins）本著他一貫敏銳的機智，說道：「蝸牛殼具有完美的對數螺線，但是牠們的對數表放在哪裡呢？」

並沒有一本想像的禮儀規範，裡面有條文告訴狩獵採集者，或甚至他們的基因，要如何依循漢彌頓法則。在演化競賽中，個體會對其他個體展現不同的行為，然後彼此會持續給每個個體打分數。如果和親屬分享事物是由遺傳決定的先天特質，漢彌頓法則會告訴我們這樣的行為何時會受到親緣選擇的偏好。親緣選擇只是一種特殊的天擇。我要補充聲明，親緣選擇並不能讓用人唯親這種事情合理化，只是有可能解釋這樣的行為而已。人類的社會複雜多了，而且通常會懲罰不公。

偏袒親屬的行為在動物社會中很普遍，雖然並非所有的動物在斷奶後仍會分享食物，即便對象是自己的後代也一樣。靈長類動物中，大約有一半的種類會分享食物給後代，這些種類中，又有一半種類的成年個體會彼此分享食物。不會分食物給後代的靈長類，成年個體之間也不會彼此分享食物。這意味著分享食物這種行為的演化源於分享給後代，分享給成年同類的行為是後來才演化出來的，包括分享給沒有親緣關係的個體。這種現象符合「演化的改變是漸進的」觀點：分享行為起於分給血緣關係最近的親屬（後代），然後發展到分享給其他成年個體，特別是有可能交配的對象，就如同俗話說：行善始於家庭。」

雖然有間接證據支持，親緣選擇是分享食物這種行為的演化基礎，但是這樣的解釋並不完整，因為人類確實會把食物分享給沒有血緣關係的個體。為什麼我們會這樣做？

互惠利他

對於與沒有親緣關係的個體分享的三個演化解釋中，第二個解釋的基礎是互惠。互惠可以是直接的，例如我分享食物給你，希望明天我挨餓的時候，你會分享食物給我，或是為了能夠發生性關係。互惠也可以是間接的。間接回報的形式可能沒有那麼明確，可以是友誼、互相支持，或者尊敬。生物學家習慣把互惠行為稱為「互惠利他」（reciprocal altruism），不過這種措辭的用法是錯誤的，裡面的用詞彼此矛盾。如果你預期自己的行為要受到回報，那麼就不適合用「利他」這個字眼來形容。我工作是因為期待月底會收到報酬，我和雇主都不認為自己展現了利他行為。不過，無論用什麼詞彙來稱呼，直接互惠能夠解釋分享食物這種行為嗎？

如果你問人為何要分享食物給朋友，他們通常會堅決否認是因為預期可以受到回報。但是如果你進一步問問他們，是否願意和完全不懂回報的人當朋友或是繼續友誼，我認為得到的答案是「不會」。羅馬演說家西塞羅（Cicero）生於動盪的時代，那時認識值得信賴的人可是攸關生死之事。他寫道：「沒有比回報他人善行更為重要的責任。忘恩之人，無人信賴。」

羅馬作家小普林尼（Pliny the Younger）有一封信偶然留存下來，這封信的內容是譴責一位朋友克拉魯斯（Septicius Clarus），因為對方沒有感謝自己邀請他參加晚宴的心意，傷了彼此的友好關係。我們可以從信中得知他錯失了怎樣的晚宴：

親愛的克拉魯斯：

您答應過來吃晚餐卻沒有出現！食物都已經準備妥當，包括萵苣（每人一根）、三隻蝸牛、兩顆雞蛋、麥片粥……橄欖、甜菜根、葫蘆瓜、鱗莖，以及其他上千種令人稱羨的食物。你原本可以看到喜劇演員、詩篇朗讀家或是七絃琴家，而我很慷慨，三位都請來了。但是您卻選擇去別人的宴會，那裡會有什麼呢？牡蠣、豬生腸、海膽，和來自卡迪茲的舞蹈女郎！

這就是在說：「和我家的精緻晚宴比起來，你去的那個晚宴太粗俗了！」

就算友誼的定義是一種互相信賴的關係，而不只是彼此交換利益而已，互惠也是建立友誼的基礎。比較各狩獵採集部落分享食物的方式，證明了這一點。有些部落中，互惠行為是預期中的事，而一直都沒有回報的人會遭到驅逐。在另一些部落中，這種「善行有善報」的規則會以比較間接的方式彰顯。在這些部落中，每個人都應該要分享，只是不會嚴格記錄分享的內容與多寡。食物的分享和社會的關係，在各部落中有不同的組織方式，但都是建立在直接或間接的互惠行為之上。

合作？還是利己？

互惠利他理論最早在一九七〇年代提出來，當時人們相信在動物社會中有許多這類行為的例子。但是動物的動機本來就難以解釋，還可以有不同的解釋，這是出了名的。而且在仔細審視之後，許多案例可以輕易有其他的解釋。坦尚尼亞岡貝國家公園中的黑猩猩，最早因為珍古德（Jane Goodall）的研究而為眾人知曉，這些黑猩猩會獵殺猴子，並且分享戰利品，從牠們可以看出這方面的研究真是困難重重。

獵捕行動通常從一小群雄性黑猩猩看到猴子開始，通常這隻猴子離開自己的群體一段距離，缺乏保護。有一頭黑猩猩會追趕猴子，其他黑猩猩的反應不是一擁而上，而是分散開來，有的截斷猴子的逃脫路線，有的準備伏擊。對於這樣的獵捕行動，最早的解釋是把牠們想成是彼此合作的團隊，彼此互補，所有黑猩猩都期待最後能夠分到一塊肉。小群體中的雄性黑猩猩彼此都有親緣關係，親緣選擇可以用來解釋這種合作行為的演化。

隨著田野調查資料的增加，另一種比較偏重利己主義的詮釋出現了。在已經有一頭黑猩猩去追趕猴子的情況下，對其他黑猩猩而言，最佳策略便是擋在猴子可能逃脫的路線，或是躲起來伏擊猴子。每頭黑猩猩都希望自己捕到猴子，因為殺死猴子的黑猩猩可以分到大部分的肉。黑猩猩看起來像是合作，這是因為牠們獵捕的方式很像人類圍獵的方式，但事實上，這是每頭黑猩猩為了自己的最佳利益而做出的自私行為。

用利己主義解釋黑猩猩獵殺猴子的行為，有證據支持，那就是黑猩猩分享獵物的方式。如果牽涉到互惠行為，那麼我們可能會預期黑猩猩會樂於分享獵物。但是在岡貝國家公園中，殺死猴子的黑猩猩總會緊抓著獵物不放，受到強迫時才會分享。抓到猴子的黑猩猩會逃離群體，爬到其他黑猩猩到不了的樹枝上，好能不受打擾，獨自享用大餐。通常其他黑猩猩會聚在牠那裡，搶走部分獵物，或是摀住牠的嘴，讓牠無法吃東西。在這些狀況下，帶著猴子屍體的黑猩猩無法自己獨享，一定得分些肉出去，其他黑猩猩才會放手。這種行為稱為「受容許的竊盜」（tolerated theft）。

岡貝國家公園中的黑猩猩，也會主動分享食物給沒有親緣關係的個體，但是大部分狀況都沒有明顯的原因能夠解釋為何分給那些黑猩猩，而不是其他的個體。很可能是那些黑猩猩之間有友誼存在，只是在一旁觀察的人類科學家不知情而已。在岡貝的黑猩猩群體，只有首領雄性（alpha male）會一直把捉來的獵物分給雌性黑猩猩，顯示這種食物分享的行為應該是建立在已經存在的性關係。

催產素能加強社會鏈

黑猩猩的社會和人類社會一樣，具有文化差異。科學家觀察到其他地區的黑猩猩群體中，雄性與雌性分享食物的行為，對於鞏固關係來說，扮演的角色更重於在岡貝的群體。有一個在烏干達桑索（Sonso）的黑猩猩群體，提供了絕佳證據，可以證明這種行為的演化過程。

從田鼠到人類，哺乳動物體內的催產素（oxytocin）能夠減少攻擊行為。在母親與嬰兒之間，以及性伴侶之間的社會鏈中，催產素扮演的角色很重要。科學家研究桑索的野生黑猩猩，發現牠們在分享食物時，不論提供者或接受者，尿液中催產素的濃度都增加了，尿液中催產素濃度和血液中的濃度是正相關的，可以反推回去。分享食物的確可以直接加強黑猩猩之間的社會鏈，不論彼此之間是否有親緣關係。

分享食物時催產素濃度會增加，表示這種行為能夠強化社會鏈，不論分享的對象是否為親屬，同時也顯示成年個體分享食物的機制，可能是從母親分享食物給後代演化而來。

在親子之間，催產素是確保依附關係的黏著劑。這裡要澄清一件事情：催產素的角色並無法讓我們知道天擇為什麼偏好加強社會鏈，而是讓我們知道這個生理作用控制的行為能夠增加適應度，在這裡的例子便是母親會給予後代食物。催產素是基因的僕人，不是基因的主人。人類的激素也是這樣催動性行為的。

合作與分享源自於共同狩獵

岔題討論黑猩猩的食物分享習慣，似乎讓我們遠離泰圖皇后賓客雲集的盛宴，或是小普林尼孤獨的晚餐。雖然黑猩猩只是人類的近親，不是人類的祖先，但是在研究人類飲食習慣的演化時，仍然能夠當成參考。人類和黑猩猩都願意分享食物給親屬，這是親緣選擇的直接結果。黑猩猩和人類藉著分享食物形成社會鏈，是因為這種連結有好處，而且在兩種動物中，這種連結都是由激素促成的。不過除了這些基本的生物因素之外，比較人類與黑猩猩可以發現，兩者之間的演化差異要比相同之處顯眼多了。

在岡貝黑猩猩群中觀察到「可容許的竊盜」這類行為，並非人類分享食物的方式。不過人類之間也不是沒有竊盜或求取，只是說人類能夠主動分享食物給沒有親緣關係的人，黑猩猩則是在不堪其擾的狀況下才分享食物。在人類幼兒中，這種行為幾乎完全發自本能。在相同的實驗狀況下，人類幼兒樂於彼此分享食物，黑猩猩則不願分享食物。這樣的差異是怎樣演化出來的？可能是源自於黑猩猩和人類取得食物方式的不同。

雖然黑猩猩也是社會性動物，但牠們是個別採集食物與進食。黑猩猩的食物主要是果實，果實分散在樹冠層上，大部分果實沒有大到能夠分享。黑猩猩很少擁有大顆果實或整隻猴子這類會吸引其他個體來求取或盜取的食物，人類以前居住在樹上的祖先可能也是這樣。但是當我們開始居住在非洲的草原上，開始追逐更大的獵物，從此人類的慾望就要比胃口還要大了。

有其他掠食者追捕的獵物要比自己大上許多，甚至大到可以讓掠食者住在獵物遺骸裡面的嗎？在猛獁草原上的智人，便住在猛獁骨骸搭成的房子中。人類要彼此合作，才可能捕捉到大型動物。如果舊石器時代的洞窟藝術家留下了大型野生動物的圖鑑，還不足以說明人類是社會性狩獵者，那麼在同一洞穴中留下的眾多手印，應該可以讓這樣的懷疑煙消雲散。

在人類演化出社會性的道路上，獵捕大型動物帶來了重大的影響。獵人要彼此合作，才能獵捕到大型動物，這樣做的回報是獵物大到足以餵飽每個人。在食物足以分配給每個人的狀況下，就沒有必要獨占獵物了。如果付出的代價很少，那麼每隻黑猩猩都願意彼此幫忙。這種狀況讓科學家提出假設，說明人類在從事困難的工作時傾向合作以及分享成果的行為是如何演化出來的。在只有彼此依靠才能吃到食物的世界中，天擇便是這樣修改人類的心理特質。

當我們和朋友一起分享披薩，或是在中菜餐館裡轉著餐桌上的大轉盤，便是在分享來自於農場的食物，但是人類的餐食有更深遠的演化來源。人類會一起進食的習慣，以及經營農場與餐廳時和他人的合作，都奠基於共同狩獵這個古老的遺物。農場和餐廳通常是家族事業，這提醒我們還有親緣選擇交織在人類的心理層面之中，互惠行為也明顯可見。

在意別人的眼光有什麼好處？

如果曾經你和我一樣，在餐廳中用眼神對侍者示意，但最後徒勞無功，只能放棄，那麼一旦知道了在黑猩猩的狀況也一樣糟的話，心裡可能會覺得稍微舒服一些。對於來自於他人的注意，人類極為敏感。如果你注視某人，就算你只出現在對方的視野邊緣，對方也會注意到。這可能是因為你的眼睛中，眼白部位和深色眼珠的對比非常明顯，所以其他人可以清楚看見你眼睛瞄準的方向。黑猩猩的眼睛沒有眼白，所以不容易分辨出來，而且牠們很可能也不在意有誰在注視自己。你可能會猜想，那個侍者不是沒有注意到你的眼神，他只是不想往你這邊看而已。也可能因為他是一頭黑猩猩。

人類的眼睛不只是演化出來看東西，也演化出來給別人看。我們會用眼神表示出自己正在看著某些人。這有什麼演化利益呢？一個有實驗證據支持的假設指出，在進行交易時，注視著參與的對象，可以讓那人變得誠實。這種效應非常強大，而且是不自覺產生的，即使是一雙眼睛的照片都能夠改變人的行為。科學家在大學的茶水間進行實驗，把一張眼睛的照片放在「誠實箱」上面，要喝咖啡的人自由投錢進去，結果收到的錢是放花朵這類中性照片的三倍。請一定要在家裡試試這個實驗。

這項咖啡錢實驗，以及針對利社會行為（prosocial behavior），例如不亂丟垃圾、駕駛在十字路口讓路給行人等所進行的實驗，顯示有旁人注視的情況下都會有相似的結果：觀看者讓人看見自己在看著，顯然對觀看者有好處。在公開場合，被看著的人得要遵守社會規則（不論他們私下是否忽視這些規則），能有什麼好處呢？答案可能是，由於其他人認為你滿重要的。

或是如同莎士比亞戲劇《奧泰羅》中，騙子依阿高所說的：

> 無論男和女，名譽是靈魂中無上之寶。
> 偷我錢袋的人不過是偷去一把臭銅錢，固然有點價值，實在算不得什麼。
> 錢原是我的，如今變成他的，從前更曾為千萬人做過奴隸。

但是他若奪去我的名譽，
於他不見有利，
對我卻是一件損失哩。*

名譽就是一切。有些社會關係需要彼此信賴才能夠成立，而名譽能用來建立這種關係。原因就如同依阿高所說，名譽比金錢還重要，因為名譽會影響所有社會關係，包括奧泰羅和妻子德斯底蒙娜之間的夫妻關係，是該劇的核心。生物學家觀看這齣戲的時候可能會說，依阿高讓德斯底蒙娜的名譽受到玷汙，並且在她丈夫心中埋下了懷疑自己妻子不貞的種子，使得這對夫妻的適應度降到零。雖然德斯底蒙娜死於奧泰羅之手，卻是由依阿高促成的。後來奧泰羅也如依阿高所願，因為自責而痛苦不已。名譽就如同依阿高，會間接影響社會關係，若直接影響時力量更強大。

名譽是一種社會資產，和經濟資產有許多共通的性質。你可以贏得名譽，也會失去名譽，名譽可以用交換的方式取得。宴會有什麼價值？一個說法是出錢辦宴會的人是用食物

*譯注：引自梁實秋先生譯文，《奧泰羅》遠東圖書公司出版。

來交易。宴會主人提供怎樣都吃不完的食物，可以贏得來自於賓客的敬意。對食物的胃口可以滿足，但是許多人對於地位的胃口無法饜足。

一層又一層的塞烤料理

在基本的營養需求獲得滿足之後，分享食物和維持適應度便沒有直接關係，但是可以用來贏得社會回報，這可以間接影響適應度。十九世紀喜歌劇作家吉柏特與蘇利文這對搭檔中的劇作家吉柏特（William S. Gilbert）曾說，在吃飯的時候，「餐桌上的東西沒有那麼重要，椅子上的才重要。」當然，如果你要討好坐在椅子上的，桌上的東西就非常重要了。自古以來，帝王富豪在分庭抗禮時，往往會用鋪張奢華的宴會來較量。

西元前六十三年，羅馬時期最富有的人之一盧魯斯（Servilius Rullus）舉辦了一場向羅馬執政官西塞羅致敬的宴會。第一道精美主菜送上來時，所有賓客不由自主爆出鼓掌與喝采。然後主廚出現了，後面跟著四名衣索比亞奴隸，他們抬著大銀盤，上面有一頭大野豬，野豬的犬齒上掛著裝滿椰棗的籃子，野豬周圍滿是小野豬形狀的糕點。這道菜放好時，所有賓客都安靜無聲，垂涎以待。野豬切了開來，裡面包著另一頭野豬，這第二頭野豬肚子裡面還有第三條野豬。每次刀子切下去，整隻動物的肚子裡面便有另一隻動物，最後最小的動物是一隻小鳥。

法國美食家後來用希臘神話中特洛伊木馬的典故，把這道菜餚命名為「特洛伊野豬」。「特洛伊野豬」當年在羅馬風靡一時，原本一般家庭會猶豫是否要把整頭豬（不論大小）端上桌，到這時餐桌上出現的都是完整的特洛伊豬了。在一整條特洛伊豬變得常見之後，羅馬的宴會主人便增加數量，端上三頭、四頭，之後是八頭。到了最後，在晚宴上送上二十頭特洛伊野豬。

二千年後的大廚把這種料理稱為「全隻塞烤」（engastration）。全隻塞烤的流行，促使了「火鴨雞」（turducken）*出現：火雞肚子裡面塞一隻鴨子，鴨子肚子裡面塞一隻雞（到底是誰給這道菜起了這個倒楣的名字？這人沒注意到turd這個字的意思是「糞便」）。

之後塞進去的數量便一發不可收拾。二〇〇五年，英國大廚懷廷史托（Hugh Fearnley-Whittingstall）在電視節目上烹製用了十層禽肉的全隻塞烤。一隻超過八公斤重的火雞裡面塞了一隻鵝，然後依序是鴨子、綠頭鴨、珠雞、雞、雉雞、鷓鴣、鴿子，最裡面的是山

*譯注：這個字由火雞（turkey）、鴨（duck）和雞（chicken）組合而成的。

鶉。兩年後，英國丹佛的一座農場開始販售有十二層禽肉的全隻塞烤，象徵耶誕時期的十二天，大到可以供一百二十五人食用。

全隻塞烤的流行，顯示出在食物充足的狀況下，人類對於地位的慾望便超越了對食物的慾望。三層禽肉的烤肉料理當然可以解決飢餓，但是很明顯，不論三層禽肉或是三頭豬，都無法滿足對於地位的追求，因為這種慾望基本上是無法滿足的。「飢餓感」受到負回饋的迴路調節，可以獲得滿足。吃東西的時候，激發飢餓感的激素會停止分泌。相較之下，人類對於地位的渴求，可能源自於舊石器時代受到注意和得到獵物分配有關。渴求地位由另一種迴路調節，這種社會網路的交互作用，容易帶來正回饋。

這種正回饋就像是麥克風擴大機接收到聲音時不斷回授，最後發出刺耳的高音。社會網路中的正回饋也很類似，最後引發瘋狂的結果。三層禽肉的烤肉料理能夠讓我在晚餐的賓客面前賺足面子，賓客也覺得應該有所回報。

當每個人都能夠端出三層禽肉的烤肉料理時，我就變得和一般人沒兩樣，這時候就得多加一層，端出四層禽肉的烤肉料理。之後四層禽肉的烤肉料理也會變得普通，所以我得要再多加一層，不！可惡！乾脆直接加到十層。

炫耀財富的誇富宴

正回饋總是會越過正常的範疇，突破天際。有一個追求地位到失控的例子，是太平洋西北區域的美國原住民某個部落傳統的「誇富宴」（potlatch）。在這個為了致贈禮物而舉辦的宴會中，參加的賓客會各自帶一些食物過來（後來這種要賓客自帶食物來的宴會便稱為potluck），但是傳統上這宴會完全沒那麼單純。

誇富宴的目的，是以炫耀財富與慷慨程度的方式，在對手面前贏得地位。部落中的貴族在誇富宴中會邀請對手，同時狂送禮物給賓客，藉此取得榮銜和更高的地位。贈送出去的禮物包括毯子、魚、海獺皮、獨木舟，以及有雕像裝飾的銅片，最後這一樣很明顯就是為了當成禮物而製造的。

賓客要在不久之後回報價值更高的禮物，不然會很丟臉。這種祭典最後會轉變成為恣意摧毀財富，主人可能會把毯子、獨木舟等有價值的物品，丟到對手的火堆中，好贏得尊敬，並且讓對手欠下名聲債。

有些舉辦宴會的房舍中，天花板會掛著雕像，珍貴的油會一直從雕像中流出來，好讓火熊熊燃燒。賓客假裝不在意炙熱與脫皮，這樣才不會丟臉。到最後，主人舉辦宴會的房舍整個燒毀，誇富宴就此大功告成。

名聲為什麼重要？

比賽送禮物到這種程度，可能有點不理性，但是誇富宴並非獨一無二的現象，而且只在食物有剩餘的時候才會舉辦。新幾內亞在甘薯傳入了之後，食物變得充足，也出現了類似的習俗。太平洋西北地區的部落在食物缺乏時，便停止舉辦誇富宴。

食物和名譽兩者都具有非凡的力量，而且彼此互相倚靠。就算是在沒有人會餓肚子的社會中，人們依然藉由交換權力、財富與性來取得名聲。所以我們該問名聲為什麼如此重要？答案至少有部分是因為人類需要合作狩獵、分享食物。

如果這個答案是正確的，那麼人類在獵捕大型動物時因為需要彼此幫助而演化出合作行為的理論，就可解釋許多飲食以外的行為。從運動、敬拜儀式到戰爭；每個基於社會、國家與平等而發展出來的崇高政治理念；乃至民主制度與支持這些的法律條文；說到頭，這些都源自於要公平分享一塊上好肉排的慾望。

14 未來的食物

餵飽更多人

在未來，人類要吃什麼？

「明天要吃什麼？」每個負責準備三餐的人，每天都會問自己這個問題。不過如果是在未來，我們要吃什麼？未來食物的演進，將面對兩大挑戰：人口成長和全球氣候變遷。

第一項挑戰已經不新鮮，人口數量正朝著一百億前進，氣候變遷使得要餵飽那麼多人更為困難。氣溫上升、降雨模式改變、旱災頻率增加，以及海平面上升，如果我們不改變食物供應系統與作物來加以適應，那麼這些變遷都會威脅到食物的供給。除此之外，目前執行農業的方式會排放出大量溫室氣體，也加遽了氣候變遷。因此在未來，我們不但要餵飽更多人，也要以永續的方式生產那麼多食物。

這些大問題起源於人類與人類食物演化的歷史。新石器時代，農業發明出來了，這才使得人口大量增加。在最近二百五十年，小麥、馬鈴薯、玉米和木薯等主要糧食作物散播到全球，支撐了人口的成長。

所以我們可以說現在要面對的挑戰，至少有一部分是由演化的造成的，因為植物和動物的育種便是一種演化。但是要解決問題，演化也很重要。

澳洲詩人侯普（A. D. Hope）把一些相關的歷史寫成詩句，一開始描述了狩獵：

在那遙遠的時代
沒有獵人要勒緊褲帶
獵物在草原上奔跑
數量超過他能獵捕
每一晚桌上放著燒烤
在皮毛上盡情繁衍
人類就是這樣
超過獵物的數量

不過詩人說，不用擔心，後來農業發明出來了。

沒問題。人類的發明
能夠遮掩最糟的錯誤
宰牛殺豬
瞬間取代了野味肉排

但結果卻是不幸的，因為：

不論你始於何方
人口過量的效應都會收斂
經濟持續膨脹
跟隨圖上同一曲線

牧師馬爾薩斯（Thomas Malthus）在他的名著《人口論》中提出一項論點。他說人口有能力以幾何級數（例如，一、二、四、八、十六……）的形式成長，以科技增進糧食的產量，最多只能以等差級數（例如，一、二、三、四、五……）的形式成長。這種差異將使得糧食的供應量趕不上人口的增加，注定會造成悲劇。用侯普的詩句來說，就是：

人類的繁殖沒有受到限制
自然、法律與常識都無視
無法期待未來的富饒
能與人數的增加相稱

人類技術無法永遠完善
補足他日益減損的分量

第一次綠色革命暫時獲勝

侯普寫這首詩的時候，正值一九六〇年代與七〇年代，當時大眾關注人口過剩的問題。這段期間有兩本重要的著作出版：艾利屈（Paul P. Ehrlich）所寫的《人口爆炸》、羅馬俱樂部（Club of Rome）的報告《成長的極限》，都預測災難迫在眉睫。引起關注的成因再真實也不過，但是預測的結果卻沒有發生。

一九六〇年代到一九八〇年，全球的人口增加了百分之五十，從三十億人增加為四十五億人，但是糧食增加的速度跟上了。用侯普的句子來說，就是富饒增加的程度趕上人口幾何級數的成長速度。預期的情況沒有發生，是因為發生了農業綠色革命，小麥、稻米和玉米的產量提高了百分之五十以上。在植物和動物育種學家的引導之下，演化的確帶來了富饒。現在最迫切的問題是，當人口到達百億大關時，這樣的富饒應付得了嗎？

綠色革命之前，穀物作物通常長得較高，有細長的莖，容易在收穫之前便傾倒。使用肥料之後，結出的穀物增加，使這種情況更嚴重。當時這些作物來於讓莖葉生長的能量，比用於種子生長的能量多，收穫量因而受限。莖長得高、葉片多，是作物在自然狀態下演化的結果，因為天擇會偏好長高一點的植物，就不會被隔壁的植物遮住光線。早期的小麥品種麥桿長，農民會把麥桿拿來用在其他地方。一八六〇年代到一九二〇年代，男性夏天流行戴的帽子，便是由麥桿編成的。

綠色革命成功把三種主要作物的莖減短，同時變得更粗，能夠支撐更大的穗。在墨西哥的一間育種實驗室中，伯勞格（Norman Borlaug）讓傳統小麥和來自日本的矮種小麥雜交，選育出高度只有原來一半的小麥品種，不但更健壯、能抗病，同時吸收氮肥的效率也提高了。這些品種引入開發中國家後，大幅提升小麥產量，印度小麥的產量變得足以供應國內需求，阻止艾利屈預測中即將到來的饑荒發生。在綠色革命時，稻米和玉米也有類似的育種計畫，同樣大幅提高食物供應量。

綠色革命不但確保了食物來源，還使得現有農地的產量增加，約有一千八百萬到二千七百萬公頃的自然棲地因此免於開墾為農地。

一九七〇年，綠色革命之父伯勞格獲頒諾貝爾和平獎，但是他在領獎演說中提出警告：「在人類對抗飢餓與剝削的戰爭中，綠色革命只讓我們獲得暫時的勝利，取得稍微喘息的空間。綠色革命如果徹底執行，那麼在接下來的三十年應當能提供足夠的糧食。但是，人類可怕的生育能力也必須懸崖勒馬，否則綠色革命的成功只能持續一段時日。」

第二次綠色革命需要更努力

在許多地方，綠色革命多爭取到的食物，現在只是夠用而已，作物產量沒有辦法再增加了。在本世紀中期，人口將會到達百億，但是固定農地面積中各品種所產生的糧食，已經不足以餵飽那麼多人。根據一項估計，要彌補這個差距，作物產量要再提高百分之五十，二〇五〇年的每個人才有足夠的糧食。也就是說，全球作物的平均產量需要提高的比例，要和之前產量提高的最高紀錄一樣。以目前糧食增加的趨勢來說，到時候增加百分之五十或許辦得到。但是在另一項估計中，未來的作物產量需要加倍，以目前的趨勢與農業經營方式來說，讓穀物產量加倍是辦不到的。

大幅提高糧食產量，當然不是解決未來食物供需平衡唯一的方式。糧食不足是科學問題，也是社會問題，解決問題時集焦在增加產量，只是科技解方。社會解方包括降低糧食需求，還有節育使人口成長的速度減緩，減少食物浪費，並且勸導已開發國家的民眾少吃肉類，以減少飼養牲畜的穀物用量。這些方法各自有值得期盼的進展，但是如果把人類的未來賭在這些方案上，也太冒險了，所以植物學家認為我們需要第二次綠色革命。

第二次綠色革命的科學挑戰，和第一次綠色革命不同。第一次綠色革命的挑戰，是要培育出能夠適應工業化農業的新作物品種，結果成功得到了在施肥與灌溉狀況良好時，能夠抵抗疾病的高產量品種。下一次綠色革命中，育種者需要面對更複雜的障礙，並且要讓產量再次提高。例如其中一項挑戰，是要增強作物抵抗鹽分的能力，這樣才能在由於過度灌溉而鹽化的土地上栽種；還有要讓作物能夠抵抗乾旱與高溫，以及持續演化的病蟲病。

我們現在擁有更好的遺傳工具

第二次綠色革命的挑戰更為艱巨，但是現在我們具備的遺傳工具，要比一九五〇年代和六〇年代伯勞格等育種專家使用的進步太多。目前至少有五十種作物的基因定序完成，讓科學家能夠找出對應某些表徵的遺傳變異，例如第一次綠色革命中很重要的矮化表徵。他們在小麥的祖先中，發現到了一個能夠增加忍受鹽分能力的基因，因此很快就可能讓小麥適應高鹽分土壤。

其中最具野心的改良，是針對光合作用的基本機制。植物利用陽光的能量，捕捉二氧化碳，並且把它轉換成葡萄糖。現在我們對光合作用的了解程度，足以利用遺傳工程大幅提升這個過程的效率。只要能夠提供充足的肥料和水分，便能增加作物產量。當然會有人反對遺傳工程。我居住在蘇格蘭，二〇一五年，當地政府禁止養殖或耕種基因改造生物，好讓這個位於歐洲北部邊緣的地區，能夠貼上「無基改」的標籤。

歐盟對基因改造作物的栽種有嚴格的規範，在我寫這本書的時候，歐盟國家很少栽種基改作物。羅馬尼亞在二〇〇七年加入歐盟後，該國農民便不得種植基因改造黃豆，結果是黃豆產量下跌，讓栽培黃豆無利可圖。羅馬尼亞本來是黃豆出口國，現在反而需要進口昂貴的黃豆。歐盟唯一沒有禁止的基改作物是玉米。西班牙種植了許多基改玉米，當地農夫發現他們需要噴灑殺蟲劑的用量，通常只有歐洲其他地方栽培慣常玉米的十分之一。

美國種植了許多基因改造玉米、大豆，以及菜籽可以用來榨油的油菜，但是大眾普遍不信賴基改作物。二〇一四年一項大規模調查顯示，有百分之五十七的美國成年人認為基因改造食物通常並不安全。這項結果指出，絕大部分的消費者對於基因改造食物的了解不足，更糟的是還受到誤導，害怕這種能夠造福全人類的科技。

二十年前，有人宣稱說遺傳工程是嶄新的科技，還沒有經過檢驗，當時這樣的立論有些道理。現在，基因改造作物的安全試驗已經進行過了成千上萬次，有堆積如山的證據指出種植與食用基因改造食物並不會不安全。

綠色和平組織過往以安全理由反對基因改造作物，現在因為證實基改作物安全的證據愈來愈多，他們便改變反對基改作物的理由，認為這種作物不會帶來利益，或是利益會歸於不適當的人。現況其實恰恰相反，我們看到了基改作物帶來的真正利益，包括提高作物產量、減少農藥用量，甚至避免整個產業毀於病蟲害。

以木瓜為例

對於熱帶地區的窮困農民而言，木瓜是重要的水果。木瓜輪點病毒會侵襲木瓜樹，使得木瓜產量大幅下降，並且殺死果樹。這種病毒由蚜蟲攜帶，在木瓜樹之間散播，受到感染的木瓜樹無法可治，所以種植木瓜樹的農民只好噴灑農藥，消滅攜帶病毒的蚜蟲，以控制疫情。這種方式花費高、汙染環境，又缺乏效率。以傳統方式培育抵抗木瓜輪點病毒的木瓜品種，全都以失敗告終。

當這種病毒在熱帶各個地區蔓延的時候，木瓜的未來似乎一片黯淡，當時唯一沒有受到木瓜輪點病毒侵襲的木瓜主要產地是夏威夷的某個島嶼，但是該島到了一九九二年也淪陷了。幸好經由基因改造科技為基礎，而發展出來的全新抗木瓜輪點病毒的方式，正在測試。這種方式是把病毒外套蛋白基因的一小段插入木瓜的基因組中。以這種方式改造過的木瓜，等於經過預防接種，對木瓜輪點病毒完全免疫。

一九九〇年代，基因改造科技的應用才剛起步，所有成品都經過嚴格的管控。在夏威夷，極力反對基因改造作物的人，主要是擔憂病毒的ＤＮＡ會讓木瓜引起過敏，這樣很危險。實驗證明基因改造木瓜不會引發過敏，科學家也極力說明，無論怎樣，吃了有木瓜輪點病毒感染的木瓜，就吃下大量病毒ＤＮＡ，但是也沒有不良反應。如果你擔心吃到病毒的DNA或是蛋白質，那麼基因改造木瓜才是你真正的選擇，因為其中沒有病毒。事實上，不管是哪一種情形，你都不需要擔心，因為病毒到胃中就被摧毀了。

對於基因改造木瓜的規範訂得非常嚴格，幾乎讓它無法通過審核，經過一番努力，基改木瓜才在一九九八年獲得批准，得以在夏威夷栽培。雖然在夏威夷的栽培紀錄安全無虞，而且基改木瓜拯救了當地的木瓜產業，但是反對基改作物的聲浪，讓這種木瓜無法進入開發中國家。基改木瓜在那些國家才能發揮最大的效益。

綠色和平組織宣稱基因改造科技毫無成效，但是該組織卻又阻止基改植物在應該能發揮成效的地區栽種。二〇〇四年在泰國，綠色和平組織的激進份子帶著護目鏡與口罩，摧毀了基改木瓜的試驗農田，把木瓜摘下來，丟到標示「生物危害」標籤的桶子中。

非理性的反對會造成傷害

基因改造沒有對什麼人造成傷害，但是非理性的反對卻幾乎確定造成傷害。黃金稻是一種由基因工程改造過的品種，結出的稻米含有維生素A。原本有計畫免費提供這種稻米給因為缺乏維生素A而造成眼盲與死亡的社區，但是反對基改作物的激進人士拚盡全力阻止這個計畫。

開發中國家的窮困農民常常無法取得能夠對抗病蟲害的基改作物。這些激進份子阻止了具有蘇利菌抗昆蟲基因的基改茄子引進印度。茄子是重要的蔬菜作物，有了這種基因，便能抵抗大部分的害蟲。蘇利菌能夠感染毛毛蟲，讓毛毛蟲死亡。但是印度允許種植蘇利菌棉花。自從有了這種棉花，環境獲得改善，小農的獲利也增加了，因為他們不需要大量使用農藥便能提高產量。為什麼栽種茄子的印度小農不能得到類似的利益呢？

在永續農業中，基改作物有巨大的潛力。蘇利菌茄子之類的抗蟲作物，能減少蟲害，並且提高產量，同時減少農藥等化合物灑在田地中。灌溉需要大量的水，這是農業對環境最大的衝擊之一，採用遺傳工程技術真的有可能讓植物利用水分的效率提高。基改作物被妖魔化，消費者受到誤導，以為這種能夠帶來好處的技術會造成傷害，真是悲劇。

忽略科學證據，除了影響農民生計、傷害環境，有些擁護重要環境問題起因的人，雖然出於善意而從事社會運動，但攻擊了錯誤的目標，使得自己的聲譽受損。你會信賴不尊重科學證據的個人或組織嗎？立場分明的社會運動份子萊納斯（Mark Lynas）了解到這一點，改變對基改作物的想法。二〇一五年，他在《紐約時報》寫道：

我一生都為環境保護奮鬥。在過去，我反對基因改造食物。十五年前，我甚至參加了破壞英國實驗田的活動。現在，我的看法改變了。我寫了兩本關於氣候變遷科學的書，決定不再一方面對全球暖化議題採支持科學證據的態度，卻一方面對基因改造作物採取反科學的態度。科學家對於這兩個議題的共識是一般的高，我了解氣候變遷是真的，基因改造作物是安全的。我無法捍衛一種專業共識，卻反對另一種專業共識。

基因改造是演化議題

基因改造作物其實屬於演化問題，這可以由四個方向來解釋。

首先，雖然目前有許多人反對基因改造，但是這項技術將會決定作物未來的演化方向。人類的食物會朝這個方向演化。我們現在要看的是，其他反對者是否有萊納斯那般的道德勇氣，公開承認之前的錯誤。成千上萬年來，人類已經改變了作物與牲畜的遺傳，基因改造生物與這些作物與牲畜之間，不可能畫出明顯區隔的界線。只要更多人領悟到這一點，基因改造的爭議也就能逐漸平息。因為大自然本身就是基因改造工程師，這也是基因改造是演化議題的第二個理由。

基因組演化學的研究中，有一項重大的發現：基因本來就會以水平轉移的方式，突破物種之間的藩籬而散播（參見第11章）。病毒與某些細菌是基因水平轉移的媒介，這點在實驗室與大自然中都是一樣的。土壤中的放射根瘤菌（*Rhizobium radiobacter*）會感染闊葉植物，在感染過程中，還會把一些自身的DNA送進植物細胞中。科學家在一九七〇年代末期發現這種過程後，就廣泛利用放射根瘤菌的自然過程，當成傳遞基因的器具，例如把蘇利菌基因傳入作物中。

基因改造是演化議題的第三個理由，在於這個技術是經由天擇而演化出來的，而且絕大多數的結果通過了測試，所以我們是在利用大自然中的科技，而不是與自然對抗。例如馴化甘薯的基因組有來自類似放射根瘤菌的基因，然而野生甘薯並沒有這些基因，因此應該是甘薯在馴化過程中得到的。我們還不清楚這些基因在甘薯中的功能，但可能是產生有助於甘薯的利用或儲存的表徵。

目前從自然中得到的最新可能也是最具革命性的基因改造技術，就是CRISPR-Cas9系統（CRISPR的意思是「群聚且有規律間隔的短回文重複序列」，Cas9是一種酵素）。CRISPR-Cas9是一種在細菌中的基因組編輯系統，可以讓細菌對於病毒產生適應性免疫。這個系統能夠辨認出插入細菌染色體的病毒DNA序列，之後把這段DNA剪掉，然後再把缺口連接起來。在實驗室中，只要改變Cas9中相對應的RNA模版，就能夠剪輯任何一段短DNA序列。

CRISPR-Cas9用來解編輯DNA序列的功效，就像是你在使用WORD這種文字處理程式中的「尋找與修改」功能。科學家先在動物或是植物細胞中植入CRISPR-Cas9系統的基因，這些基因會製造出 CRISPR-Cas9 系統所需要的成分，這樣那些細胞的ＤＮＡ就能夠編輯了。這種新興的基因組編輯技術對醫學與農業可能帶來的影響，說得再怎麼誇張都不為過。這裡舉出兩個例子。在醫學中，CRISPR-Cas9 能夠修補造成遺傳疾病（像是囊腫纖維症）的錯誤基因；在植物中，CRISPR-Cas9 已經改變麵包小麥中一個和白粉病感染有關的基因，讓小麥能夠對抗這種嚴重威脅食物供應的疾病。由於小麥的基因組是六倍體，用基因編輯以外的方式，難以培育出抗白粉病的小麥。

基因改造科技既非不自然，也不是沒有通過檢驗，但是我們不應該因為有這種強大的力量而自滿，也不要反過來認為有了這些技術便能夠解決所有問題。以下觀念是讓我們了解到基因改造是演化議題的第四個理由：基因改造科技所對抗的有害生物，能夠演化出對抗這些科技的能力。舉例來說：用遺傳工程技術改造過的作物能夠抵抗嘉磷塞除草劑，但是現在有些雜草也演化出對抗嘉磷塞的能力。有蘇利菌基因的基改作物能夠製造殺死昆蟲的蘇利菌毒素，也有昆蟲演化出了對抗這種毒素的能力。

這些例子只是讓我們知道早就明了的事情：演化一直持續在進行，而不是像有些激進的反基改人士所說的，基改科技已經失敗了。只要與病蟲害管理方式結合，病蟲害的抗藥性演化便會受到限制。我們能夠讓糧食永續生產並且將產量提到最高的方法有很多種，基因改造只是其中一。例如基因改造作物品種可以納入輪作中，這種傳統的農作方法，是讓同一片土地在數年中栽種不同的作物，以保持土壤的肥沃，同時控制有害生物的數量。

所有植物與動物品種，包括經由基因改造技術所培育的，都可能造成意料之外的結果。這並不是因為基改技術的風險高過其他培育技術，而是因為新的事物總是會帶來風險。不過威脅人類健康與環境最為嚴重的新事物，不是基改作物，也不是馴化的物種，而是阿根廷火蟻、斑馬貽貝和葛藤，這些動植物在原始棲地之外造成數不清的災害。

不論最後成功與否，人類從事的事情都有風險，所以我們要恰如其分的評估風險。目前基因改造作物的風險被過分誇大了，而對於食物永續生產帶來的利益，卻鮮少得到正確的評價。

演化和烹調很相似

我們與達爾文的晚餐，就到這裡結束。現在這本書應該可以和《完全白痴燻製食品指南》、《食物中的泡泡》、《內臟餚饌》一起放在圖書館的架子上了（參見第1章）。如果你已經和我共享過所有餐點，可能會注意到演化和烹調基本上很相似。演化史中的新發明，即使是像出現哺乳動物和鳥類這樣重大的事件，都是把之前已有的特徵重新組合而已。哺乳動物的祖先已經會分泌乳汁，鳥類的祖先也已經能產卵、長了羽毛，並且具備許飛行能力。農業在肥沃月彎出現之前，人類就已經蒐集禾草種子二萬年了。從遺傳學的角度來看，不論是天擇還是人擇，都作用在現存的變異之上。

這和烹調哪裡像了？首先，烹調是這樣演化出來的，廚師也是這樣進行料理的。我們使用了演化提供的材料，以及櫥櫃或市場中的材料。這帶來了什麼啟發嗎？我認為有。演化的重點在於發掘出材料的潛力，好的廚師也是。

有些人忽略了這些事實，而提出了奇怪的論述，說由於我們受到演化的支配，所以飲食的內容應該要與舊石器時代的祖先一樣。人類的演化史的確影響了人類的飲食範圍，但卻是拓增了這個範圍，而非讓範圍窄縮。人類熬過了冰帽與沙漠的消長變化，能夠在各大洲生育繁衍，這是因為人類是適應能力強而且具備智能的雜食動物。如果不是這樣，人類應該會像是只吃少數食物的大貓熊，或只棲息在尤加利樹上的無尾熊那般等待滅絕。諷刺的是，如果人類的數量減少，這兩種動物受到的危害也會降低，這點毫無疑問。

飲食研究證實了一項比較各文化飲食習慣之後也會得到的論點：要達到健康而且均衡的飲食，有許多方法，只要不是光吃肉或是完全避開動物性蛋白質就好了（這兩種都容易造成健康問題）。在這兩種極端飲食方案之間的其他各種方案中，最大的健康威脅是最近才出現的，那就是攝取太多熱量。

人類可以享有各式各樣的飲食。那麼你可能會想，為什麼有那麼多作者一直要我們相信，演化限定了我們的飲食範圍。可能的答案，意外來自一位作家經紀人。當時我把這本書的大綱寄給他，他告訴我說，我應該跟隨潮流，從演化的角度開出飲食處方，這樣才會賣得好。但是如果有效的話，我都可以賣你布魯克林大橋了。

感謝達爾文的貢獻

最後，你可能會想知道，如果真的和達爾文一起吃晚餐會是什麼樣子。能和達爾文共進晚餐相當人令人興奮，達爾文絕對會因為現在的遺傳學進展和演化學發現而大為吃驚。但是很遺憾，達爾文一生多數時間都為胃疾所苦，所以他幾乎不辦晚宴，也不出席派對。

他在自傳中記錄，和妻子艾瑪為了遠離維多利亞初期的喧囂倫敦，而剛搬到肯特郡的唐恩小築時，的確舉辦了幾次晚宴。艾瑪在給妹妹的信件提到了一八三九年四月一日的晚宴，當天的賓客有韓士婁（John Stevens Henslow）與萊伊爾（Charles Lyell）。她寫道：「雖然宴會上有兩顆大石頭，也就是最偉大的植物學家（韓士婁）與歐洲最偉大的地質學家（萊伊爾），晚宴依然成功，中間沒有冷場。」這都歸功於那些偉人的妻子加入了談話。

不過能與達爾文共享晚餐的時期並不長。艾瑪寫道，由於健康問題，達爾文夫妻不久之後「只能放棄所有的晚宴，這讓我有點失落，因為晚宴總是能讓我興高采烈。」艾瑪還是有一本食譜，所以我們的確清楚知道她會從廚房裡端出哪些比較有趣的料理，但可能是達爾文的胃口不好，或是維多利亞時代的料理本身便有許多限制，這本食譜幾乎無法帶給現代廚師什麼靈感或祕訣。

達爾文真正的貢獻，還是他發現了演化的祕訣。

致謝

一如以往，我要感謝我的妻子瑞莎．迪拉帕姿（Rissa de la Paz），她檢查原稿時不但仔細，而且毫不妥協，同時也具備製作好書的遠見。我希望我能一步步接近這個目標。

我要感謝我一輩子的同事與朋友龐德（Caroline Pond）教授，她的生物學知識幾乎無人能匹敵，而且她閱讀了全部原稿，找出其中的漏洞。如果有漏網之魚，當然是我的錯。

感謝美國加州大學戴維斯分校的羅納德（Pam Ronald）教授，她對〈未來的食物〉這一章提供了一些建議，並且讓我提前看了《明日餐桌》（*Tomorrow's Table*）最新版中的一些章節，那本書是她和亞當查克（Raoul Adamchak）一起撰寫的。

我也要感謝史特勞斯（Sharon Strauss）教授，我在戴維斯分校短暫停留時（的確太短）開始寫這本書，當時她負責招待我。

最後，很高興認識了一群新朋友，他們是非小說類書籍的作家。每個月會有一次，我們打著「比小說更離奇」的旗號，在蘇格蘭愛丁堡的瓦西酒吧（Wash Bar）聚會。其中有十幾位朋友讀了本書的某些章節，並且提出深刻的見解，我深深感謝他們。

地圖參考資料：

地圖一：發現和事件的位置，來自第2章和第3章的原始資料。

地圖二：路線根據figure 1 in S. Oppenheimer, “Out-of-Africa, the Peopling of Continents and Islands: Tracing Uniparental Gene Trees across the Map,” *Philosophical Transactions of the Royal Society of London B: Biological Sciences* 367, no. 1590 (2012): 770–84. 日期取自Oppenheimer，以及第3章更近期的原始資料。

地圖三：根據figure 1 in D. Q. Fuller et al., “Cultivation and Domestication Had Multiple Origins: Arguments against the Core Area Hypothesis for the Origins of Agriculture in the Near East,” *World Archaeology* 43, no. 4 (2011): 628–52. 其他資訊來自第4章的原始資料。

地圖四：整理自瓦維洛夫的旅行地圖，來自N. I. Vavilov, *Five Continents by Nicolai Ivanovich Vavilov*, translated from the Russian by Doris Löve (IPGRI; VIR, 1997).

地圖五：根據A. A. Storey et al., “Investigating the Global Dispersal of Chickens in Prehistory Using Ancient Mitochondrial DNA Signatures,” *PLOS ONE* 7, no. 7 (2012); H. Xiang, et al., “Early Holocene Chicken Domestication in Northern China,” *Proceedings of the National Academy of Sciences of the United States of America* 111, no. 49 (2014): 17564–69; Y. W. Miao et al., “Chicken Domestication: An Updated Perspective Based on Mitochondrial Genomes,” *Heredity (Edinburgh)* 110, no. 3 (2013): 277–82, doi:10.1038/hdy.2012.83.

地圖六：根據figure 1 in M. A. Zeder, “Domestication and Early Agriculture in the Mediterranean Basin: Origins, Diffusion, and Impact,” *Proceedings of the National Academy of Sciences of the United States of America* 105, no. 33 (2008): 11597–604.

附注

第 1 章

《完全白痴燻製食品指南》‥T. Reader, *The Complete Idiot's Guide to Smoking Foods* (Alpha/Penguin Group, 2012).

《食物中的泡泡》‥G. M. Campbell, *Bubbles in Food* (Eagan Press, 1999); G. M. Campbell et al., *Bubbles in Food 2*: Novelty, Health, and Luxury (AACC International, 2008).

《內臟餚饌》‥T. McLaughlin, *A Diet of Tripe: The Chequered History of Food Reform* (David & Charles, 1978).

《別再吃牛！》‥H. F. Lyman et al., *No More Bull!: The Mad Cowboy Targets America's Worst Enemy, Our Diet* (Scribner, 2005).

《親手做派餅》‥R. Wharton and S. Billingsley, *Handheld Pies: Pint-Sized Sweets and Savories* (Chronicle Books, 2012).

牛津大學的食物與烹飪研討會論文集‥H. Saberi, ed., Cured, *Fermented and Smoked Foods: Proceedings of the Oxford Symposium on Food and Cookery, 2010* (Prospect Books, 2011).

雙軸擠壓機‥I. Hayakawa, *Food Processing by Ultra High Pressure Twin-Screw Extrusion* (Technomic Publishing, 1992).

恐龍也有巢‥D. J. Varricchio et al., "Avian Paternal Care Had Dinosaur Origin," *Science* 322, no. 5909 (2008): 1826–28, doi:10.1126/science.1163245.

法國恐龍蛋化石依然特別多‥R. Allain and X. P. Suberbiola, "Dinosaurs of France," *Comptes Rendus Palevol* 2, no. 1 (2003): 27–44, doi:10.1016/s1631-0683(03)00002-2.

每年平均能夠產出將近九公噸的牛奶‥USDA, *Milk Cows and Production Final Estimates, 2003–2007* (2009).

能量足夠四百人一天所需‥O. T. Oftedal, "The Evolution of Milk Secretion and Its Ancient Origins," *Animal* 6, no. 3 (2012): 355–68, doi:10.1017/s1751731111001935.

變成了偽基因‥D. Brawand et al., "Loss of Egg Yolk Genes in Mammals and the Origin of Lactation and Placentation," *PLOS Biology* (2008), doi:10.1371/journal.pbio.0060063.g001.

《種子哪裡來？》‥J. Silvertown, *An Orchard Invisible: A Natural History of Seeds* (University of Chicago Press, 2009).

第 2 章

能烹煮食物的動物‥*J. Boswell, The Journal of a Tour to the Hebrides with Samuel Johnson, LLD* (1785), http://www.gutenberg.org/ebooks/6018(accessed February 22, 2015).

黑猩猩的智能足以勝任‥F. Warneken and A. G. Rosati, "Cognitive Capacities for Cooking in Chimpanzees," *Proceedings of the Royal Society B: Biological Sciences* 282, no. 1809 (2015), doi:10.1098/rspb.2015.0229.

因為滅絕而消失無蹤：W. H. Kimbel and B. Villmoare, "From *Australopithecus* to *Homo*: The Transition That Wasnt," *Philosophical Transactions of the Royal Society of London*, Series B: Biological Sciences 371, no. 1698 (2016), doi:10.1098/rstb.2015.0248.

達爾文論定人類起源於非洲：C. Darwin, *The Descent of Man, and Selection in Relation to Sex* (J. Murray, 1901).

家族相本中還空無一物：同前., 242.

法醫分析：J. Kappelman et al., "Perimortem Fractures in Lucy Suggest Mortal-ity from Fall Out of Tall Tree," *Nature* (2016), doi:10.1038/nature19332.

生活環境通常要比黑猩猩更加廣闊：K. M. Stewart, "Environmental Change and Hominin Exploitation of C4-Based Resources in Wetland/Savanna Mosaics," *Journal of Human Evolution* 77 (2014): 1–16, doi:10.1016/j.jhevol.2014.10.003.

這群祖先經常咀嚼粗韌的食物：D. Lieberman, *The Evolution of the Human Head* (Belknap Press of Harvard University Press, 2011), 434.

派特森問可可：R. Wrangham, *Catching Fire: How Cooking Made Us Human* (Profile Books, 2009). 91.

不是徹底的素食者：S. P. McPherron et al., "Evidence for Stone-Tool-Assisted Consumption of Animal Tissues Before 3.39 Million Years Ago at Dikika, Ethiopia," *Nature* 466, no. 7308 (2010): 857–60, doi:10.1038/nature09248.

出土了有三百三十萬年歷史的石器：S. Harmand et al., "3.3-Million-Year-Old Stone Tools from Lomekwi 3, West Turkana, Kenya," *Nature* 521, no. 7552 (2015): 310–15, doi:10.1038/nature14464.

二百五十萬年前在東非衣索比亞的人族物種：M. Dominguez-Rodrigo et al., "Cutmarked Bones from Pliocene Archaeological Sites, at Gona, Afar, Ethiopia: Implications for the Function of the World's Oldest Stone Tools," *Journal of Human Evolution* 48, no. 2 (2005): 109–21, doi:10.1016/j.jhevol.2004.09.004.

把巧人的歷史回推到二百三十萬年前：F. Spoor et al., "Reconstructed *Homo habilis* Type OH 7 Suggests Deep-Rooted Species Diversity in Early Homo," *Nature* 519, no. 7541 (2015): 83–86, doi:10.1038/nature14224.

咬合的力量應該和露西一樣強大：Lieberman, *The Evolution of the Human Head*, 503.

一個沒見過的下顎化石：B. Villmoare et al., "Early Homo at 2.8 Ma from Ledi-Geraru, Afar, Ethiopia," *Science* (2015), doi:10.1126/science.aaa1343.

身體姿勢已經很近似現代人類了：C. Ruff, "Variation in Human Body Size and Shape," *Annual Review of Anthropology* 31 (2002): 211–32, doi:10.1146/annurev.anthro.31.040402.085407.

只需要一半力氣來咀嚼：Lieberman, *The Evolution of the Human Head*.

河馬、犀牛和鱷魚：D. R. Braun et al., "Early Hominin Diet Included Diverse Terrestrial and Aquatic Animals 1.95 Ma in East Turkana, Kenya," *Proceedings of the National Academy of Sciences of the United States of America* 107, no. 22 (2010): 10002–7, doi:10.1073/pnas.1002181107.

兔肉飢餓症：S. Bilsborough and N. Mann, "A Review of Issues of Dietary Protein Intake in Humans," *International Journal of Sport Nutrition and Exercise Metabolism* 16, no. 2 (2006): 129–52.

在非洲僅存的狩獵採集部族：A. Strohle and A. Hahn, "Diets of Modern Hunter-Gatherers Vary Substantially in Their Carbohydrate Content Depending on Ecoenvironments: Results from an Ethnographic Analysis," *Nutrition Research* 31, no. 6 (2011): 429–35, doi:10.1016/j.nutres.2011.05.003.

來自於熱帶的禾本科或莎草科植物：J. Lee-Thorp et al., "Isotopic Evidence for an Early Shift to C_4 Resources by Pliocene Hominins in Chad," *Proceedings of the National Academy of Sciences of the United States of America* 109, no. 50 (2012): 20369–72, doi:10.1073/pnas.1204209109.

古代埃及人曾經大規模栽種：D. Zohary et al., *Domestication of Plants in the Old World: The Origin and Spread of Domesticated Plants in South-West Asia, Europe, and the Mediterranean Basin* (Oxford University Press, 2012), 158.

繁殖成一千九百多棵植株：M. E. Tumbleson and T. Kommedahl, "Reproductive Potential of *Cyperus esculentus* by Tubers," *Weeds* 9, no. 4 (1961): 646–53, doi:10.2307/4040817.

實驗用的現代石器：C. Lemorini et al., "Old Stones' Song: Use-Wear Experiments and Analysis of the Oldowan Quartz and Quartzite Assemblage from Kanjera South (Kenya)," *Journal of Human Evolution* 72 (2014): 10–25, doi:10.1016/j.jhevol.2014.03.002.

最完整的早期人類顱骨：D. Lordkipanidze et al., "A Complete Skull from Dmanisi, Georgia, and the Evolutionary Biology of Early Homo," *Science* 342 (2013): 326–31.

直立人獵捕大象來吃：M. Ben-Dor et al., "Man the Fat Hunter: The Demise of *Homo erectus* and the Emergence of a New Hominin Lineage in the Middle Pleistocene (ca. 400 kyr) Levant," *PLOS ONE* 6, no. 12 (2011), doi:10.1371/journal.pone.0028689.

那裡的大象不久之後便會絕跡：T. Surovell et al., "Global Archaeological Evidence for Proboscidean Overkill," *Proceedings of the National Academy of Sciences of the United States of America* 102, no. 17 (2005): 6231–36, doi:10.1073/pnas.05019 47102.

最早在一百五十萬年前，就有生火烤肉這回事了：S. E. Bentsen, "Using Pyrotechnology: Fire-Related Features and Activities with a Focus on the African Middle Stone Age," *Journal of Archaeological Research* 22, no. 2 (2014): 141–75, doi:10.1007/s10814-013-9069-x.

除了有史前考古證據之外，也有生物學方面的證據：J. A. J. Gowlett and R. W. Wrangham, "Earliest Fire in Africa: Towards the Convergence of Archaeological Evidence and the Cooking Hypothesis," *Azania-Archaeological Research in Africa* 48, no. 1 (2013): 5–30, doi:10.1080/0067270x.2012.756754.

《生火：烹飪造就人類》：Wrangham, *Catching Fire: How Cooking Made Us Human.*

*MHY16*這個基因：G. H. Perry et al., "Insights into Hominin Phenotypic and Dietary Evolution from Ancient DNA Sequence

Data," *Journal of Human Evolution* 79 (2015): 55–63, doi:10.1016/j.jhevol.2014.10.018.

食物烹煮之後更容易消化‥R. N. Carmody and R. W. Wrangham, "The Energetic Significance of Cooking," *Journal of Human Evolution* 57, no. 4 (2009): 379–91, doi:10.1016/j.jhevol.2009.02.011.

肉類和脂肪‥R. N. Carmody et al., "Energetic Consequences of Thermal and Nonthermal Food Processing," *Proceedings of the National Academy of Sciences of the United States of America* 108, no. 48 (2011): 19199–203, doi:10.1073/pnas.1112128108; E. E. Groopman et al., "Cooking Increases Net Energy Gain from a Lipid-Rich Food," *American Journal of Physical Anthropology* 156, no. 1 (2015): 11–18, doi:10.1002/ajpa.22622.

腦部的大小並不代表一切‥G. Roth and U. Dicke, "Evolution of the Brain and Intelligence," *Trends in Cognitive Sciences* 9, no. 5 (2005): 250–57, doi:10.1016/j.tics.2005.03.005.

這些能量絕大部分用在突觸上‥J. J. Harris et al., "Synaptic Energy Use and Supply," *Neuron* 75, no. 5 (2012): 762–77, doi:10.1016/j.neuron.2012.08.019.

演化讓消化道變小‥L. C. Aiello and P. Wheeler, "The Expensive Tissue Hypothesis: The Brain and the Digestive System in Human and Primate Evolution," *Current Anthropology* 36, no. 2 (1995): 199–221, doi:10.1086/204350; A. Navarrete et al., "Energetics and the Evolution of Human Brain Size," *Nature* 480, no. 7375 (2011): 91–93, doi:10.1038/nature10629.

高出黑猩猩百分之二十七‥H. Pontzer et al., "Metabolic Acceleration and the Evolution of Human Brain Size and Life History," *Nature* 533, no. 7603 (2016): 390–92, doi:10.1038/nature17654.

緊跟著腦部增大的過程‥Wrangham, *Catching Fire*.

海德堡人‥L. T. Buck and C. B. Stringer, "*Homo heidelbergensis*," *Current Biology* 24, no. 6 (2014): R214–15, doi:10.1016/j.cub.2013.12.048.

想要用火就能生火‥Bentsen, "Using Pyrotechnology"; N. Goren-Inbar et al., "Evidence of Hominin Control of Fire at Gesher Benot Ya'aqov, Israel," *Science* 304, no. 5671 (2004): 725–27, doi:10.1126/science.1095443.

由雲杉木材製成‥H. Thieme, "Lower Palaeolithic Hunting Spears from Germany," *Nature* 385, no. 6619 (1997): 807–10, doi:10.1038/385807a0.

獵捕屠殺的動物主要是馬‥T. van Kolfschoten, "The Palaeolithic Locality Schöningen (Germany): A Review of the Mammalian Record," *Quaternary International* 326–27 (2014): 469–80, doi:10.1016/j.quaint.2013.11.006.

他們的馬肉餐‥M. Balter, "The Killing Ground," *Science* 344, no. 6188 (2014): 1080–83.

另一個已經滅絕的表親‥D. Reich et al., "Genetic History of an Archaic Hominin Group from Denisova Cave in Siberia," *Nature* 468, no. 7327 (2010): 1053–60, doi:10.1038/nature09710.

和丹尼索瓦人接觸過‥D. Reich et al., "Denisova Admixture and the First Modern Human Dispersals into Southeast Asia and Oceania," *American Journal of Human Genetics* 89, no. 4 (2011): 516–28, doi:10.1016/j.ajhg.2011.09.005.

頭髮是紅色的 ‥ C. Lalueza-Fox et al., “A Melanocortin 1 Receptor Allele Suggests Varying Pigmentation among Neanderthals,” *Science* 318, no. 5855 (2007): 1453–55, doi:10.1126/science.1147417.

智人和尼安德塔人最晚的共同祖先 ‥ K. Prüfer et al., “The Complete Genome Sequence of a Neanderthal from the Altai Mountains,” *Nature* 505, no. 7481 (2014): 43–49, doi:10.1038/nature12886.

四萬年前 ‥ T. Higham et al., “The Timing and Spatiotemporal Patterning of Neanderthal Disappearance,” *Nature* 512, no. 7514 (2014): 306–9, doi:10.1038/nature13621.

腦也比智人大一些 ‥ A. W. Froehle and S. E. Churchill, “Energetic Competition between Neandertals and Anatomically Modern Humans,” *PaleoAnthropology* (2009): 96–116.

尼安德塔人的糞便 ‥ A. Sistiaga et al., “The Neanderthal Meal: A New Perspective Using Faecal Biomarkers,” *PLOS ONE* 9, no. 6 (2014), doi:10.1371/journal.pone.0101045.

煙灰 ‥ A. G. Henry et al., “Microfossils in Calculus Demonstrate Consumption of Plants and Cooked Foods in Neanderthal Diets (Shanidar III, Iraq; Spy I and II, Belgium),” *Proceedings of the National Academy of Sciences of the United States of America* 108, no. 2 (2011): 486–91, doi:10.1073/pnas.1016868108.

迦密山 ‥ E. Lev et al., “Mousterian Vegetal Food in Kebara Cave, Mt. Carmel,” *Journal of Archaeological Science* 32, no. 3 (2005): 475–84, doi:10.1016/j.jas.2004.11.006.

尼安德塔人飲食的多樣性和智人差不多 ‥ A. G. Henry et al., “Plant Foods and the Dietary Ecology of Neanderthals and Early Modern Humans,” *Journal of Human Evolution* 69 (2014): 44–54, doi:10.1016/j.jhevol.2013.12.014.

蝦蟹貝等帶殼海鮮 ‥ I. Gutierrez-Zugasti et al., “The Role of Shellfish in Hunter-Gatherer Societies during the Early Upper Palaeolithic: A View from El Cuco Rockshelter, Northern Spain,” *Journal of Anthropological Archaeology* 32, no. 2 (2013): 242–56, doi:10.1016/j.jaa.2013.03.001; D. C. Salazar-Garcia et al., “Neanderthal Diets in Central and Southeastern Mediterranean Iberia,” *Quaternary International* 318 (2013): 3–18, doi:10.1016/j.quaint.2013.06.007.

野鴿 ‥ R. Blasco et al., “The Earliest Pigeon Fanciers,” *Scientific Reports* 4, no. 5971 (2014), doi:10.1038/srep05971.

第3章

《烹飪之書》 ‥ quoted in W. Sitwell, *A History of Food in 100 Recipes* (Little, Brown, 2013), 58.

許多猴類和猿類 ‥ A. E. Russon et al., “Orangutan Fish Eating, Primate Aquatic Fauna Eating, and Their Implications for the Origins of Ancestral Hominin Fish Eating,” *Journal of Human Evolution* 77 (2014): 50–63, doi:10.1016/j.jhevol.2014.06.007.

拋棄成堆的貝殼 ‥ M. Álvarez et al., “Shell Middens as Archives of Past Environments, Human Dispersal and Specialized Resource Management,” *Quaternary International* 239, nos. 1–2 (2011): 1–7, doi:10.1016/j.quaint.2010.10.025.

對於腦部發育至關重要 ‥ J. T. Brenna and S. E. Carlson, “Docosahexaenoic Acid and Human Brain Development: Evidence

That a Dietary Supply Is Needed for Optimal Development," *Journal of Human Evolution* 77 (2014): 99–106, doi:10.1016/j.jhevol.2014.02.017; S. C. Cunnane and M. A. Crawford, "Energetic and Nutritional Constraints on Infant Brain Development: Implications for Brain Expansion during Human Evolution," *Journal of Human Evolution* 77 (2014): 88–98, doi:10.1016/j.jhevol.2014.05.001.

他們當時吃的帶殼海洋動物‥C. W. Marean et al., "Early Human Use of Marine Resources and Pigment in South Africa during the Middle Pleistocene," *Nature* 449, no. 7164 (2007): 905–8, doi:10.1038/nature06204.

非洲大部分地區變得乾冷，不適合人類居住‥C. W. Marean, "When the Sea Saved Humanity," *Scientific American* 303, no. 2 (2010): 54–61, doi:10.1038/scientificamerican0810-54; C. W. Marean, "Pinnacle Point Cave 13B (Western Cape Province, South Africa) in Context: The Cape Floral Kingdom, Shellfish, and Modern Human Origins," *Journal of Human Evolution* 59, nos. 3–4 (2010): 425–43, doi:10.1016/j.jhevol.2010.07.011.

厄利垂亞的紅海淺灘‥R. C. Walter et al., "Early Human Occupation of the Red Sea Coast of Eritrea during the Last Interglacial," *Nature* 405, no. 6782 (2000): 65–69, doi:10.1038/35011048.

最終抵達了中國‥all the way to China: W. Liu et al., "The Earliest Unequivocally Modern Humans in Southern China," Nature 526, no. 7575 (2015): 696–99, doi:10.1038/nature15696.

這些貝類在火中烤過‥M. Cortes-Sanchez et al., "Earliest Known Use of Marine Resources by Neanderthals," *PLOS ONE* 6, no. 9 (2011), doi:10.1371/journal.pone.0024026.

智人沿著地中海南岸往東移動‥E. A. A. Garcea, "Successes and Failures of Human Dispersals from North Africa," *Quaternary International* 270 (2012): 119–28, doi:10.1016/j.quaint.2011.06.034.

人口增加的壓力‥P. Mellars, "Why Did Modern Human Populations Disperse from Africa ca. 60,000 Years Ago? A New Model," *Proceedings of the National Academy of Sciences of the United States of America* 103, no. 25 (2006): 9381–86, doi:10.1073/pnas.0510792103.

我們的基因中記錄了這個事件‥S. Oppenheimer, "Out-of-Africa, the Peopling of Continents and Islands: Tracing Uniparental Gene Trees across the Map," *Philosophical Transactions of the Royal Society of London, Series B: Biological Sciences* 367, no. 1590 (2012): 770–84, doi:10.1098/rstb.2011.0306.

非洲人族群中遺傳多樣性很高‥S. A. Tishkoff et al., "The Genetic Structure and History of Africans and African Americans," *Science* 324, no. 5930 (2009): 1035–44, doi:10.1126/science.1172257.

具備的遺傳多樣性便愈低‥S. Ramachandran et al., "Support from the Relationship of Genetic and Geographic Distance in Human Populations for a Serial Founder Effect Originating in Africa," *Proceedings of the National Academy of Sciences of the United States of America* 102, no. 44 (2005): 15942–47, doi:10.1073/pnas.0507611102.

四萬五千年前抵達澳洲大陸‥T. D. Weaver, "Tracing the Paths of Modern Humans from Africa," *Proceedings of the National*

Academy of Sciences of the United States of America 111 (2014): 7170–71.

海岸線上卻沒有冰：E. J. Dixon, "Late Pleistocene Colonization of North America from Northeast Asia: New Insights from Large-Scale Paleogeographic Reconstructions," *Quaternary International* 285 (2013): 57–67, doi:10.1016/j.quaint.2011.02.027.

所有美洲原住民：T. Goebel et al., "The Late Pleistocene Dispersal of Modern Humans in the Americas," *Science* 319, no. 5869 (2008): 1497–502, doi:10.1126/science.1153569.

宰殺乳齒象：E. Marris, "Underwater Archaeologists Unearth Ancient Butchering Site," *Nature* (May 13, 2016), doi:10.1038/nature.2016.19913.

沿著太平洋：M. Erlandson and T. J. Braje, "From Asia to the Americas by Boat? Paleo geography, Paleoecology, and Stemmed Points of the Northwest Pacific," *Quaternary International* 239, nos. 1–2 (2011): 28–37, doi:10.1016/j.quaint.2011.02.030.

抵達南美洲的智利：T. D. Dillehay, *Monte Verde, a Late Pleistocene Settlement in Chile: The Archaeological Context and Interpretation* (Smithsonian Institution Press, 1997).

火地島：A. Prieto et al., "The Peopling of the Fuego-Patagonian Fjords by Littoral Hunter-Gatherers after the Mid-Holocene H1 Eruption of Hudson Volcano," *Quaternary International* 317 (2013): 3–13, doi:10.1016/j.quaint.2013.06.024.

主要以吃帶殼海鮮為生：C. Darwin, *The Voyage of HMS Beagle* (Folio Society, 1860), chap. 10.

考古採掘：L. A. Orquera et al., "Littoral Adaptation at the Southern End of South America," *Quaternary International* 239, nos. 1–2 (2011): 61–69, doi:10.1016/j.quaint.2011.02.032.

第 4 章

兩種主要小麥的祖先：D. Zohary et al., *Domestication of Plants in the Old World: The Origin and Spread of Domesticated Plants in South-West Asia, Europe, and the Mediterranean Basin* (Oxford University Press, 2012); P. J. Berkman et al., "Dispersion and Domestication Shaped the Genome of Bread Wheat," *Plant Biotechnology Journal* 11, no. 5 (2013): 564–71, doi:10.1111/pbi.12044.

工人和王室貴族一樣都吃小麥麵包：D. Samuel, "Investigation of Ancient Egyptian Baking and Brewing Methods by Correlative Microscopy," *Science* 273, no. 5274 (1996): 488–90, doi:10.1126/science.273.5274.488; D. Samuel, "Bread Making and Social Interactions at the Amarna Workmen's Village, Egypt," *World Archaeology* 31, no. 1 (1999): 121–44.

埃及國王曼圖霍特普二世：Model in the British Museum: http://culturalinstitute.britishmuseum.org/asset-viewer/model-from-the-tomb-of-nebhepetre-mentuhotep-ii/ygG7V06b8fjrfQ?hl=en (accessed November 19, 2016).

古埃及人牙齒嚴重磨損，在木乃伊上都看得到：J. E. Harris, "Dental Care," *Oxford Encyclopedia of Ancient Egypt*, vol. 1, ed. D. B. Redford (Oxford University Press, 2001): 383–85.

象形文字記錄下來，經過解讀之後，很像是漫畫中的對話：http://www.osirisnet.net/tombes/nobles/antefoqer/e_antefoqer_02.htm (accessed March 12, 2014).

二百多種麵包：J. Bottéro, *Cooking in Mesopotamia*, trans. T. L. Fagan (University of Chicago Press, 2011).

乾燥的氣候下容易演化出較大的種子：A. T. Moles and M. Westoby, "Seedling Survival and Seed Size: A Synthesis of the Literature," *Journal of Ecology* 92, no. 3 (2004): 372–83.

長滿野生二粒小麥的田地：J. R. Harlan, "Wild Wheat Harvest in Turkey," *Archaeology* 20, no. 3 (1967): 197–201.

為什麼還要特地去種：J. R. Harlan and D. Zohary, "Distribution of Wild Wheats and Barley," *Science* 153, no. 3740 (1966): 1074–80, doi:10.1126/science.153.3740.1074.

穀物的馴化花費了成千上萬年的時間：M. D. Purugganan and D. Q. Fuller, "Archaeological Data Reveal Slow Rates of Evolution during Plant Domestication," *Evolution* 65, no. 1 (2011): 171–83, doi:10.1111/j.1558-5646.2010.01093.x.

蒐集了野生二粒小麥和野生大麥：Zohary et al., *Domestication of Plants in the Old World*.

這樣的麥粒出土的最古老遺址：同前。

農作物在馴化過程中持續演化：D. Q. Fuller et al., "Moving Outside the Core Area," *Journal of Experimental Botany* 63, no. 2 (2012): 617–33, doi:10.1093/jxb/err307; P. Civan et al., "Reticulated Origin of Domesticated Emmer Wheat Supports a Dynamic Model for the Emergence of Agriculture in the Fertile Crescent," *PLOS ONE* 8, no. 11 (2013), doi:10.1371/journal.pone.0081955.

發現加拿大的冬天嚴寒：C. Darwin, *The Variation of Animals and Plants under Domestication*, vol. 1 (John Murray, 1868).

運送小麥的鐵路車廂不敷使用：http://www.agcanada.com/daily/statscan-shows-shockingly-large-crops-all-around (accessed March 19, 2014).

八十萬到五十萬年前：T. Marcussen et al., "Ancient Hybridizations among the Ancestral Genomes of Bread Wheat," *Science* 345, no. 6194 (2014), doi:10.1126/science.1250092.

八千年前才發生的：Zohary et al., *Domestication of Plants in the Old World*; J. Dvorak et al., "The Origin of Spelt and Free-Threshing Hexaploid Wheat," *Journal of Heredity* 103, no. 3 (2012): 426–41, doi:10.1093/jhered/esr152.

至少是在二十三萬年前：Marcussen et al., "Ancient Hybridizations among the Ancestral Genomes of Bread Wheat."

麵包小麥具備了龐大的演化可能性：J. Dubcovsky and J. Dvorak, "Genome Plasticity a Key Factor in the Success of Polyploid Wheat under Domestication," *Science* 316, no. 5833 (2007): 1862–66, doi:10.1126/science.1143986.

有一株稱為Ug99的柄銹菌：R. P. Singh et al., "The Emergence of Ug99 Races of the Stem Rust Fungus Is a Threat to World Wheat Production," *Annual Review of Phytopathology* 49, no. 1 (2011): 465–81, doi:10.1146/annurev-phyto-072910-095423.

達爾文個人藏書的圖書館：I. G. Loskutov, *Vavilov and His Institute: A History of the World Collection of Plant Genetic Resources in Russia* (International Plant Genetic Resources Institute, 1999).

他自己有個理論：任何農作物，在最初馴化的地區中，遺傳多樣性最高：N. I. Vavilov and V. F. Dorofeev, *Origin and Geography of Cultivated Plants* (Cambridge University Press, 1992).

沒有通過時間的考驗：J. Dvorak et al., "NI Vavilov's Theory of Centres of Diversity in the Light of Current Understanding of Wheat Diversity, Domestication and Evolution," *Czech Journal of Genetics and Plant Breeding* 47 (2011): S20–S27.

之後二十多年間，人們一直認為手稿已經消失了：S. Reznik and Y. Vavilov, "The Russian Scientist Nicolay Vavilov," in *Five Continents by Nicolay Ivanovich Vavilov*, trans. Doris Löve (IPGRI; VIR, 1997), xvii–xxix.

瓦維洛寫道：quoted in G. P. Nabhan, *Where Our Food Comes From: Retracing Nikolay Vavilov's Quest to End Famine* (Island Press Shearwater Books, 2009).

由一種野草親戚馴化而來：A. L. Ingram and J. J. Doyle, "The Origin and Evolution of *Eragrostis tef* (Poaceae) and Related Polyploids: Evidence from Nuclear Waxy and Plastid Rps16," *American Journal of Botany* 90, no. 1 (2003): 116–22.

瓦維洛夫一生的最終樂章：Loskutov, *Vavilov and His Institute.*

俄羅斯蒐藏指揮部：Nabhan, *Where Our Food Comes From.*

戈盧別夫估計：同前，xxiii, 223.

受到了全球暖化的負面影響：J. R. Porter et al., *IPCC Fifth Report*, chapter 7: "Food Security and Food Production Systems" (final draft, 2014).

在波斯進行採集：N. I. Vavilov, *Five Continents.*

種子也變得比較小：seeds had also become smaller: J. C. Burger et al., "Rapid Phenotypic Divergence of Feral Rye from Domesticated Cereal Rye," *Weed Science* 55, no. 3 (2007): 204–11, doi:10.1614/WS-06-177.1.

歷史學家柴爾德：V. G. Childe, *Man Makes Himself* (Spokesman, 1936).

α澱粉酶基因數量多寡的研究：G. H. Perry et al., "Diet and the Evolution of Human Amylase Gene Copy Number Variation," *Nature Genetics* 39, no. 10 (2007): 1256–60, doi:10.1038/ng2123.

實驗的結果讓人大吃一驚：A. L. Mandel and P. A. S. Breslin, "High Endogenous Salivary Amylase Activity Is Associated with Improved Glycemic Homeostasis Following Starch Ingestion in Adults," *Journal of Nutrition* 142, no. 5 (2012): 853–58, doi:10.3945/jn.111.156984.

狗的消化道：E. Axelsson et al., "The Genomic Signature of Dog Domestication Reveals Adaptation to a Starch-Rich Diet," *Nature* 495, no. 7441 (2013): 360–64, doi:10.1038/nature11837.

第5章

生命一開始很可能是這樣在海洋出現的：深海的海底熱泉噴出高溫的水：W. Martin et al., "Hydrothermal Vents and the Origin of Life," *Nature Reviews Microbiology* 6, no. 11 (2008): 805–14, doi:10.1038/nrmicro1991; W. F. Martin et al.,

"Energy at Life's Origin," *Science* 344, no. 6188 (2014): 1092–93, doi:10.1126/science.1251653.

一八七一年的信：C. Darwin, "Letter to J. D. Hooker 1st Feb. 1871," https://www.darwinproject.ac.uk/letter/DCP-LETT-7471.xml (accessed November 5, 2016).

原湯：J. B. S. Haldane, "The Origin of Life," *Rationalist Annual* 3 (1929): 3–10.

原薄餅，甚至是原油醋醬：H. S. Bernhardt and W. P. Tate, "Primordial Soup or Vinaigrette: Did the RNA World Evolve at Acidic pH?," *Biology Direct* 7 (2012), doi:10.1186/1745-6150-7-4; G. von Kiedrowski, "Origins of Life—Primordial Soup or Crepes?," *Nature* 381, no. 6577 (1996): 20–21, doi:10.1038/381020a0.

一開始只要使用澱粉之類的多醣類：V. Tolstoguzov, "Why Are Polysaccharides Necessary?," *Food Hydrocolloids* 18, no. 5 (2004): 873–77, doi:10.1016/j.foodhyd.2003.11.011.

湯是我們國家飲食的基礎：J. A. Brillat-Savarin, *The Physiology of Taste* (Everyman, 2009), 85.

美味湯，美味湯：The Mock Turtle's song from *Alice in Wonderland*.

馬基的《食物與廚藝》：H. McGee, *McGee on Food and Cooking* (Hodder & Stoughton, 2004).

第六種味覺：R. S. Keast and A. Costanzo, "Is Fat the Sixth Taste Primary? Evidence and Implications," *Flavour* 4, no. 1 (2015): 1–7, doi:10.1186/2044-7248-4-5.

發表了一篇用日文寫成的論文：K. Ikeda, "New Seasonings," *Chemical Senses* 27, no. 9 (2002): 847–49, doi:10.1093/chemse/27.9.847 (translated from the Japanese original published in 1909).

愈鹹的海水中，海藻中的麩胺酸鈉濃度愈高：O. G. Mouritsen, *Seaweeds: Edible, Available, and Sustainable* (University of Chicago Press, 2013).

引發鮮味大爆炸：O. G. Mouritsen et al., *Umami: Unlocking the Secrets of the Fifth Taste* (Columbia University Press, 2014).

成為湯品的基本材料：L. Bareham, *A Celebration of Soup* (Michael Joseph, 1993).

來自高湯中同樣食材的肌苷酸：K. Kurihara, "Glutamate: From Discovery as a Food Flavor to Role as a Basic Taste (Umami)," *American Journal of Clinical Nutrition* 90, no. 3 (2009): 719S–22S, doi:10.3945/ajcn.2009.27462D.

第五種味道的存在：B. Lindemann et al., "The Discovery of Umami," *Chemical Senses* 27, no. 9 (2002): 843–44, doi:10.1093/chemse/27.9.843.

測試醬油品質的方式：Ikeda, "New Seasonings."

味蕾上有一類細胞：Chaudhari et al., "A Metabotropic Glutamate Receptor Variant Functions as a Taste Receptor," *Nature Neuroscience* 3, no. 2 (2000): 113–19, doi:10.1038/72053.

嘗出糖的能力已經退化：P. H. Jiang et al., "Major Taste Loss in Carnivorous Mammals," *Proceedings of the National Academy of Sciences of the United States of America* 109, no. 13 (2012): 4956–61, doi:10.1073/pnas.1118360109.

科學家研究小鼠：J. Chandrashekar et al., "The Cells and Peripheral Representation of Sodium Taste in Mice," *Nature* 464, no.

7286 (2010): 297–301, doi:10.1038/nature08783.
某些金花蟲：C. P. Da Costa and C. M. Jones, "Cucumber Beetle Resistance and Mite Susceptibility Controlled by the Bitter Gene in *Cucumis sativus* L," *Science* 172, no. 3988 (1971): 1145–46, doi:10.1126/science.172.3988.1145.
洋蔥奶油濃湯：R. Man and R. Weir, *The Mustard Book* (Grub Street, 2010).
啤酒花的苦味：D. Intelmann et al., "Three TAS2R Bitter Taste Receptors Mediate the Psychophysical Responses to Bitter Compounds of Hops (*Humulus lupulus* L.) and Beer," *Chemosensory Perception* 2, no. 3 (2009): 118–32, doi:10.1007/s12078-009-9049-1.
在九千三百萬年前分開：http://www.timetree.org/index.php?taxon_a =mouse&taxon_b=human&submit=Search (accessed October 28, 2014).
苦味分子受體基因：D. Y. Li and J. Z. Zhang, "Diet Shapes the Evolution of the Vertebrate Bitter Taste Receptor Gene Repertoire," *Molecular Biology and Evolution* 31, no. 2 (2014): 303–9, doi:10.1093/molbev/mst219.
十一個苦味受體的偽基因：Y. Go et al., "Lineage-Specific Loss of Function of Bitter Taste Receptor Genes in Humans and Nonhuman Primates," *Genetics* 170, no. 1 (2005): 313–26, doi:10.1534/genetics.104.037523.
過這樣改造過的小鼠：K. L. Mueller et al., "The Receptors and Coding Logic for Bitter Taste," *Nature* 434, no. 7030 (2005): 221–25, doi:10.1038/nature03366.
對於酸的感覺和幼兒與成人都不一樣：D. G. Liem and J. A. Mennella, "Heightened Sour Preferences during Childhood," *Chemical Senses* 28, no. 2 (2003): 173–80.
人與人之間的遺傳差異，經常會影響味覺能力：D. Drayna, "Human Taste Genetics," *Annual Review of Genomics and Human Genetics* 6 (2005): 217–35.
愛丁堡動物園：R. A. Fisher et al., "Taste-Testing the Anthropoid Apes," *Nature* 144 (1939): 750.
兩個對偶基因的比例如此相近：Drayna, "*Human Taste Genetics.*"
對抗癌症的效果：Y. Shang et al., "Biosynthesis, Regulation, and Domestication of Bitterness in Cucumber," *Science* 346, no. 6213 (2014): 1084–88, doi:10.1126/science.1259215.

第6章

能夠當成生魚片來吃：O. G. Mouritsen et al., *Umami: Unlocking the Secrets of the Fifth Taste* (Columbia University Press, 2014).
甚至連口中的痛覺受體：F. Viana, "Chemosensory Properties of the Trigeminal System," *ACS Chemical Neuroscience* 2, no. 1 (2011): 38–50, doi:10.1021/cn100102c.
彭賽雷："*Chimie du goût et de l'odorat* [1st ed., 1755]," described by A. Davidson, "Tastes, Aromas, Flavours," in *Oxford Symposium on Food and Cookery, 1987*: Taste, ed. T. Jaine (Prospect Books, 1988): 9–14.

亞里斯多德‥quoted in G. M. Shepherd, *Neurogastronomy: How the Brain Creates Flavor and Why It Matters* (Columbia University Press, 2012), 12.

嗅覺受體的種類‥Y. Niimura, "Olfactory Receptor Multigene Family in Vertebrates: From the Viewpoint of Evolutionary Genomics," *Current Genomics* 13, no. 2 (2012): 103–14.

非洲象的嗅覺受體基因‥Y. Niimura et al., "Extreme Expansion of the Olfactory Receptor Gene Repertoire in African Elephants and Evolutionary Dynamics of Orthologous Gene Groups in 13 Placental Mammals," *Genome Research* 24, no. 9 (2014): 1485–96, doi:10.1101/gr.169532.113.

在演化過程中，這兩種事情都發生了‥Y. Niimura and M. Nei, "Extensive Gains and Losses of Olfactory Receptor Genes in Mammalian Evolution," *PLOS ONE* 2, no. 8 (2007), doi:10.1371/journal.pone.0000708.

區分出一兆多種味道‥C. Bushdid et al., "Humans Can Discriminate More than 1 Trillion Olfactory Stimuli," *Science* 343, no. 6177 (2014): 1370–72, doi:10.1126/science.1249168.

林林總總以各種方式組合起來‥M. Auvray and C. Spence, "The Multisensory Perception of Flavor," *Consciousness and Cognition* 17, no. 3 (2008): 1016–31, doi:10.1016/j.concog.2007.06.005.

我們依然無法察覺‥G. M. Shepherd, "The Human Sense of Smell: Are We Better than We Think?," *PLOS Biology* 2, no. 5 (2004): e146, doi:10.1371/journal.pbio.0020146.

每個人總共有六百多個對偶基因‥T. Olender et al., "Personal Receptor Repertoires: Olfaction as a Model," *BMC Genomics* 13 (2012), doi:10.1186/1471-2164-13-414.

這些對偶基因都有用到‥B. Keverne, "Monoallelic Gene Expression and Mammalian Evolution," *Bioessays* 31, no. 12 (2009): 1318–26, doi:10.1002/bies.200900074.

是否喜歡芫荽‥N. Eriksson et al., "A Genetic Variant Near Olfactory Receptor Genes Influences Cilantro Preference," *Flavour* 1, no. 22 (2012), doi:10.1186/2044-7248-1-22.

肌肉也演化成適應生活方式的結構‥H. McGee, *McGee on Food and Cooking* (Hodder & Stoughton, 2004).

其中使用到魚醬的超過了四分之三‥R. I. Curtis, "Umami and the Foods of Classical Antiquity," *American Journal of Clinical Nutrition* 90, no. 3 (2009): 712S–18S, doi:10.3945/ajcn.2009.27462C.

古代唯一的大規模產業‥A. Dalby and S. Grainger, *The Classical Cookbook* (British Museum Press, 1996).

魚醬製造大亨，住在後來遭到厄運的龐貝城‥Curtis, "Umami and the Foods of Classical Antiquity."

第 7 章

肉類同時也提供其他重要的營養成分‥N. Mann, "Dietary Lean Red Meat and Human Evolution," *European Journal of Nutrition* 39, no. 2 (2000): 71–79, doi:10.1007/s003940050005.

人類和這些寄生蟲在幾百萬年前就有關連了‥E. P. Hoberg et al., "Out of Africa: Origins of the Taenia Tapeworms in Humans," *Proceedings of the Royal Society of London: Series B, Biological Sciences* 268, no. 1469 (2001): 781–87.

旋毛蟲‥D. S. Zarlenga et al., "Post-Miocene Expansion, Colonization, and Host Switching Drove Speciation among Extant Nematodes of the Archaic Genus *Trichinella*," *Proceedings of the National Academy of Sciences of the United States of America* 103, no. 19 (2006): 7354–59, doi:10.1073/pnas.0602466103.

面對熱衝擊時有堅強的保護‥G. H. Perry, "Parasites and Human Evolution," *Evolutionary Anthropology* 23, no. 6 (2014): 218–28, doi:10.1002/evan.21427.

第一個能夠認出種類的動物壁畫‥M. Aubert et al., "Pleistocene Cave Art from Sulawesi, Indonesia," *Nature* 514, no. 7521 (2014): 223–27, doi:10.1038/nature13422.

Babyrousa babyrussa‥L. Watson, *The Whole Hog: Exploring the Extraordinary Potential of Pigs* (Profile, 2004).

蕭維洞窟‥http://www.bradshawfoundation.com/chauvet/(accessed July 14, 2015); J. Combier and G. Jouve, "Nouvelles recherches sur l'identité culturelle et stylistique de la grotte Chauvet et sur sa datation par la méthode du 14C," *L'Anthropologie* 118, no. 2 (2014): 115–51, doi:10.1016/j.anthro.2013.12.001.

馴鹿肉‥S. Gaudzinski-Windheuser and L. Niven, "Hominin Subsistence Patterns during the Middle and Late Paleolithic in Northwestern Europe," in *The Evolution of Hominin Diets, Vertebrate Paleobiology and Paleoanthropology*, ed. J.-J. Hublin and M. Richards (Springer Netherlands, 2009), 99–111.

義大利南部洞穴挖掘出來的鵝卵石上‥M. Mariotti Lippi et al., "Multistep Food Plant Processing at Grotta Paglicci (Southern Italy) around 32,600 Cal B.P.," *Proceedings of the National Academy of Sciences of the United States of America* 112, no. 39 (2015): 12075–80, doi:10.1073/pnas.1505213112.

這些植物材料原本是田鼠藏在巢裡面的‥M. Jones, "Moving North: Archaeobotanical Evidence for Plant Diet in Middle and Upper Paleolithic Europe," in *The Evolution of Hominin Diets, Vertebrate Paleobiology and Paleoanthropology*, ed. J.-J. Hublin and M. Richards (Springer Netherlands, 2009), 171–80.

植被也隨著改變‥E. Willerslev et al., "Fifty Thousand Years of Arctic Vegetation and Megafaunal Diet," *Nature* 506, no. 7486 (2014): 47–51, doi:10.1038/nature 12921.

多種灰狼‥J. A. Leonard et al., "Megafaunal Extinctions and the Disappearance of a Specialized Wolf Ecomorph," *Current Biology* 17, no. 13 (2007): 1146–50, doi:10.1016/j.cub.2007.05.072.

殘餘族群‥M. Hofreiter and I. Barnes, "Diversity Lost: Are All Holarctic Large Mammal Species Just Relict Populations?," *BMC Biology* 8 (2010): 46, doi:10.1186/1741-7007-8-46.

最後由獵人完成‥A. J. Stuart, "Late Quaternary Megafaunal Extinctions on the Continents: A Short Review," *Geological Journal* 50, no. 3 (2015): 338–63, doi:10.1002/gj.2633.

最喜歡的食物：H. Bocherens et al., "Reconstruction of the Gravettian Food-Web at P edmostí I Using Multi-Isotopic Tracking (13C, 15N, 34S) of Bone Collagen," *Quaternary International* 359 (2015): 211–28, doi:10.1016/j.quaint.2014.09.044.

猛獁一直都是人類最喜歡吃的獵物：P. Shipman, "How Do You Kill 86 Mammoths? Taphonomic Investigations of Mammoth Megasites," *Quaternary International* 359–60 (2015): 38–46, doi:10.1016/j.quaint.2014.04.048.

弗蘭格爾島：A. J. Stuart et al., "Pleistocene to Holocene Extinction Dynamics in Giant Deer and Woolly Mammoth," *Nature* 431 (2004): 684–89.

開始增加食物的種類：M. C. Stiner and N. D. Munro, "Approaches to Prehistoric Diet Breadth, Demography, and Prey Ranking Systems in Time and Space," *Journal of Archaeological Method and Theory* 9, no. 2 (June 2002): 181–214.

奧哈羅二號遺址：L. A. Maher et al., "The Pre-Natufian Epipaleolithic: Long-Term Behavioral Trends in the Levant," *Evolutionary Anthropology* 21, no. 2 (2012): 69–81, doi:10.1002/evan.21307.

田中雜草的種子：A. Snir et al., "The Origin of Cultivation and Proto-Weeds, Long Before Neolithic Farming," *PLOS ONE* 10, no. 7 (2015), doi:10.1371/journal.pone.0131422.

人類來到奧哈羅二號營地：D. Nadel et al., "On the Shore of a Fluctuating Lake: Environmental Evidence from Ohalo II (19,500 BP)," *Israel Journal of Earth Sciences* 53, nos. 3–4, special issue (2004): 207–23, doi:10.1560/v3cu-ebr7-ukat-uca6.

這個遺址位於海法附近，稱為埃爾瓦德：R. Yeshurun et al., "Intensification and Sedentism in the Terminal Pleistocene Natufian Sequence of el-Wad Terrace (Israel)," *Journal of Human Evolution* 70 (2014): 16–35, doi:10.1016/j.jhevol.2014.02.011.

阿斯科利土丘：M. C. Stiner et al., "A Forager-Herder Trade-Off, from Broad-Spectrum Hunting to Sheep Management at A ikli Höyük, Turkey," *Proceedings of the National Academy of Sciences of the United States of America* 111, no. 23 (2014): 8404–9, doi:10.1073/pnas.1322723111.

每位女性產下的嬰兒幾乎倍增：E. Guerrero, S. Naji, and J.-P. Bocquet-Appel, "The Signal of the Neolithic Demographic Transition in the Levant," in *The Neolithic Demographic Transition and Its Consequences*, ed. J.-P. Bocquet-Appel and O. Bar-Yosef (Springer, 2008), 57–80, doi:10.1007/978-1-4020-8539-0_4.

這種改變是全球性的：P. Bellwood and M. Oxenham, "The Expansions of Farming Societies and the Role of the Neolithic Demographic Transition," 同前，13–34, doi:10.1007/978-1-4020-8539–0_2.

你會和其他人混在一起：Dr. Seuss, *Oh, the Places You'll Go!* (Random House, 1990).

這些雞和現在馴養的雞關係密切：H. Xiang et al., "Early Holocene Chicken Domestication in Northern China," *Proceedings of the National Academy of Sciences of the United States of America* 111, no. 49 (2014): 17564–69, doi:10.1073/pnas.1411882111.

各自出現雞的馴化：S. Kanginakudru et al., "Genetic Evidence from Indian Red Jungle Fowl Corroborates Multiple

Domestication of Modern Day Chicken," *BMC Evolutionary Biology* 8 (2008): 174, doi:10.1186/1471-2148-8-174; Y. P. Liu et al., "Multiple Maternal Origins of Chickens: Out of the Asian Jungles," *Molecular Phylogenetics and Evolution* 38, no. 1 (2006): 12–19, doi:10.1016/j.ympev.2005.09.014.

食品伴手禮‥A. A. Storey et al., "Investigating the Global Dispersal of Chickens in Prehistory Using Ancient Mitochondrial DNA Signatures," *PLOS ONE* 7, no. 7 (2012), doi:10.1371/journal.pone.0039171.

灰原雞‥J. Eriksson et al., "Identification of the Yellow Skin Gene Reveals a Hybrid Origin of the Domestic Chicken," *PLOS Genetics* 4, no. 2 (2008), doi:10.1371/journal.pgen.1000010.

三個不同的源流‥J. M. Mwacharo et al., "The History of African Village Chickens: An Archaeological and Molecular Perspective," *African Archaeological Review* 30, no. 1 (2013): 97–114, doi:10.1007/s10437-013-9128-1; J. M. Mwacharo et al., "Reconstructing the Origin and Dispersal Patterns of Village Chickens across East Africa: Insights from Autosomal Markers," *Molecular Ecology* 22, no. 10 (2013): 2683–97, doi:10.1111/mec.12294.

最波瀾壯闊的遷徙旅程‥P. V. Kirch, "Peopling of the Pacific: A Holistic Anthropological Perspective," *Annual Review of Anthropology* 39, no. 1 (2010): 131–48, doi:10.1146/annurev.anthro.012809.104936; J. M. Wilmshurst et al., "High-Precision Radiocarbon Dating Shows Recent and Rapid Initial Human Colonization of East Polynesia," *Proceedings of the National Academy of Sciences of the United States of America* 108, no. 5 (2011): 1815–20, doi:10.1073/pnas.1015876108.

雞舍‥J. Diamond, Collapse: How Societies Choose to Fail or Survive (Allen Lane, 2005).

史前玻里尼西亞人養的雞‥Storey et al., "Investigating the Global Dispersal of Chickens"; A. A. Storey, "Polynesian Chickens in the New World: A Detailed Application of a Commensal Approach," *Archaeology in Oceania* 48 (2013): 101–19, doi:10.1002/arco.5007.

西班牙征服者皮薩羅‥S. M. Fitzpatrick and R. Callaghan, "Examining Dispersal Mechanisms for the Translocation of Chicken (*Gallus gallus*) from Polynesia to South America," *Journal of Archaeological Science* 36, no. 2 (2009): 214–23, doi:10.1016/j.jas.2008.09.002.

憑這種感覺找出方位‥J. Flenley and P. Bahn, *The Enigmas of Easter Island* (Oxford University Press, 2002).

厄瓜多和祕魯‥C. Roullier et al., "Historical Collections Reveal Patterns of Diffusion of Sweet Potato in Oceania Obscured by Modern Plant Movements and Recombination," *Proceedings of the National Academy of Sciences of the United States of America* 110, no. 6 (2013): 2205–10, doi:10.1073/pnas.1211049110.

受到歡迎的‥J. V. Moreno-Mayar et al., "Genome-Wide Ancestry Patterns in Rapanui Suggest Pre-European Admixture with Native Americans," *Current Biology* 24, no. 21 (2014): 2518–25, doi:10.1016/j.cub.2014.09.057.

狗至少在一萬五千年前‥D. F. Morey, "In Search of Paleolithic Dogs: A Quest with Mixed Results," *Journal of Archaeological Science* 52 (2014): 300–307, doi:10.1016/j.jas.2014.08.015.

早在三萬年前就已經開始建立了：Shipman, "How Do You Kill 86 Mammoths?"

往四面八方散播：F. H. Lv et al., "Mitogenomic Meta-Analysis Identifies Two Phases of Migration in the History of Eastern Eurasian Sheep," *Molecular Biology and Evolution* 32, no. 10 (2015): 2515–33, doi:10.1093/molbev/msv139.

中國北方：J. Dodson et al., "Oldest Directly Dated Remains of Sheep in China," *Scientific Reports* 4 (2014), doi:10.1038/srep07170.

一千五百多個品種：P. Taberlet et al., "Conservation Genetics of Cattle, Sheep, and Goats," *Comptes Rendus Biologies* 334, no. 3 (2011): 247–54, doi:10.1016/j.crvi.2010.12.007.

肥大尾巴：M. H. Moradi et al., "Genomic Scan of Selective Sweeps in Thin and Fat Tail Sheep Breeds for Identifying of Candidate Regions Associated with Fat Deposition," *BMC Genetics* 13 (2012): 10, doi:10.1186/1471-2156-13-10.

傳統烹飪中的食材：J. Tilsley-Benham, "Sheep with Two Tails: Sheep's Tail Fat as a Cooking Medium in the Middle East," *Oxford Symposium on Food & Cookery, 1986: The Cooking Medium: Proceedings*, ed. T. Jaine (Prospect Books, 1987), 46–50.

從獵捕野牛和野豬，轉變為馴養牛和豬：N. Marom and G. Bar-Oz, "The Prey Pathway: A Regional History of Cattle (*Bos taurus*) and Pig (*Sus scrofa*) Domestication in the Northern Jordan Valley, Israel," *PLOS ONE* 8, no. 2 (2013): e55958, doi:10.1371/journal.pone.0055958.

原牛的馴化發生了三次：J. E. Decker et al., "Worldwide Patterns of Ancestry, Divergence, and Admixture in Domesticated Cattle," *PLOS Genetics* 10, no. 3 (2014), doi:10.1371/journal.pgen.1004254.

人類遺傳學研究：W. Haak et al., "Ancient DNA from European Early Neolithic Farmers Reveals Their Near Eastern Affinities," *PLOS Biology* 8, no. 11 (2010): e1000536, doi:10.1371/journal.pbio.1000536; Q. M. Fu et al., "Complete Mitochondrial Genomes Reveal Neolithic Expansion into Europe," *PLOS ONE* 7, no. 3 (2012), doi:10.1371/journal.pone.0032473.

一起打包傳到歐洲的：R. Pinhasi et al., "Tracing the Origin and Spread of Agriculture in Europe," *PLOS Biology* 3, no. 12 (2005): e410, doi:10.1371/journal.pbio.0030410.

最早在安納托力亞的農民：A. Gibbons, "First Farmers' Motley Roots," *Science* 353, no. 6296 (2016): 207–8.

游牧牲畜：O. Hanotte et al., "African Pastoralism: Genetic Imprints of Origins and Migrations," *Science* 296, no. 5566 (2002): 336–39, doi:10.1126/science.1069878.

野豬的祖先是在東南亞島嶼上演化出來的：L. A. F. Frantz et al., "Genome Sequencing Reveals Fine Scale Diversification and Reticulation History during Speciation in Sus," *Genome Biology* 14, no. 9 (2013), doi:10.1186/gb-2013-14-9-r107.

豬至少有六、七次：G. Larson et al., "Worldwide Phylogeography of Wild Boar Reveals Multiple Centers of Pig Domestication," *Science* 307, no. 5715 (2005): 1618–21.

豬在中國至少馴化了兩次：G. S. Wu et al., "Population Phylogenomic Analysis of Mitochondrial DNA in Wild Boars and Domestic Pigs Revealed Multiple Domestication Events in East Asia," *Genome Biology* 8, no. 11 (2007), doi:10.1186/gb-

2007-8-11-r245.

源於越南：G. Larson et al., "Phylogeny and Ancient DNA of *Sus* Provides Insights into Neolithic Expansion in Island Southeast Asia and Oceania," *Proceedings of the National Academy of Sciences of the United States of America* 104, no. 12 (2007): 4834–39, doi:10.1073/pnas.0607753104.

宗教禁忌：Watson, *The Whole Hog*.

紅鹿：J. Clutton-Brock, *A Natural History of Domesticated Mammals* (Cambridge University Press, 1999).

馴化了兩次：K. H. Roed et al., "Genetic Analyses Reveal Independent Domestication Origins of Eurasian Reindeer," *Proceedings of the Royal Society B: Biological Sciences* 275, no. 1645 (2008): 1849–55, doi:10.1098/rspb.2008.0332.

《動物與植物在馴化過程中的變異》：C. Darwin, *The Variation of Animals and Plants under Domestication* (John Murray, 1868).

亞當斯的小說《宇宙盡頭的餐廳》：D. Adams, *The Restaurant at the End of the Universe* (Random House, 2008).

西伯利亞銀狐：L. Trut et al., "Animal Evolution during Domestication: The Domesticated Fox as a Model," *Bioessays* 31, no. 3 (2009): 349–60, doi:10.1002/bies.200800070.

俄羅斯科學家：同前。

到目前為止還沒有人發現：G. Larson and D. Q. Fuller, "The Evolution of Animal Domestication," *Annual Review of Ecology, Evolution, and Systematics* 45, no. 1 (2014): 115–36, doi:10.1146/annurev-ecolsys-110512-135813.

另一種解釋：A. S. Wilkins et al., "The 'Domestication Syndrome' in Mammals: A Unified Explanation Based on Neural Crest Cell Behavior and Genetics," *Genetics* 197, no. 3 (2014): 795–808, doi:10.1534/genetics.114.165423.

現在的狩獵採集者也一樣：A. Strohle and A. Hahn, "Diets of Modern Hunter-Gatherers Vary Substantially in Their Carbohydrate Content Depending on Ecoenvironments: Results from an Ethnographic Analysis," *Nutrition Research* 31, no. 6 (2011): 429–35, doi:10.1016/j.nutres.2011.05.003; C. Higham, "Hunter-Gatherers in Southeast Asia: From Prehistory to the Present," *Human Biology* 85, no. 1–3 (2013): 21–43.

第8章

我們現在吃四千多種植物：S. Proches et al., "Plant Diversity in the Human Diet: Weak Phylogenetic Signal Indicates Breadth," *Bioscience* 58, no. 2 (2008): 151–59, doi:10.1641/b580209.

凝集素具有毒性，能夠防禦來自昆蟲和真菌的侵害：G. Vandenborre et al., "Plant Lectins as Defense Proteins against Phytophagous Insects," *Phytochemistry* 72, no. 13 (2011): 1538–50, doi:10.1016/j.phytochem.2011.02.024.

無法破壞凝集素的毒性：J. C. Rodhouse et al., "Red Kidney Bean Poisoning in the UK—An Analysis of 50 Suspected Incidents between 1976 and 1989," *Epidemiology and Infection* 105, no. 3 (1990): 485–91.

可以拿來做枴杖：http://jerseyeveningpost.com/island-life/history-heritage/giant-cabbage/ (accessed April 28, 2015).

取名為「勝利」（Trophy）：L. H. Bailey, *The Survival of the Unlike: A Collection of Evolution Essays Suggested by the Study of Domestic Plants* (Macmillan, 1897).

讓人工篩選的番茄改頭換面：Y. Bai and P. Lindhout, "Domestication and Breeding of Tomatoes: What Have We Gained and What Can We Gain in the Future?," *Annals of Botany* 100, no. 5 (2007): 1085–94, doi:10.1093/aob/mcm150.

只牽涉到一些基因而已：E. van der Knaap et al., "What Lies beyond the Eye: The Molecular Mechanisms Regulating Tomato Fruit Weight and Shape," *Frontiers in Plant Science* 5 (2014), doi:10.3389/fpls.2014.00227.

使它們年復一年的變大：Bailey, *The Survival of the Unlike*, 485.

造成巨大的改變：J. F. Hancock, *Plant Evolution and the Origin of Crop Species* (CABI, 2012).

被住在墨西哥的馬雅人馴化了：J. A. Jenkins, "The Origin of the Cultivated Tomato," *Economic Botany* 2, no. 4 (1948): 379–92, doi:10.1007/BF02859492.

滋味濃郁的小果實：Hancock, *Plant Evolution and the Origin of Crop Species*.

見到了許多番茄品種：S. D. Coe, *America's First Cuisines* (University of Texas Press, 1994).

販售番茄祖傳品種種子的網站：http://www.heirloomtomatoes.net/Varieties.html (accessed April 16, 2015).

當地至少栽培了七十種作物：O. F. Cook, "Peru as a Center of Domestication: Tracing the Origin of Civilization through Domesticated Plants (continued)," *Journal of Heredity* 16, no. 3 (1925): 95–110.

大約在一萬七千年前到一萬六千年前之間：N. Misarti et al., "Early Retreat of the Alaska Peninsula Glacier Complex and the Implications for Coastal Migrations of First Americans," *Quaternary Science Reviews* 48 (2012): 1–6, doi:10.1016/j.quascirev.2012.05.014.

因為他們認為北美洲直到一萬一千年前才開始有人居住：T. D. Dillehay, "Battle of Monte Verde," *The Sciences* (January/February 1997): 28–33.

包括野生馬鈴薯：T. D. Dillehay et al., "Monte Verde: Seaweed, Food, Medicine, and the Peopling of South America," *Science* 320, no. 5877 (2008): 784–86, doi:10.1126/science.1156533.

吃花生、南瓜：D. R. Piperno and T. D. Dillehay, "Starch Grains on Human Teeth Reveal Early Broad Crop Diet in Northern Peru," *Proceedings of the National Academy of Sciences of the United States of America* 105, no. 50 (2008): 19622–27, doi:10.1073/pnas.0808752105.

在谷地的聚落遺址中還發現了：T. D. Dillehay et al., "Preceramic Adoption of Peanut, Squash, and Cotton in Northern Peru," *Science* 316, no. 5833 (2007): 1890–93, doi:10.1126/science.1141395.

前身是安地斯山脈的野生馬鈴薯*Solanum candolleanum*：D. M. Spooner et al., "Systematics, Diversity, Genetics, and Evolution of Wild and Cultivated Potatoes," *Botanical Review* 80, no. 4 (2014): 283–383, doi:10.1007/s12229-014-9146-y.

三千個地方品種：同前。

Solanum hydrothericum：National Research Council, *Lost Crops of the Incas: Little-Known Plants of the Andes with Promise for Worldwide Cultivation* (National Academy Press, 1989).

比較能對抗蚜蟲的侵害：K. L. Flanders et al., "Insect Resistance in Potatoes—Sources, Evolutionary Relationships, Morphological and Chemical Defenses, and Ecogeographical Associations," *Euphytica* 61, no. 2 (1992): 83–111, doi:10.1007/bf000 26800.

對抗馬鈴薯晚疫黴（*Phytophthora infestans*）引起的晚疫病：G. M. Rauscher et al., "Characterization and Mapping of $R_{Pi\text{-}ber}$, a Novel Potato Late Blight Resistance Gene from *Solanum berthaultii*," *Theoretical and Applied Genetics* 112, no. 4 (2006): 674–87, doi:10.1007/s00122-005-0171-4.

造成一百多萬人死亡：J. Reader, *The Untold History of the Potato* (Vintage, 2009).

演化出抵抗力：Y. T. Hwang et al., "Evolution and Management of the Irish Potato Famine Pathogen *Phytophthora infestans* in Canada and the United States," *American Journal of Potato Research* 91, no. 6 (2014): 579–93, doi:10.1007/s12230-014-9401-0.

丘紐：Reader, *The Untold History of the Potato.*

獻給太陽的花園：同前。

強迫該地數千人：National Research Council, *Lost Crops of the Incas.*

將近二十種根莖類作物：同前。

木薯（*Manihot esculenta*）：K. M. Olsen and B. A. Schaal, "Evidence on the Origin of Cassava: Phylogeography of *Manihot esculenta*," *Proceedings of the National Academy of Sciences of the United States of America* 96, no. 10 (1999): 5586–91, doi:10.1073/pnas.96.10.5586.

便在森林邊緣地區種植了：M. Arroyo-Kalin, "The Amazonian Formative: Crop Domestication and Anthropogenic Soils," *Diversity* 2, no. 4 (2010): 473–504, doi:10.3390/d2040473.

有甜木薯品種：D. McKey et al., "Chemical Ecology in Coupled Human and Natural Systems: People, Manioc, Multitrophic Interactions and Global Change," *Chemoecology* 20, no. 2 (2010): 109–33, doi:10.1007/s00049-010-0047-1.

在三億年前：C. C. Labandeira, "Early History of Arthropod and Vascular Plant Associations," *Annual Review of Earth and Planetary Sciences* 26 (1998): 329–77, doi:10.1146/annurev.earth.26.1.329.

很類似製造氰苷的途徑：J. E. Rodman et al., "Parallel Evolution of Glucosinolate Biosynthesis Inferred from Congruent Nuclear and Plastid Gene Phylogenies," *American Journal of Botany* 85, no. 7 (1998): 997–1006, doi:10.2307/2446366.

卻有抑制腫瘤的效果：M. Traka and R. Mithen, "Glucosinolates, Isothiocyanates and Human Health," *Phytochemistry Reviews* 8, no. 1 (2009): 269–82, doi:10.1007/s11101-008-9103-7.

有蝴蝶演化出解毒方式：C. W. Wheat et al., "The Genetic Basis of a Plant-Insect Coevolutionary Key Innovation,"

Proceedings of the National Academy of Sciences of the United States of America 104, no. 51 (2007): 20427–31, doi:10.1073/pnas.0706229104.

變出一千多個新種．．M. F. Braby and J. W. H. Trueman, "Evolution of Larval Host Plant Associations and Adaptive Radiation in Pierid Butterflies," *Journal of Evolutionary Biology* 19, no. 5 (2006): 1677–90.

對抗氰化物．．E. J. Stauber et al., "Turning the 'Mustard Oil Bomb' into a 'Cyanide Bomb': Aromatic Glucosinolate Metabolism in a Specialist Insect Herbivore," PLOS ONE 7, no. 4 (2012), doi:10.1371/journal.pone.0035545.

實驗結果強力支持這個理論．．T. Zust et al., "Natural Enemies Drive Geographic Variation in Plant Defenses," *Science* 338, no. 6103 (2012): 116–19, doi:10.1126/science.1226397.

遺傳變異最多的新植株．．B. Pujol et al., "Microevolution in Agricultural Environments: How a Traditional Amerindian Farming Practice Favors Heterozygosity in Cassava (*Manihot esculenta* Crantz, Euphorbiaceae)," *Ecology Letters* 8, no. 2 (2005): 138–47, doi:10.1111/j.1461-0248.2004.00708.x.

寫在三角形．．I. Ahuja et al., "Defence Mechanisms of Brassicaceae: Implications for Plant-Insect Interactions and Potential for Integrated Pest Management: A Review," *Agronomy for Sustainable Development* 30, no. 2 (2010): 311–48, doi:10.1051/agro/2009025.

利用現代遺傳學的分析方法．．T. Arias et al., "Diversification Times among Brassica (Brassicaceae) Crops Suggest Hybrid Formation after 20 Million Years of Divergence," *American Journal of Botany* 101, no. 1 (2014): 86–91, doi:10.3732/ajb.1300312.

野生黑芥和人類栽培的甘藍雜交而成．．Hancock, *Plant Evolution and the Origin of Crop Species*.

第9章

阿拉伯人說．．J. Keay, *The Spice Route: A History* (John Murray, 2005).

科爾特斯．．J. Turner, *Spice: The History of a Temptation* (Harper Perennial, 2005), 11.

拉美西斯二世．．A. Gilboa and D. Namdar, "On the Beginnings of South Asian Spice Trade with the Mediterranean Region: A Review," *Radiocarbon* 57, no. 2 (2015): 265–83, doi:10.2458/azu_rc.57.18562.

黑胡椒藤．．D. Q. Fuller et al., "Across the Indian Ocean: The Prehistoric Movement of Plants and Animals," *Antiquity* 85, no. 328 (2011): 544–58.

一路上有羅馬貨幣遺留下來．．Keay, *The Spice Route*.

腓尼基人．．Gilboa and Namdar, "On the Beginnings of South Asian Spice Trade."

有些人認為．．P. W. Sherman and J. Billing, "Darwinian Gastronomy: Why We Use Spices," *Bioscience* 49, no. 6 (1999): 453–63, doi:10.2307/1313553.

讓腐肉製成的料理味道雪上加霜：Keay, *The Spice Route.*

蔥屬：E. Block, *Garlic and Other Alliums: The Lore and the Science* (Royal Society of Chemistry Publications, 2010).

五十萬個碳原子：N. Theis and M. Lerdau, "The Evolution of Function in Plant Secondary Metabolites," *International Journal of Plant Sciences* 164, no. 3 (May 2003): S93–S102.

這兩個階段加起來：R. Firn, *Nature's Chemicals: The Natural Products That Shaped Our World* (Oxford University Press, 2010).

由類萜途徑產生出的分子就多達四萬多種：S. Steiger et al., "The Origin and Dynamic Evolution of Chemical Information Transfer," *Proceedings of the Royal Society of London: Series B, Biological Sciences* 278, no. 1708 (2011): 970–79, doi:10.1098/rspb.2010.2285.

不同單萜混合物所造成的：Firn, *Nature's Chemicals.*

當地野生的百里香有六種化學型：J. D. Thompson, *Plant Evolution in the Mediterranean* (Oxford University Press, 2005).

這種特殊的化學型分布模式：J. Thompson et al., "Evolution of a Genetic Polymorphism with Climate Change in a Mediterranean Landscape," *Proceedings of the National Academy of Sciences of the United States of America* 110, no. 8 (2013): 2893–97, doi:10.1073/pnas.1215833110; J. D. Thompson et al., "Ongoing Adaptation to Mediterranean Climate Extremes in a Chemically Polymorphic Plant," *Ecological Monographs* 77, no. 3 (2007): 421–39, doi:10.1890/06-1973.1.

迷迭香：Thompson, *Plant Evolution in the Mediterranean.*

香料會刺激痛覺受體上的感應器：D. Julius, "TRP Channels and Pain," *Annual Review of Cell and Developmental Biology* 29 (2013): 355–84, doi:10.1146/annurev-cellbio-101011-155833.

每一類TRP受體會因為不同的刺激而活化：F. Viana, "Chemosensory Properties of the Trigeminal System," *ACS Chemical Neuroscience* 2, no. 1 (2011): 38–50, doi:10.1021/cn100102c.

肉桂只會刺激TRPA1：同前。

有一種毛蜘蛛毒液中的毒素：J. Siemens et al., "Spider Toxins Activate the Capsaicin Receptor to Produce Inflammatory Pain," Nature 444, no. 7116 (2006): 208–12, doi:10.1038/nature05285.

TRP受體：S. F. Pedersen et al., "TRP Channels: An Overview," *Cell Calcium* 38, nos. 3–4 (2005): 233–52, doi:10.1016/j.ceca.2005.06.028.

學習享受這些成分帶來的刺激感覺：E. Carstens et al., "It Hurts So Good: Oral Irritation by Spices and Carbonated Drinks and the Underlying Neural Mechanisms," *Food Quality and Preference* 13, nos. 7–8 (October–December 2002): 431–43.

一些*TRP*基因：S. Saito and M. Tominaga, "Functional Diversity and Evolutionary Dynamics of ThermoTRP Channels," *Cell Calcium* 57, no. 3 (2015): 214–21, doi:10.1016/j.ceca.2014.12.001.

鳥類的TRPV1受體對這種化學成分無感：S. E. Jordt and D. Julius, "Molecular Basis for Species-Specific Sensitivity to 'Hot' Chili Peppers," *Cell* 108, no. 3 (2002): 421–30, doi:10.1016/s0092-8674(02)00637-2.

用野生辣椒進行實驗‥J. J. Tewksbury and G. P. Nabhan, "Seed Dispersal—Directed Deterrence by Capsaicin in Chillies," *Nature* 412, no. 6845 (2001): 403–4.

取決於*Pun1*這個基因‥C. Stewart et al., "Genetic Control of Pungency in *C. chinense* via the Pun1 Locus," *Journal of Experimental Botany* 58, no. 5 (2007): 979–91, doi:10.1093/jxb/erl243.

鐮胞菌這類真菌‥J. J. Tewksbury et al., "Evolutionary Ecology of Pungency in Wild Chilies," *Proceedings of the National Academy of Sciences of the United States of America* 105, no. 33 (2008): 11808–11, doi:10.1073/pnas.0802691105.

產生種子的數量只有不辣番椒的一半‥D. C. Haak et al., "Why Are Not All Chilies Hot? A Trade-Off Limits Pungency," *Proceedings of the Royal Society of London: Series B, Biological Sciences* 279, no. 1735 (2012): 2012–17, doi:10.1098/rspb.2011.2091.

第10章

波洛特‥As told to a master class on opera and food at the Royal Opera House, Covent Garden and broadcast on BBC Radio 4 Food Programme, July 13, 2014, http://www.bbc.co.uk/programmes/b0495lm1 (accessed March 12, 2014).

馴化於新幾內亞‥P. H. Moore et al., "Sugarcane: The Crop, the Plant, and Domestication," in *Sugarcane: Physiology, Biochemistry, and Functional Biology* (John Wiley & Sons, 2013), 1–17.

我們的人猿近親會吃蜂蜜‥A. N. Crittenden, "The Importance of Honey Consumption in Human Evolution," *Food and Foodways* 19, no. 4 (2011): 257–73, doi:10.1080/07409710.2011.630618.

哈扎人整年吃蜂蜜‥F. W. Marlowe et al., "Honey, Hadza, Hunter-Gatherers, and Human Evolution," *Journal of Human Evolution* 71 (2014): 119–28, doi:10.1016/j.jhevol.2014.03.006.

黑喉響蜜鴷和人的確會彼此溝通‥H. A. Isack and H.-U. Reyer, "Honeyguides and Honey Gatherers: Interspecific Communication in a Symbiotic Relationship," *Science* 243, no. 4896 (1989): 1343–46, doi:10.1126/science.243.4896.1343.

找尋蜂巢的時間可以省下五分之四‥B. M. Wood et al., "Mutualism and Manipulation in Hadza-Honeyguide Interactions," *Evolution and Human Behavior* 35, no. 6 (2014): 540–46, doi:10.1016/j.evolhumbehav.2014.07.007.

用香草驅趕蜜蜂‥T. S. Kraft and V. V. Venkataraman, "Could Plant Extracts Have Enabled Hominins to Acquire Honey before the Control of Fire?," *Journal of Human Evolution* 85 (2015): 65–74, doi:10.1016/j.jhevol.2015.05.010.

老普林尼‥A. Mayor, "Mad Honey!," *Archaeology* 48, no. 6 (1995): 32–40, doi:10.2307/41771162.

毒蜂蜜讓人癲狂‥A. Demircan et al., "Mad Honey Sex: Therapeutic Misadventures from an Ancient Biological Weapon," *Annals of Emergency Medicine* 54, no. 6 (2009): 824–29, http://dx.doi.org/10.1016/j.annemergmed.2009.06.010.

美國有三分之一的成年人口攝取的熱量‥C. L. Ogden et al., "Prevalence of Childhood and Adult Obesity in the United States (2011–2012)," *JAMA* 311, no. 8 (2014): 806–14, doi:10.1001/jama.2014.732.

整個西歐這樣的人數占了百分之六十一：M. Ng et al., "Global, Regional, and National Prevalence of Overweight and Obesity in Children and Adults during 1980–2013: A Systematic Analysis for the Global Burden of Disease Study 2013," *The Lancet* 384, no. 9945 (2014): 766–81, doi:10.1016/s0140-6736(14)60460-8.

飢餓的狀況並沒有消失：A. Sonntag et al. *2014 Global Hunger Index: The Challenge of Hidden Hunger* (International Food Policy Research Institute, 2014).

尼爾：J. V. Neel, "Diabetes Mellitus—a Thrifty Genotype Rendered Detrimental by Progress," *American Journal of Human Genetics* 14, no. 4 (1962): 353–57.

狩獵採集者受饑荒所苦的頻率要比農耕者少：J. C. Berbesque et al., "Hunter-Gatherers Have Less Famine than Agriculturalists," *Biology Letters* 10, no. 1 (2014), doi:10.1098/rsbl.2013.0853.

現存狩獵採集者的身體質量指數：J. R. Speakman, "Genetics of Obesity: Five Fundamental Problems with the Famine Hypothesis," in *Adipose Tissue and Adipokines in Health and Disease*, 2nd ed., ed. G. Fantuzzi and C. Braunschweig (Springer, 2014), 169–86.

沒有任何變化指出：E. A. Brown, "Genetic Explorations of Recent Human Metabolic Adaptations: Hypotheses and Evidence," Biological Reviews 87, no. 4 (2012): 838–55, doi:10.1111/j.1469-185X.2012.00227.x; Q. Ayub et al., "Revisiting the Thrifty Gene Hypothesis via 65 Loci Associated with Susceptibility to Type 2 Diabetes," *American Journal of Human Genetics* 94, no. 2 (2014): 176–85, doi:10.1016/j.ajhg.2013.12.010.

實際的狀況是反過來的：L. Segurel et al., "Positive Selection of Protective Variants for Type 2 Diabetes from the Neolithic Onward: A Case Study in Central Asia," *European Journal of Human Genetics* 21, no. 10 (2013): 1146–51, doi:10.1038/ejhg.2012.295.

魯斯提認為：R. H. Lustig, *Fat Chance: Beating the Odds against Sugar, Processed Food, Obesity, and Disease* (Penguin, 2012).

果糖的使用量倍增：同前，21.

熱量在攝取與消耗之間的平衡：H. Pontzer et al., "Constrained Total Energy Expenditure and Metabolic Adaptation to Physical Activity in Adult Humans," *Current Biology* 26, no. 3 (February 8, 2016): 410–17, http://dx.doi.org/10.1016/j.cub.2015.12.046.

心理學家發現，在餐廳中：C. Spence and B. Piqueras-Fiszman, *The Perfect Meal: The Multisensory Science of Food and Dining* (Wiley Blackwell, 2014).

有一項針對罹患代謝症候群的肥胖病人：R. H. Lustig et al., "Isocaloric Fructose Restriction and Metabolic Improvement in Children with Obesity and Metabolic Syndrome," Obesity 24, no. 2 (February 2016), doi:10.1002/oby.21371.

把果糖當成毒素：R. H. Lustig et al., "The Toxic Truth about Sugar," *Nature* 482, no. 7383 (2012): 27, doi:10.1038/482027a.

「石器時代幻想」：M. Zuk, *Paleofantasy: What Evolution Really Tells Us about Sex, Diet, and How We Live* (Norton, 2013).

第11章

如果有任何複雜的器官‥C. Darwin, *The Origin of Species by Means of Natural Selection* (reprint of the first edition; Penguin, 1859).

這種說法可信嗎？‥quoted in O. T. Oftedal, "The Mammary Gland and Its Origin during Synapsid Evolution," *Journal of Mammary Gland Biology and Neoplasia* 7, no. 3 (2002).

製造乳汁的腺體‥C. M. Lefevre et al., "Evolution of Lactation: Ancient Origin and Extreme Adaptations of the Lactation System," *Annual Review of Genomics and Human Genetics* 11 (2010): 219–38, doi:10.1146/annurev-genom-082509-141806; O. T. Oftedal and D. Dhouailly, "Evo-Devo of the Mammary Gland," *Journal of Mammary Gland Biology and Neoplasia* 18, no. 2 (2013): 105–20, doi:10.1007/s10911-013-9290-8.

比哺乳動物更早出現‥O. T. Oftedal, "The Evolution of Milk Secretion and Its Ancient Origins," *Animal* 6, no. 3 (2012): 355–68, doi:10.1017/s1751731111001935.

對母親與嬰兒都有好處的適應功能‥C. Holt and J. A. Carver, "Darwinian Transformation of a 'Scarcely Nutritious Fluid' into Milk," Journal of Evolutionary Biology 25, no. 7 (2012): 1253–63, doi:10.1111/j.1420-9101.2012.02509.x.

這顯示亞洲西南地區的人‥R. P. Evershed et al., "Earliest Date for Milk Use in the Near East and Southeastern Europe Linked to Cattle Herding," *Nature* 455, no. 7212 (2008): 528–31, doi:10.1038/nature07180.

以製造起司‥M. Salque et al., "Earliest Evidence for Cheese Making in the Sixth Millennium bc in Northern Europe," *Nature* 493, no. 7433 (2013): 522–25, doi:10.1038/nature11698.

新石器時代的歐洲農民‥J. Burger et al., "Absence of the Lactase-Persistence-Associated Allele in Early Neolithic Europeans," *Proceedings of the National Academy of Sciences of the United States of America* 104, no. 10 (2007): 3736–41, doi:10.1073/pnas.0607187104.

高加索山區‥Y. Itan et al., "The Origins of Lactase Persistence in Europe," *PLOS Computational Biology* 5, no. 8 (2009), doi:10.1371/journal.pcbi.1000491.

讓乳糖酶持續產生的突變很快就遍布歐洲‥A. Curry, "The Milk Revolution," *Nature* 500 (2013): 20–22.

鈣質‥O. O. Sverrisdottir et al., "Direct Estimates of Natural Selection in Iberia Indicate Calcium Absorption Was Not the Only Driver of Lactase Persistence in Europe," *Molecular Biology and Evolution* 31, no. 4 (2014): 975–83, doi:10.1093/molbev/msu049.

沙烏地阿拉伯‥N. S. Enattah et al., "Independent Introduction of Two Lactase-Persistence Alleles into Human Populations Reflects Different History of Adaptation to Milk Culture," *American Journal of Human Genetics* 82, no. 1 (2008): 57–72, doi:10.1016/j.ajhg.2007.09.012.

調查一下愛爾蘭起司：L. Quigley, "High-Throughput Sequencing for Detection of Subpopulations of Bacteria Not Previously Associated with Artisanal Cheeses," *Applied and Environmental Microbiology* 78 (2012): 5717–23.

有來自於海洋環境的細菌：B. E. Wolfe et al., "Cheese Rind Communities Provide Tractable Systems for In Situ and In Vitro Studies of Microbial Diversity," *Cell* 158, no. 2 (2014): 422–33, doi:10.1016/j.cell.2014.05.041.

它的祖先是會致命的細菌：Y. J. Goh et al., "Specialized Adaptation of a Lactic Acid Bacterium to the Milk Environment: The Comparative Genomics of *Streptococcus thermophilus* LMD-9," *Microbial Cell Factories* 10 (2011), doi:10.1186/1475-2859-10-s1-s22.

曾出現在書本頁面上：J. Ropars et al., "A Taxonomic and Ecological Overview of Cheese Fungi," *International Journal of Food Microbiology* 155, no. 3 (2012): 199–210, doi:10.1016/j.ijfoodmicro.2012.02.005.

發現彼此之間有顯著的遺傳差異：G. Gillot et al., "Insights into Penicillium roqueforti Morphological and Genetic Diversity," *PLOS ONE* 10, no. 6 (2015), doi:10.1371/journal.pone.0129849.

含有數百種細菌：L. Quigley et al., "The Complex Microbiota of Raw Milk," *FEMS Microbiology Reviews* 37 (2013): 664–98, doi:10.1111/1574-6976.12030.

特定微生物：T. P. Beresford et al., "Recent Advances in Cheese Microbiology," *International Dairy Journal* 11 (2001): 259–74.

使得起司具備獨特的氣味：E. J. Smid and M. Kleerebezem, "Production of Aroma Compounds in Lactic Fermentations," *Annual Review of Food Science and Technology* 5, ed. M. P. Doyle and T. R. Klaenhammer (2014): 313–26.

野生的原始乳酸乳酸球菌：D. Cavanagh et al., "From Field to Fermentation: The Origins of *Lactococcus lactis* and Its Domestication to the Dairy Environment," *Food Microbiology* 47 (2015): 45–61, doi:10.1016/j.fm.2014.11.001.

讓細菌中本來合成那些胺基酸所需的基因：H. Bachmann et al., "Microbial Domestication Signatures of Lactococcus lactis Can Be Reproduced by Experimental Evolution," *Genome Research 22*, no. 1 (2012): 115–24, doi:10.1101/gr.121285.111.

如果後來沒有用處：Darwin, *The Origin of Species*, chap. 5.

丙酸菌：E. J. Smid and C. Lacroix, "Microbe-Microbe Interactions in Mixed Culture Food Fermentations," *Current Opinion in Biotechnology* 24, no. 2 (2013): 148–54, doi:10.1016/j.copbio.2012.11.007.

製造優格的過程中：K. Papadimitriou et al., "How Microbes Adapt to a Diversity of Food Niches," *Current Opinion in Food Science* 2 (2015): 29–35, doi:10.1016/j.cofs.2015.01.001.

細菌素：P. D. Cotter et al., "Bacteriocins: Developing Innate Immunity for Food," *Nature Reviews Microbiology* 3, no. 10 (2005): 777–88.

殺死酵母菌的毒素：K. Cheeseman et al., "Multiple Recent Horizontal Transfers of a Large Genomic Region in Cheese Making Fungi," *Nature Communications* 5 (2014): 2876, doi:10.1038/ncomms3876.

第12章

含有數百種細菌和真菌：N. A. Bokulich et al., "Microbial Biogeography of Wine Grapes Is Conditioned by Cultivar, Vintage, and Climate," *Proceedings of the National Academy of Sciences of the United States of America* (2013), doi:10.1073/pnas.1317377110.

達克酵母（*Dekkera*）、畢赤酵母（*Pichia*）和克勒克酵母（*Kloeckera*）：I. Tattersall and R. DeSalle, *A Natural History of Wine* (Yale University Press, 2015).

現代釀酒酵母的祖先：A. Hagman et al., "Yeast 'Make-Accumulate-Consume' Life Strategy Evolved as a Multi-Step Process That Predates the Whole Genome Duplication," *PLOS ONE* 8, no. 7 (2013), doi:10.1371/journal.pone.0068734.

具有這兩種不同的基因：J. M. Thomson et al., "Resurrecting Ancestral Alcohol Dehydrogenases from Yeast," *Nature Genetics* 37, no. 6 (2005): 630–35.

二千一百萬年到一千三百萬年前：M. A. Carrigan et al., "Hominids Adapted to Metabolize Ethanol Long before Human-Directed Fermentation," *Proceedings of the National Academy of Sciences of the United States of America* 112, no. 2 (2015): 458–63, doi:10.1073/pnas.1404167111.

這本書的兩三頁：There are 380 amino acids in ADH4. http://www.uniprot.org/uniprot/P08319#sequences (accessed December 27, 2015).

增強了四十倍：N. J. Dominy, "Ferment in the Family Tree," *Proceedings of the National Academy of Sciences of the United States of America* 112, no. 2 (2015): 308–9, doi:10.1073/pnas.1421566112.

人類會喜歡酒精：R. Dudley, *The Drunken Monkey: Why We Drink and Abuse Alcohol* (University of California Press, 2014).

ADH1B: T. D. Hurley and H. J. Edenberg, "Genes Encoding Enzymes Involved in Ethanol Metabolism," *Alcohol Research: Current Reviews* 34, no. 3 (2012): 339–44.

比較不容易大量飲酒或是酒精成癮：D. W. Li et al., "Strong Association of the Alcohol Dehydrogenase 1B Gene (*ADH1B*) with Alcohol Dependence and Alcohol-Induced Medical Diseases," *Biological Psychiatry* 70, no. 6 (2011): 504–12, doi:10.1016/j.biopsych.2011.02.024.

他們得到心血管疾病：M. V. Holmes et al., "Association between Alcohol and Cardiovascular Disease: Mendelian Randomisation Analysis Based on Individual Participant Data," *BMJ* 349 (2014), doi:10.1136/bmj.g4164.

這樣的突變有兩種：Hurley and Edenberg, "*Genes Encoding Enzymes Involved in Ethanol Metabolism.*"

鬼傘素：http://en.wikipedia.org/wiki/Coprinopsis_atramentaria#Toxicity (accessed December 30, 2015).

中央乳酸球菌（*Lactococcus chungangensis*）：M. Konkit et al., "Alcohol Dehydrogenase Activity in *Lactococcus chungangensis*: Application in Cream Cheese to Moderate Alcohol Uptake," *Journal of Dairy Science* 98, no. 9 (2015): 5974–82, doi:10.3168/jds.2015-9697.

而是為了釀造啤酒：B. Hayden et al., "What Was Brewing in the Natufian? An Archaeological Assessment of Brewing Technology in the Epipaleolithic," *Journal of Archaeological Method and Theory* 20, no. 1 (2013): 102–50, doi:10.1007/s10816-011-9127-y.

在中國河南省賈湖，一座新石器時代村落：P. E. McGovern et al., "Fermented Beverages of Pre- and Proto-Historic China," *Proceedings of the National Academy of Sciences of the United States of America* 101, no. 51 (2004): 17593–98.

野生葡萄只有一半的植株會結果：P. This et al., "Historical Origins and Genetic Diversity of Wine Grapes," *Trends in Genetics* 22, no. 9 (2006): 511–19, doi:10.1016/j.tig.2006.07.008.

最早使用釀酒葡萄來釀酒的證據：P. E. McGovern et al., "Neolithic Resinated Wine," *Nature* 381, no. 6582 (1996): 480–81, doi:10.1038/381480a0.

位於亞美尼亞阿雷尼村莊附近：H. Barnard et al., "Chemical Evidence for Wine Production around 4000 bce in the Late Chalcolithic Near Eastern Highlands," *Journal of Archaeological Science* 38, no. 5 (2011): 977–84, doi:10.1016/j.jas.2010.11.012.

泰特薩和德薩爾：Tattersall and DeSalle, *A Natural History of Wine*.

仍然足以支持考古證據：S. Myles et al., "Genetic Structure and Domestication History of the Grape," *Proceedings of the National Academy of Sciences of the United States of America* 108, no. 9 (2011): 3530–35, doi:10.1073/pnas.1009363108.

在地中海沿岸西部地區獨立馴化過一次：R. Arroyo-Garcia et al., "Multiple Origins of Cultivated Grapevine (*Vitis vinifera* L. ssp. *sativa*) Based on Chloro plast DNA Polymorphisms," *Molecular Ecology* 15, no. 12 (2006): 3707–14, doi:10.1111/j.1365-294X.2006.03049.x.

喬治亞人：S. Imazio et al., "From the Cradle of Grapevine Domestication: Molecular Overview and Description of Georgian Grapevine (*Vitis vinifera* L.) Germplasm," *Tree Genetics and Genomes* 9, no. 3 (2013): 641–58, doi:10.1007/s11295-013-0597-9.

聖地牙哥康波斯特拉：J. C. Santana et al., "Genetic Structure, Origins, and Relationships of Grapevine Cultivars from the Castilian Plateau of Spain," *American Journal of Enology and Viticulture* 61, no. 2 (2010): 214–24.

各個葡萄無性繁殖系的大部分突變：G. Carrier et al., "Transposable Elements Are a Major Cause of Somatic Polymorphism in *Vitis vinifera* L," *PLOS ONE* 7, no. 3 (2012), doi:10.1371/journal.pone.0032973.

轉位元：O. Jaillon et al., "The Grapevine Genome Sequence Suggests Ancestral Hexaploidization in Major Angiosperm Phyla," *Nature* 449, no. 7161 (2007): 463–67, doi:10.1038/nature06148.

白皮諾，灰皮諾：F. Pelsy et al., "Chromosome Replacement and Deletion Lead to Clonal Polymorphism of Berry Color in Grapevine," *PLOS Genetics* 11, no. 4 (2015): e1005081, doi:10.1371/journal.pgen.1005081.

產生白色果實的葡萄：S. Kobayashi et al., "Retrotransposon-Induced Mutations in Grape Skin Color," *Science* 304, no. 5673

(2004): 982, doi:10.1126/science.1095011.

花青素製造基因：A. Fournier-Level et al., “Evolution of the *VvMybA* Gene Family, the Major Determinant of Berry Colour in Cultivated Grapevine (*Vitis vinifera* L.),” *Heredity* 104, no. 4 (2010): 351–62, doi:10.1038/hdy.2009.148.

根瘤蚜：C. Campbell, *The Botanist and the Vintner* (Algonquin Books, 2004).

德州野生葡萄：同前。

康考特品種：J. Granett et al., “Biology and Management of Grape Phylloxera,” *Annual Review of Entomology* 46 (2001): 387–412, doi:10.1146/annurev.ento.46.1.387.

中國還有：X. M. Zhong et al., “ ‘Cabernet Gernischt’ Is Most Likely to Be ‘Carmenère,’ ” *Vitis* 51, no. 3 (2012).

各地會馴化當地的野生釀酒酵母：J. L. Legras et al., “Bread, Beer and Wine: *Saccharomyces cerevisiae* Diversity Reflects Human History,” *Molecular Ecology* 16, no. 10 (2007): 2091–102, doi:10.1111/j.1365-294X.2007.03266.x; G. Liti et al., “Population Genomics of Domestic and Wild Yeasts,” *Nature* 458, no. 7236 (2009): 337–41, doi:10.1038/nature07743.

橡樹：K. E. Hyma and J. C. Fay, “Mixing of Vineyard and Oak-Tree Ecotypes of *Saccharomyces cerevisiae* in North American Vineyards,” *Molecular Ecology* 22, no. 11 (2013): 2917–30, doi:10.1111/mec.12155.

費邊胡蜂：I. Stefanini et al., “Role of Social Wasps in *Saccharomyces cerevisiae* Ecology and Evolution,” *Proceedings of the National Academy of Sciences of the United States of America* 109, no. 33 (2012): 13398, doi:10.1073/pnas.1208362109.

釀酒師鬍子：http://www.rogue.com/rogue_beer/beard-beer/ (accessed January 6, 2016).

三十九個基因：S. Marsit and S. Dequin, “Diversity and Adaptive Evolution of Saccharomyces Wine Yeast: A Review,” *FEMS Yeast Research* 15, no. 7 (2015), doi:10.1093/femsyr/fov067.

酒花酵母：H. Alexandre, “Flor Yeasts of *Saccharomyces cerevisiae*—Their Ecology, Genetics and Metabolism,” *International Journal of Food Microbiology* 167, no. 2 (2013): 269–75, doi:10.1016/j.ijfoodmicro.2013.08.021.

嘉士伯酵母（*Saccharomyces carlsbergensis*）：J. Wendland, “Lager Yeast Comes of Age,” *Eukaryotic Cell* 13, no. 10 (2014): 1256–65, doi:10.1128/EC.00134-14.

第13章

宴會持續了五天：J. McCann, *Stirring the Pot: A History of African Cuisine* (C. Hurst, 2010).

當時衣索比亞的牲畜數量是非洲各國之冠：http://www.wolframalpha.com/input/?i=cattle+per+capita+in+African+countries (accessed January 29, 2016).

皇室貴族最喜歡的菜餚：McCann, *Stirring the Pot*, 74.

旱災與牛瘟：P. Webb and J. Von Braun, *Famine and Food Security in Ethiopia: Lessons for Africa* (John Wiley & Sons Canada, 1994).

有六十萬到一百萬人因而死亡：S. Devereux, *Famine in the Twentieth Century* (Institute of Development Studies, 2000).

三分之一的衣索比亞家庭：Webb and Von Braun, *Famine and Food Security in Ethiopia*.

一億五千萬美元：http://news.bbc.co.uk/1/hi/world/africa/703958.stm (accessed Janu ary 17, 2016).

《人類原始》：C. Darwin, *The Descent of Man, and Selection in Relation to Sex* (J. Murray, 1901).

霍登：J. B. S.: *The Life and Work of J. B. S. Haldane* (Bloomsbury, 2011).

八個表兄弟：M. Kohn, *A Reason for Everything* (Faber & Faber, 2004), 281.

比較不同的人類社會：R. Kurzban et al., "The Evolution of Altruism in Humans," *Annual Review of Psychology* 66, ed. S. T. Fiske (2015): 575–99.

道金斯：Kohn, *A Reason for Everything*, 272.

靈長類動物中：A. V. Jaeggi and C. P. Van Schaik, "The Evolution of Food Sharing in Primates," *Behavioral Ecology and Sociobiology* 65, no. 11 (2011): 2125–40, doi:10.1007/s00265-011-1221-3.

西塞羅：M. Ridley, *The Origins of Virtue* (Viking, 1996).

親愛的克拉魯斯：A. Dalby and S. Grainger, *The Classical Cookbook* (British Museum Press, 1996), 100.

各狩獵採集部落分享食物的方式：M. Gurven, "To Give and to Give Not: The Behavioral Ecology of Human Food Transfers," *Behavioral and Brain Sciences* 27, no. 4 (2004): 543–83; A. V. Jaeggi and M. Gurven, "Reciprocity Explains Food Sharing in Humans and Other Primates Independent of Kin Selection and Tolerated Scrounging: A Phylogenetic Meta-Analysis," *Proceedings of the Royal Society of London: Series B, Biological Sciences* 280, no. 1768 (2013), doi:10.1098/rspb.2013.1615.

動物社會中有許多這類行為的例子：T. Clutton-Brock, "Cooperation between Non-Kin in Animal Societies," *Nature* 461, no. 7269 (2009): 51–57.

最佳策略：M. Tomasello et al., "Two Key Steps in the Evolution of Human Cooperation: The Interdependence Hypothesis," *Current Anthropology* 53, no. 6 (2012): 673–92, doi:10.1086/668207.

受到強迫時才會分享：I. C. Gilby, "Meat Sharing among the Gombe Chimpanzees: Harassment and Reciprocal Exchange," *Animal Behaviour* 71 (2006): 953–63, doi:10.1016/j.anbehav.2005.09.009.

岡貝：同前。

催產素：R. M. Wittig et al., "Food Sharing Is Linked to Urinary Oxytocin Levels and Bonding in Related and Unrelated Wild Chimpanzees," *Proceedings of the Royal Society of London: Series B, Biological Sciences* 281, no. 1778 (2014), doi:10.1098/rspb.2013.3096.

人類幼兒樂於彼此分享食物：Tomasello et al., "Two Key Steps in the Evolution of Human Cooperation."

牠們很可能也不在意：J. M. Engelmann et al., "The Effects of Being Watched on Resource Acquisition in Chimpanzees and Human Children," *Animal Cognition* 19, no. 1 (2016): 147–51, doi:10.1007/s10071-015-0920-y.

一雙眼睛的照片：M. Bateson et al., "Cues of Being Watched Enhance Cooperation in a Real-World Setting," *Biology Letters* 2, no. 3 (2006): 412–14, doi:10.1098/rsbl.2006.0509.

《奧泰羅》：W. Shakespeare, *Othello*, in *Complete Works of William Shakespeare RSC Edition*, ed. J. Bate and E. Rasmussen (Macmillan, 2006), 3.3.

特洛伊野豬：A. Soyer, *The Pantropheon: Or, a History of Food and Its Preparation in Ancient Times* (Paddington Press, 1977).

塞進去的數量便一發不可收拾：www.dailymail.co.uk/news/article-502605/It-serves-125-takes-hours-cook-stuffed-12-different-birds-really-IS-Christmas-dinner.html (accessed February 9, 2016).

誇富宴：Ridley, *The Origins of Virtue*.

新幾內亞在甘薯傳入了之後：B. Hayden, *The Power of Feasts* (Cambridge University Press, 2014).

第14章

氣候變遷：A. J. Challinor et al., "A Meta-Analysis of Crop Yield under Climate Change and Adaptation," *Nature Climate Change* 4, no. 4 (2014): 287–91, doi:10.1038/nclimate2153.

改變食物供應系統：B. McKersie, "Planning for Food Security in a Changing Climate," *Journal of Experimental Botany* 66, no. 12 (2015): 3435–50, doi:10.1093/jxb/eru547.

在那遙遠的時代：A. D. Hope, "Conversations with Calliope," in *Collected Poems, 1930–1970* (Angus and Robertson, 1972), http://www.poetrylibrary.edu.au/poets/hope-a-d/conversation-with-calliope-0146087 (accessed February 20, 2016).

兩本重要的著作：P. R. Ehrlich, *The Population Bomb* (Ballantine, 1968); D. H. Meadows, *The Limits to Growth: A Report for the Club of Rome's Project on the Predicament of Man kind* (Earth Island Ltd., 1972).

糧食增加的速度跟上了：L. T. Evans, *Feeding the Ten Billion: Plants and Population Growth* (Cambridge University Press, 1998).

自然棲地因此免於開墾為農地：J. R. Stevenson et al., "Green Revolution Research Saved an Estimated 18 to 27 Million Hectares from Being Brought into Agricultural Production," *Proceedings of the National Academy of Sciences of the United States* 110, no. 21 (2013): 8363.

伯勞格：N. Borlaug, "Norman Borlaug—Nobel Lecture: The Green Revolution, Peace, and Humanity," 1970, http://www.nobelprize.org/nobel_prizes/peace/laureates/1970/borlaug-lecture.html (accessed February 20, 2016).

平均產量需要提高：Evans, *Feeding the Ten Billion*.

目前糧食增加的趨勢：D. K. Ray et al., "Yield Trends Are Insufficient to Double Global Crop Production by 2050," *PLOS ONE* 8, no. 6 (2013), doi:10.1371/journal.pone.0066428.

減少食物浪費：M. Kummu et al., "Lost Food, Wasted Resources: Global Food Supply Chain Losses and Their Impacts on Freshwater, Cropland, and Fer til iser Use," *Science of the Total Environment* 438 (2012): 477–89, doi:10.1016/j.scitotenv.2012.08.092.

少吃肉類：V. Smil, *Should We Eat Meat? Evolution and Consequences of Modern Carnivory* (Wiley-Blackwell, 2013).

矮化表徵：A. Sasaki et al., "Green Revolution: A Mutant Gibberellin-Synthesis Gene in Rice—New Insight into the Rice Variant That Helped to Avert Famine over Thirty Years Ago," *Nature* 416, no. 6882 (2002): 701–2, doi:10.1038/416701a.

增加忍受鹽分的能力：R. Munns et al., "Wheat Grain Yield on Saline Soils Is Improved by an Ancestral Na + Transporter Gene," *Nature Biotechnology* 30, no. 4 (2012): 360–64, doi:10.1038/nbt.2120.

光合作用的基本機制：S. P. Long et al., "Meeting the Global Food Demand of the Future by Engineering Crop Photosynthesis and Yield Potential," *Cell* 161, no. 1 (2015): 56–66, doi:10.1016/j.cell.2015.03.019; J. Kromdijk et al., "Improving Photosynthesis and Crop Productivity by Accelerating Recovery from Photoprotection," *Science* 354, no. 6314 (2016): 857–61, doi:10.1126/science.aai8878.

羅馬尼：P. Ronald and R. W. Adamchak, *Tomorrow's Table: Organic Farming, Genetics, and the Future of Food*, 2nd ed. (Oxford University Press, 2017).

大規模調查：C. Funk and L. Rainie, "Public Opinion about Food," in *Americans, Politics and Science Issues* (Pew Research Center, 2015).

受到誤導：W. Saletan, "Unhealthy Fixation," Slate.com, July 15, 2015, http://www.slate.com/articles/health_and_science/science/2015/07/are_gmos_safe_yes_the_case_against_them_is_full_of_fraud_lies_and_errors.html (accessed August 19, 2016).

基因改造作物的安全試驗：A. Nicolia et al., "An Overview of the Last 10 Years of Genetically Engineered Crop Safety Research," *Critical Reviews in Biotechnology* 34, no. 1 (2014): 77–88, doi:10.3109/07388551.2013.823595.

他們便改變反對基改作物的理：H. van Bekkem and W. Pelegrina, "Food Security Can't Wait for GE's Empty Promises," June 30, 2016, http://www.greenpeace.org/international/en/news/Blogs/makingwaves/food-security-GE-empty-promises/blog/56913/ (accessed August 20, 2016).

基改作物帶來的真正利益：*National Academies of Sciences Engineering and Medicine, Genetically Engineered Crops: Experiences and Prospects* (National Academies Press, 2016), doi:10.17226/23395.

改造過的木瓜：D. Gonsalves, "Control of Papaya Ringspot Virus in Papaya: A Case Study," *Annual Review of Phytopathology* 36 (1998): 415–37, doi:10.1146/annurev.phyto.36.1.415.

二〇〇四年在泰國：S. N. Davidson, "Forbidden Fruit: Transgenic Papaya in Thailand," *Plant Physiology* 147, no. 2 (2008): 487–93, doi:10.1104/pp.108.116913.

黃金稻：Saletan, "Unhealthy Fixation."

無法取得能夠對抗病蟲害的基改作物：R. L. Paarlberg, *Starved for Science: How Biotechnology Is Being Kept Out of Africa* (Harvard University Press, 2008).

基改茄子：E. Hallerman and E. Grabau, "Crop Biotechnology: A Pivotal Moment for Global Acceptance," *Food and Energy Security* 5, no. 1 (2016): 3–17, doi:10.1002/fes3.76.

永續農業：Ronald and Adamchak, *Tomorrow's Table*.

萊納斯：M. Lynas, "How I Got Converted to GMO Food," *New York Times*, April 24, 2015.

不可能畫出明顯區隔的界線：N. Johnson, "It's Practically Impossible to Define 'GMOs,' " December 21, 2015, https://grist.org/food/mind-bomb-its-practically-impossible-to-define-gmos/ (accessed March 20, 2016).

放射根瘤菌：M. Van Montagu, "It Is a Long Way to GM Agriculture," *Annual Review of Plant Biology* 62 (2011): 1–23, doi:10.1146/annurev-arplant-042110-103906.

馴化甘薯的基因組：T. Kyndt et al., "The Genome of Cultivated Sweet Potato Contains Agrobacterium T-DNAs with Expressed Genes: An Example of a Naturally Transgenic Food Crop," *Proceedings of the National Academy of Sciences* 112, no. 18 (2015): 5844–49, doi:10.1073/pnas.1419685112.

CRISPR-Cas9：J. A. Doudna and E. Charpentier, "The New Frontier of Genome Engineering with CRISPR-Cas9," *Science* 346, no. 6213 (2014), doi:10.1126/science.1258096.

和白粉病感染有關的基因：S. Huang et al., "A Proposed Regulatory Framework for Genome-Edited Crops," *Nature Genetics* 48, no. 2 (2016): 109–11, doi:10.1038/ng.3484, http://www.nature.com/ng/journal/v48/n2/abs/ng.3484.html#supplementary-information (accessed March 12, 2014).

飲食研究證實了：C. T. McEvoy et al., "Vegetarian Diets, Low-Meat Diets and Health: A Review," *Public Health Nutrition* 15, no. 12 (2012): 2287–94, doi:10.1017/s1368980012000936.

艾瑪還是有一本食譜：D. Bateson and W. Janeway, *Mrs. Charles Darwin's Recipe Book: Revived and Illustrated* (Glitterati, 2008).

科學文化 186

與達爾文共進晚餐

演化如何造就美食，食物又如何形塑人類的演化

DINNER WITH DARWIN

Food, Drink, and Evolution

原著 — 席佛頓（Jonathan Silvertown）
譯者 — 鄧子衿
科學文化叢書策劃群 — 林和、牟中原、李國偉、周成功

總編輯 — 吳佩穎
編輯顧問 — 林榮崧
責任編輯 — 徐仕美
封面構成暨美術編輯 — 江儀玲

出版者 — 遠見天下文化出版股份有限公司
創辦人 — 高希均、王力行
遠見・天下文化 事業群 董事長 — 高希均
事業群發行人／CEO — 王力行
天下文化社長 — 林天來
天下文化總經理 — 林芳燕
國際事務開發部兼版權中心總監 — 潘欣
法律顧問 — 理律法律事務所陳長文律師
著作權顧問 — 魏啟翔律師
社址 —台北市 104 松江路 93 巷 1 號 2 樓
讀者服務專線 — 02-2662-0012 ｜ 傳真 — 02-2662-0007, 02-2662-0009
電子郵件信箱 — cwpc@cwgv.com.tw
直接郵撥帳號 — 1326703-6 號 遠見天下文化出版股份有限公司

國家圖書館出版品預行編目(CIP)資料

與達爾文共進晚餐：演化如何造就美食，食物又如何形塑人類的演化 / 席佛頓 (Jonathan Silvertown) 著；鄧子衿譯. -- 第一版. -- 臺北市：遠見天下文化，2018.10
面； 公分. --（科學文化；186）
譯自：Dinner with Darwin : food, drink, and evolution
ISBN 978-986-479-575-8（平裝）

1. 飲食風俗 2. 食物 3. 人類演化

538.71 107018216

排版廠 — 極翔企業有限公司
製版廠 — 中原造像股份有限公司
印刷廠 — 中原造像股份有限公司
裝訂廠 — 中原造像股份有限公司
登記證 — 局版台業字第 2517 號
總經銷 — 大和書報圖書股份有限公司 電話／02-8990-2588
出版日期 — 2018 年 10 月 31 日第一版第 1 次印行
2022 年 9 月 14 日第一版第 3 次印行

定價 — NT420 元
書號 — BCS186
ISBN — 978-986-479-575-8
天下文化官網 — bookzone.cwgv.com.tw

天下文化
BELIEVE IN READING